Maier · Grundkurs Medienpädagogik / Mediendidaktik

Wolfgang Maier

Grundkurs Medienpädagogik Mediendidaktik

Ein Studien- und Arbeitsbuch

Mit einem Vorwort von Georg E. Becker

Beltz Verlag · Weinheim und Basel

Wolfgang Maier, Jg. 1947, Dipl.-Päd., Studienrat an der Pädagogischen Hochschule Schwäbisch Gmünd, FB Erziehungswissenschaft/Medienpädagogik.

Gesetzt nach den neuen Rechtschreibregeln
Lektorat: Peter E. Kalb

Herstellung: Klaus Kaltenberg
Satz: Satz- und Reprotechnik GmbH, Hemsbach
Druck: Druckhaus Beltz, Hemsbach
Umschlaggestaltung: Federico Luci, Köln
Illustrationen: Benjamin Baumhauer
Printed in Germany

ISBN 3-407-25210-2

Inhaltsverzeichnis

Vorwort

Mit der vorliegenden Publikation »Grundkurs Medienpädagogik/Mediendidaktik« wird eine Lücke geschlossen, die längst hätte gefüllt werden müssen. Schließlich sind angehende und praktizierende Lehrer/innen fast täglich mit dem Thema der Medienwahl und des Medieneinsatzes konfrontiert, indem sie z.B. Folien zeichnen und auflegen, fotografieren, Hörspiele, Videoaufzeichnungen oder Filme erstellen, am Computer arbeiten, im Internet surfen oder mit ihren Schüler/innen über virtuelle Welten diskutieren. Nun endlich können sie zum »Maier« greifen, sich orientieren und jene pragmatischen, semantischen und technischen Kompetenzen erwerben, die sie zu einem aktiven Umgang mit den Medien im Unterricht befähigen.

Wenn zu diesem so wichtigen Thema in den letzten Jahren kein Handbuch für Lehrer/innen erschienen ist, so liegt dies sicher mit an der kaum mehr zu überschauenden Flut an Einzelpublikationen, an den rasanten Entwicklungen auf diesem Gebiet und an der allgemeinen Verunsicherung darüber, was uns die neuen Medien eines Tages in unserer Gesellschaft, die längst zu einer Mediokratie geworden ist, bescheren werden. Der Autor Wolfgang Maier hat sich der Herausforderung gestellt, ein Studien- und Arbeitsbuch geschrieben und bewusst dort auf Antworten verzichtet, wo auch er sie heute noch nicht zu geben vermag. Doch als Hochschullehrer und Lehrer kennt er die Thematik aus zahlreichen Lehrveranstaltungen und aus dem Praxisfeld der Lehrer/innen. Deshalb kann er für sie schreiben, berufsfeldrelevante Themen auswählen und mit dieser Veröffentlichung den Erwerb von Lehrqualifikationen und Handlungskompetenzen unterstützen. Des Weiteren ist er in der Lage, theoretische Einsichten auf die Handlungsebene zu übertragen. Als Medienpädagoge und Mediendidaktiker plädiert er für eine eigenverantwortliche aktiv-produktive Mediennutzung, die eine passiv-rezeptive Konsumhaltung weitgehend ausschließt.

Wenn Lehrer/innen und Schüler/innen den Anregungen des Autors folgen, sich kritisch mit den Medienangeboten auseinander setzen und lernen, ihre Einsatzmöglichkeiten und manipulativen Wirkungen zu erkennen, hat dieses Buch seinen Zweck erfüllt. Denn der Erwerb ideologiekritischer Kompetenzen erscheint in unserem Gesellschaftssystem dringender denn je.

Georg E. Becker

Einleitung

Die Mediennutzung unserer Kinder und Jugendlichen stellt alle, die sich um Erziehung bemühen, vor tägliche Probleme. Viele Fragen bleiben offen und Pessimismus scheint der einzige Ausweg. Dem versucht das vorliegende Handbuch entgegenzuwirken, indem es hilft, das unterrichtliche Potenzial der Medien auszuschöpfen und Wege aufzeigt, wie Kinder und Jugendliche mit den Medien des Alltags besser, d.h. kompetenter umgehen lernen. Vor allem aber möchte sie Verständnis wecken für eine Jugend, die mit ihren Mediengewohnheiten oft alleine gelassen wird.

Zum Thema Medienpädagogik und Mediendidaktik gibt es eine Flut von Veröffentlichungen, die sich kaum noch überblicken lässt. Bezieht man die angelsächsische Literatur mit ein, dann erscheinen die Publikationen inkonsumerabel. Vielleicht ist dies ein Grund dafür, dass eine verständlich geschriebene Einführung in dieses Thema für angehende und praktizierende Lehrerinnen und Lehrer fehlt.

Um dem Thema dennoch gerecht zu werden, findet eine exemplarische Auswahl und eine Konzentration auf jene Medien statt, die besonders häufig im Unterricht genutzt werden, so z.B. auf den Tageslichtprojektor, den Diaprojektor, das Videogerät u.a.m. Doch wird versucht, diesem Buch durch Kapitel über den Computereinsatz oder das Internet die notwendige Aktualität zu geben.

Mit dieser Veröffentlichung werden mehrere Zielsetzungen verfolgt:

Als *erstes Ziel* ist beabsichtigt, die künstlich geschaffene und unhaltbare Trennung von Medienerziehung und Mediendidaktik zu überwinden, weil bei der Arbeit mit einem Medium stets erzieherische und didaktische Anliegen verfolgt werden. Wenn z.B. eine Lehrerin mit ihren Schülern ein Hörspiel erarbeitet, dann kann es weder allein um die Optimierung der Aufnahmequalität noch allein um die Textgestaltung gehen, sondern zum Gelingen eines solchen Projekts bedarf es technischer und semantischer und pragmatischer Kompetenz, sowohl auf Seiten der Lehrerin als auch auf Seiten der Schüler.

Das *zweite Ziel* heißt: Weg von einer überwiegend passiv-rezeptiven Haltung und hin zu einer überwiegend aktiv-produktiven Mediennutzung, in dem Lehrer/innen und Schüler/innen voneinander über Medien lernen und sich in der selbstständigen und eigenverantwortlichen Nutzung üben. Nicht die Menschen sind für die Medien da, sondern Menschen sollten lernen, sich der Medien zu bedienen.

Die *dritte Zielsetzung* besteht darin, angehenden und praktizierenden Lehrern möglichst viele konkrete Anregungen und Hinweise zur Medienwahl und zum Medieneinsatz zu bieten. Fragestellungen und Randvermerke dienen der Anregung, ein ausführlicher Index hilft bei der gezielten Suche.

Medien können in allen Phasen des Unterrichts eingesetzt werden und so die Lernchancen der Schüler erhöhen. Da jedoch diese Feststellung zu allgemein gehalten ist, besteht eine *vierte Zielsetzung* darin, die Einsatzmöglichkeiten spezifischer Medien hinsichtlich bedeutsamer Unterrichtsphasen – Motivation, Präsentation, Veranschaulichung, Übungs- und Selbstlernphase, Wiederholung, Kontrolle, Anreicherung – zu erläutern. Diese Phasen dürfen allerdings nicht als ein Ablauf- oder Artikulationsschema für Unterricht missverstanden werden. Ein solches Schema würde den Prozesscharakter von Unterricht leugnen und die methodische Kreativität beeinträchtigen.

Eine *fünfte Zielsetzung* dieses Studien- und Arbeitsbuches besteht in dem Bemühen, die Mediennutzungsgewohnheiten bei Kindern und Jugendlichen transparent zu machen. Dabei beschränkt sich der Autor bewußt auf den deutschsprachigen Raum, weil erhebliche interkulturelle Differenzen vorausgesetzt werden können, die im Rahmen einer Studie zur vergleichenden Pädagogik – weniger jedoch für angehende und praktizierende Lehrer im deutschsprachigen Raum interessant sein mögen. Dass Schüler/innen in China oder Uganda andere Nutzungsgewohnheiten praktizieren, liegt auf der Hand, doch sollten Lehrer/innen, Sozialpädagog/innen, Eltern und Bildungspolitiker/innen zunächst einmal über die Nutzungsgewohnheiten ihrer Kinder und Jugendlichen Bescheid wissen und sich abzeichnende Veränderungen zur Kenntnis nehmen.

Des Weiteren soll die gesellschaftspolitische Relevanz der Medienpädagogik und der Mediendidaktik betont werden:

- Die hemmungslose Propaganda im Dritten Reich wäre ohne die vielen Volksempfänger und Sondermeldungen und ohne Filme wie »Triumph des Willens« oder »Kohlberg« so nie möglich gewesen.
- Wenn heute ein Bürgerkrieg tobt, versuchen die gegnerischen Parteien fast immer zuerst die Rundfunk- und Fernsehstationen zu besetzen, um so ihre Ideologie verbreiten zu können.
- Vor Landtags- und Bundestagswahlen kämpfen die Spitzenkandidaten der politischen Parteien um Fernsehauftritte und um Fernsehminuten zur Erreichung eines Millionenpublikums, so dass in unserer Tele- oder Mediokratie mediale Aspekte hervor- und politische Argumente zurücktreten.
- Die Persönlichkeitsrechte einzelner Bürger werden durch Medien verletzt oder so stark beeinträchtigt, dass der unkontrollierte Gebrauch von Daten und die hemmungslose Vermarktung von Informationen längst zu einer Gefahr geworden sind. Der Fall der Lady Diana belegt eindrucksvoll, wie die Neugier des Publikums, Vermarktungsinteressen und journalistische Methoden letztlich zu der physischen Vernichtung ihres Opfers beitragen.
- Der manipulative Charakter der Medien begegnet uns tagtäglich. Mit *Fake* (gestellte Berichte) erschwindelt man das Publikumsinteresse oder man erhöht seine Marktchancen durch Werbung.

Zwar sind Medien in einer demokratischen Gesellschaft als so genannte Vierte Gewalt unverzichtbar, doch bedarf es gerade auf diesem Gebiet möglichst vieler Bürgerinnen und Bürger, die sich der Medienwirkungen bewusst und zu einem kritischen Umgang befähigt sind. Deshalb ergeht an die Lehrer die Aufforderung, bei der Medienwahl und dem Medieneinsatz die gesellschaftspolitische Relevanz mit zu durchdenken und mit den Schülern zu thematisieren.

Die Einflussnahme durch die Computertechnik und das Internet im Zuge einer Globalisierung wirtschaftlicher, politischer und kultureller Lebensbereiche lässt sich heute noch nicht abschätzen. Doch gerade deshalb benötigen Lehrer/innen jene technischen, semantischen und pragmatischen Kompetenzen, die sie befähigen fragwürdigen Entwicklungen zu begegnen.

Was die Darstellung anbelangt, so wurde eine ausgewogene Sichtweise angestrebt, die weder eine Medieneuphorie noch einen Kulturpessimismus erzeugen möchte. Bei diesem wissenschaftlichen Bemühen musste mit der gebotenen Vorsicht getextet werden und viele Fragen mussten auch unbeantwortet bleiben. So sind die Lehrer/innen aufgefordert, gemeinsam mit dem Autor die Entwicklung im Medienbereich zu beobachten und auf Herausforderungen möglichst kompetent zu antworten.

Publikationen über Medien sind oftmals technischen Abhandlungen vergleichbar und sie wirken in ihrer nüchternen Art häufig unfreundlich. Deshalb wurde bei der Textgestaltung versucht, die Darstellung aufzulockern und Leseanreize zu bieten. Ob dies gelungen ist, können nur die Leser/innen selbst beurteilen, für Anregungen und Hinweise ist der Autor dankbar.

Selbstverständlich meint der Autor immer beide Geschlechter, wenn er von Lehrern oder Schülern spricht. Um dem Vabanquespiel zwischen Stil, Lesbarkeit und Diskriminierung einigermaßen gerecht zu werden, wird hier im Nominativ von Schüler/in bzw. Schüler/innen und Lehrer/in bzw. Lehrer/innen gesprochen.

Februar 1998 *Wolfgang Maier*

Medien

1. Medien – Versuch einer Begriffsbestimmung

Frau Schniller folgt begeistert der Fußballübertragung, während ihr Mann am Telefon die neueste Tennismode diskutiert, Tochter Tina im Internet surft und Sohn Sam in einer Jugendzeitschrift blättert. Medien bestimmen unseren Alltag, aber wie lässt sich der Begriff genauer bestimmen und die vielfältigen Erscheinungsformen einordnen? Stürzen wir uns in das Chaos des Mediendschungels und versuchen wir hier ein wenig Klarheit zu schaffen. Eine Hilfe liegt in der Eingrenzung des Begriffs: Medien sind technische Hilfsmittel, die Informationen gestalten, austauschen oder verbreiten. Sie dienen der Kommunikation. Eine Ausdehnung auf technikfreie Bereiche – beispielsweise die Lehrkraft als personales Medium[1] – wird hier nicht weiter verfolgt.

Das Alltagsverständnis verbindet nicht erst seit Multimedia den Begriff mit *Technik* und deren Weiterentwicklung. Dieser Medienbestandteil soll hier als *technischer Aspekt* gekennzeichnet sein.

Medien transportieren *Informationen* über größere Entfernungen oder zeitversetzt als Aufzeichnung. Die Inhalte und ihre mediale Gestaltung soll hier als *semantischer Aspekt* zusammengefasst werden (nach der Semantik, die sich mit der Bedeutung von Zeichen beschäftigt).

Weiterhin umfasst der Medienbegriff den Austausch und die Verbreitung von Informationen. Diese bestehen aber nicht nur aus Inhalten, sondern auch aus Absichten der Gestalter, die auf bestimmte Wirkungen zielen. Auf der anderen Seite stehen die Mediennutzer, die sich mit ihren Interessen und Bedürfnissen diesen Medien zuwenden. Medienproduzenten und Mediennutzer bilden den sozialen Rahmen der Medien. Medien dienen der Kommunikation. Diese Funktion beschreibt der handlungs- und anwendungsbezogene oder *pragmatische Aspekt.*

Für den Mediennutzer bedeutet dies: Er muss die Technik bedienen, die Inhalte verstehen und die Medien für seine eigene Kommunikation gestalten und verwenden können. Tabelle 1 (S. 15) fasst diese Gesichtspunkte zusammen. Diese Bereiche lassen sich nun zur Einordnung der vielen Erscheinungsformen auf dem Mediensektor weiter unterteilen.

Der *technische Aspekt* gliedert sich in zwei Bereiche, die hier als Hardware und Software umschrieben werden sollen.[2] Hardware meint den apparativen Aspekt eines Mediums. Die gestaltete Aussage oder Information, die auf einem Träger gespeichert

1 Solche Begrifflichkeiten finden sich etwa bei v. Cube (1976, S. 62), der in personale, apparative und curriculare Medien einteilt.

2 Eine entsprechende Unterscheidung findet sich u.a. bei Weidenmann (1982, S. 84).

Tabelle 1 **Dimensionen des Medienbegriffs**

Medienaspekte	Bereiche	Nutzeranforderung
Technischer Aspekt	Technik	Bedienung
Semantischer Aspekt	Information: Inhalte, Gestaltung	Verständnis
Pragmatischer Aspekt	Kommunikation: Austausch, Verbreitung, Absichten, Wirkung	Verwendung

ist, kann dagegen als Software umschrieben werden. Beispielsweise gehört der Projektor zur Hardware, das Filmmaterial zur Software. Unterscheidet man weiterhin Medien, die sich nur zur Produktion der Software auf Technik stützen von solchen, die sowohl zur Produktion als auch zur Wiedergabe der Informationen technischer Unterstützung bedürfen, so gelangt man zu einem zweistufigen Schema. Dazu einige Beispiele:

Medien der ersten Stufe wie die Fotografie und der Buchdruck verwenden Hardware zur Produktion. Die damit erstellte Software kann ohne technische Hilfsmittel wahrgenommen werden.

Film, Fernsehen, Video, Radio, Tonträger, aber auch neue Anwendungen wie Multimedia und Telekommunikation benötigen als Medien der zweiten Stufe sowohl zur Produktion als auch zur Wiedergabe entsprechende Hardware. Dies bedeutet eine Zugangsbeschränkung, die nicht nur Mittel zur Beschaffung der Wiedergabegeräte voraussetzt, sondern auch Kenntnisse in der Bedienung dieser Hardware. Für den Bereich der elektronischen Datenverarbeitung und vor allem bei ihrem Einsatz als Telekommunikationsmittel (Stichwort Internet) kann diese Bedienung bereits ernsthaft den Gebrauch einschränken.

Eine Medieneinteilung unter dem *semantischen Aspekt* fragt nach der Gestaltung der Information, nach ihrer Präsentationsform und danach wie sie sich dem Zugriff durch die Zielgruppe erschließen und so ein Verständnis ermöglichen. Danach lassen sich statische, dynamische und interaktive Medien unterscheiden (Tabelle 2, S. 16).

Die Wahrnehmungsdauer von statischen Medien ist beliebig, wie auch die Anordnung ihrer Präsentation. Der Betrachter bestimmt, wie intensiv er sich mit Details auseinander setzen will, wie lange er sich dafür Zeit nimmt und in welcher Reihenfolge er z.B. Bilder oder Artikel einer Zeitschrift arrangiert.

Bei *dynamischen Medien* ist die Reihung der Information vorgegeben und an einen Zeitfaktor gebunden. Videos wie auch Tonaufzeichnungen haben eine bestimmte Spieldauer und der Ablauf verändert sich nur durch aufwändiges Umschneiden oder Vor- und Zurückspulen. Die Wahrnehmung ist an die Leistungsfähigkeit des Rezipienten gebunden, in einer bestimmten Zeit die präsentierten Informationen aufzunehmen.

Tabelle 2 **Medien und Wahrnehmungsleistung**		
Medien	**Präsentationsform**	**Wahrnehmungsleistung**
Statische Medien z.B. Fotografie, Printmedien	Text, Bild, Grafik	Visuell, bei selbst bestimmter Verweildauer
Dynamische Medien z.B. Fernsehen, CD, Kassetten, Video, Film	Film, Video, Tonaufzeichnung	Visuell, auditiv bei vorgegebener Darstellungsdauer
Interaktive Medien z.B. interaktives Fernsehen, Computer	Film, Video, Ton, Schrift, Grafik, Animation, Simulation	Visuell, auditiv mit freien Zugriffsmöglichkeiten und Gestaltung bzw. Anordnung der Information

Interaktive Medien wie Multimedia, interaktives Fernsehen oder Virtual Reality verändern die Information im Wahrnehmungsprozess. Die Adressaten haben einen Einfluss auf die Informationen, können sie auswählen (Multimedia, Datenbanken) und die Reihenfolge und den Ablauf bestimmen (interaktives Fernsehen, Simulation). Interesse und Motivation des Rezipienten bestimmen letztlich den Kommunikationsprozess.

Virtuelle Realitäten erlauben dem Nutzer weitgehende Freiheiten im Umgang mit vorliegenden Informationen. Durch headmounted Displays, einer aufwändigen Helm- oder Monitorkonstruktion, die meist räumliche Bilder und Stereosound liefert und durch Datenhandschuhe oder Datenanzüge überträgt das System jede Körperbewegung in eine simulierte räumliche Wahrnehmung. Dabei sind selbst virtuelle Begegnungen mit echten Partnern durch Vernetzung möglich. Besonders erfindungsreiche Geister basteln bereits seit längerer Zeit an Cybersex-Maschinen: freies Fummeln im Datenkanal.

Jedes Medium hat dabei eine bestimmte Zeichensprache oder Codierung. Damit ist ihr Leistungsspektrum vorgezeichnet und begrenzt. Es ist eben nicht gleichgültig, ob Sachverhalte statisch im Bild wiedergegeben oder dynamisch als Film vorgeführt werden. Bewegung in eine Fotografie zu bannen ist für den Fotografen sicher eine reizvolle Aufgabe und inspiriert zu ästhetischen Gestaltungsversuchen (z.B. Schärfe-, Unschärfekontraste im Wischeffekt). Eine Videokamera dagegen liefert diese Information mühelos.

Medien lassen sich schließlich unter dem *pragmatischen Aspekt* – Kommunikation als Austausch und Verbreitung von Informationen – in drei Bereiche unterteilen.

Massenmedien wie Presse, Rundfunk, Film, Fernsehen, aber auch Schallplatte bzw. CD, Buch und Video. Hier geht es um Märkte, die mit der Ware Information bestückt werden. Trotz unterschiedlicher Definitionsversuche der Massenmedien lassen sich einheitlich folgende Merkmale bestimmen:

- Die Aussagen, von wenigen technisch zubereitet, richten sich an ein breites Publikum.
- Es besteht weitgehend eine Einweg-Kommunikation, d.h. Rückmeldungen sind die Ausnahme.
- Die Produzenten und Empfänger sind räumlich getrennt.[1]
- Sie dienen der Information, Meinungsbildung, Unterhaltung, Bildung und evtl. auch der Kontrolle.[2]

Individualmedien wie Telefon, Fax, Briefe, E-Mail, aber auch die alltäglich verwendete Fotografie oder die Videokamera kennzeichnen die Merkmale:

- Aussagen richten sich an Einzelpersonen oder einen eng gefassten Personenkreis.
- Zwischen Produzenten und Empfängern besteht oft eine soziale Bindung, Rückmeldungen sind prinzipiell möglich.
- Die Produzenten haben Amateurstatus, sie produzieren Medien nicht beruflich.
- Sie dienen der individuellen Kommunikation

Unterrichtsmedien, z.B. Lehrfilme, Lernprogramme, Folien sowie für Lehrzwecke konzipierte Fotografien und Tonmedien kennzeichnen die Eigenschaften:

- Die Aussagen richten sich an einen durch die Institutionen Schule oder Aus- und Weiterbildung festgelegten Personenkreis.
- Zwischen Medien und Lernenden vermittelt zumeist eine Lehrperson. Die Kommunikation kann aber auch massenmedialen Charakter annehmen, z.B. bei Filmen, Videos oder Schulfernsehsendungen.
- Sie dienen der Aneignung von Kenntnissen, Fähigkeiten und Fertigkeiten, sowie dem Erwerb von Einsichten und Erkenntnissen.

Die Tabelle 3 (S. 18) fasst die Erscheinungsformen zusammen.

Interessanterweise aber scheinen sich nun in der raschen Medienentwicklung diese Trennlinien der Medien wenigstens teilweise aufzulösen. Unterrichtsmedien werden immer mehr durch Hardware aus dem massenmedialen Bereich ersetzt. Der Filmprojektor weicht dem Videoset und der Tageslichtprojektor wird durch den Monitor eines Computers oder durch Datenprojektion ersetzt. Weltweite Computernetze konkurrieren mit den klassischen Massenmedien. Das Internet erobert zunehmend

1 Vgl. hierzu Silbermann 1982, S. 294–296.

2 So beispielsweise formuliert das Bundesverfassungsgericht: »Der WDR veranstaltet und verbreitet Rundfunk als Medium und Faktor des Prozesses freier Meinungsbildung und als Sache der Allgemeinheit.« und »Sein Programm hat der Information, Bildung und Unterhaltung zu dienen. Er hat Beiträge zur Kultur, Kunst und Beratung anzubieten« (Urteil des BVG vom 5.2.1992, in: Media Perspektiven I/1991, S. 3).
Kabel/Saur 1988; Löffler, M. (Hrsg.) 1962; Setzen 1974; Meyn 1985.

Tabelle 3 **Medien im Überblick**

Medialer Aspekt	**Technisch**	**Semantisch**	**Pragmatisch**
Einteilung	Hardware – Software, Medien der ersten und der zweiten Stufe	Statische, dynamische und interaktive Medien	Massen-, Individual- und Unterrichtsmedien
Tätigkeit des Nutzers	Bedienen der Technik	Verstehen und gestalten von Informationen	Kommunizieren

kommerzielle Märkte (Werbung, Shopping). Es dient aber auch individueller Kommunikation (elektronische Post) und Bildungszwecken (Schul-, bzw. Bildungsnetze). Für den User (neudeutsch für Medienbenutzer) erfordert dies eine ständige Erweiterung seiner Medienkompetenz. Bereits die traditionellen Medien waren in der Bedienung (Technik), dem Verständnis (Semantik) und der Verwendung (Pragmatik) an gewisse Fertigkeiten, Fähigkeiten, Einsichten und Erkenntnisse gebunden. Diese Voraussetzungen werden in Zukunft noch verstärkt eingefordert. Es zeichnet sich ein in den Konsequenzen kaum beachteter Bildungsbedarf ab. Kompetenz im Medienbereich ist gefordert und nur wer sie besitzt, kann auch in Zukunft auf das ständig wachsende Informationsangebot der alten und neuen Medien zurückgreifen. Ansonsten droht die Gefahr einer medialen Klassengesellschaft, die Wissende und Unwissende voneinander trennt.[1]

1 Die Wissenschaft spricht schon seit Jahren von einer »Wissenskluft« zwischen Informierten und weniger Informierten in der Gesellschaft, die sich durch die Medien noch verschärft. Vgl. Saxer 1987, 1988, 1989; Bonfadelli 1994; Tichenor/Donohue/Olien 1970.

2. Medien im Alltag von Kindern und Jugendlichen

»Dich schlitz ich auf ...« (Maier 1990, S. 55). Von solcherlei militantem Sprachgebrauch berichtete im Rahmen einer Umfrage eine Erzieherin. Urheber dieser Unfreundlichkeit war die vierjährige Stefanie, die so von ihrer Betreuerin als Beispiel für die Folgen häufigen wie heftigen Fernsehkonsums unserer Kinder und Jugendlichen zitiert wurde. Der Medienkonsum ist derzeit wieder einmal in aller Munde und füllt die Spalten der Gazetten. Er wird durch die aktuelle Gewaltdebatte voreilig als Erklärungsmodell missbraucht: Gewalt in den Medien erhöht die Gewaltbereitschaft der Kinder und Jugendlichen. Und so erigiert vielerorts der pädagogische Zeigefinger: Wehe euch, ihr ignoranten Eltern, die ihr eure Kinder schamlos der elektronischen Belustigung überlasst, wehe euch, ihr ignorantes Lehrervolk, die ihr meint, eure Zöglinge mit bunten Bildern und lauten Tönen locken zu können, denn all dies ist von Übel und führt eure Kinder geradewegs in die Kriminalität.

Gewiss wird die Debatte nicht immer so heftig geführt, doch führt sie zweifellos zu einer weiteren Verunsicherung der Eltern und der angehenden und praktizierenden Lehrer. Genug ist nicht genug: Sollte ich meinen Unterricht nicht durch einen erweiterten Medieneinsatz abwechslungsreicher, vielseitiger und anschaulicher gestalten? – Oder schon zu viel: kann ich denn angesichts der Debatte um unsere medienverseuchte Jugend guten Gewissens eine Entwicklung durch meinen Medieneinsatz im Unterricht verstärken, die so folgenreich sein könnte? Sollte ich nicht vielmehr mein Klassenzimmer zur Bastion gegen die Medienflut erklären, zum Hort und Heil der Kinderseele? Doch zunächst etwas über Zeiten und Dauer der Mediennutzung im Alltag der Kinder und Jugendlichen.

Ein kleines Rechenexempel mag einige Aufschlüsse über die zeitliche Bedeutsamkeit der Massenmedien für unsere Kinder in den wesentlichen Jahren ihrer Schulpflicht liefern. Danach verbringen Schüler/innen von der ersten bis zur neunten Klasse durchschnittlich 9.500 Stunden mit Fernsehen, Radio, Tonspeichermedien und Video.[1] Im gleichen Zeitraum beansprucht die Schule etwa 7.500 Stunden. Bedenkt man, dass Krankheiten, Unterrichtsausfall usw. die Relation noch zu Gunsten der Mediennutzung verschiebt, so erhält man eine ungefähre Vorstellung von ihrer Bedeutung im Alltag unserer Kinder.[2] Tabelle 4 (S. 20) verdeutlicht dies für unterschiedliche Altersgruppen.

1 Die Berechnung erfolgte auf der Basis der Angaben aus Klingler/Groebel 1994, S. 58–60. Für die Schulzeit wurden 39 Wochen/Jahr angenommen.

2 Opaschowski (1995) errechnet für 18-Jährige eine Gesamtfernsehzeit von rd. 13.000 Stunden gegenüber der Schulzeit von rd. 12.000 Stunden.

Tabelle 4 **Mediennutzung von Kindern und Jugendlichen**				
Medium	**Tägliche Reichweite**		**Tägliche Nutzungsdauer**	
	6–13 Jahre	14–19 Jahre	6–13 Jahre	14–19 Jahre
Fernsehen	80%	58%	102 Min.	108 Min.
Video	8%	6%	6 Min.	4 Min.
Tonträger	23%	31%	19 Min.	44 Min.
Radio	28%	76%	23 Min.	117 Min.
Lesen	30%		20 Min.	
Quelle: Klingler/Groebel 1994, S. 59f. u. Klingler/Heinemann 1996, S. 144–147.				

Die Beliebtheit des Fernsehens steht bei beiden Altersgruppen außer Zweifel. Allerdings erreicht die Gesamtbevölkerung eine tägliche Fernsehdauer von ca. drei Stunden (Media Perspektiven. Basisdaten. 1996, S. 68).

Als typische Jugendmedien erweisen sich Radio und die Tonträger Schallplatte, Compact Disk und Musikkassette. Mit einer Gesamtnutzungsdauer von 161 Minuten täglich liegen sie an erster Stelle und weit über dem Bevölkerungsdurchschnitt (ca. 15 Minuten). Videos dagegen können als Randerscheinung betrachtet werden.

Diese Zahlen zur Mediennutzung der Kinder und Jugendlichen mögen einen groben Überblick über die Bedeutsamkeit der Massenmedien im Alltag vermitteln. Jedoch eignen sich statistische Mittelwerte nicht zur Einschätzung individueller Mediennutzung. Diese ist nur aufgrund von Analysen bei Einzelpersonen leistbar. Welcher soziale Hintergrund liegt vor, gibt es aktuelle oder andauernde Problemlagen, die zu erhöhtem Konsum führen, welche Biografie liegt vor usw.? Solche und andere Fragen müssen geklärt werden, wenn es um die Einschätzung und die mögliche Auswirkung von Medienkonsum geht.

Neben dem quantitativen Aspekt ist die Frage von Interesse, welche Bedeutung die Medien in der Lebenswelt unserer Kinder und Jugendlichen haben. Um der Unsicherheit unter Erziehungsprofis und Laien zu begegnen, gilt es zunächst darzustellen, wie Kinder und Jugendliche mit den vielfältigen Medien umgehen.

> »*In den Alltag vieler Kinder, Jugendlicher und junger Erwachsener sind Medien ganz selbstverständlich integriert; junge Menschen kennen in der Regel wenig Vorbehalte gegenüber neuen Medienangeboten und nehmen sie in ihre Erlebnis-, Gestaltungs- und Informationswelt auf.*« (Bund-Länder-Kommission für Bildungsplanung und Forschungsförderung 1995, S. 12)

Medien erfüllen demnach emotionale, kreative und informative Funktionen für die Jugend. Sie führen nicht nur zu einem passiven Freizeitverhalten, wie ihnen oft unterstellt wird. Die nachstehende Übersicht zeigt weitere wesentliche Funktionen der Medien im Alltag.

Tabelle 5 **Medienfunktionen im Alltag**

»Hast du schon gesehen?«	Medien stiften Kontakte. Sie bieten Anlass zu Gesprächen und gemeinsamen Aktivitäten (z.B. Kino)
»Der hat wieder etwas Neues«	Medien vermitteln soziale Anerkennung durch Gerätebesitz, Videos, PC-Programme oder Fernsehnutzung, die den anderen unzugänglich sind
»Um 5 gibt's Comics«	Medien strukturieren den Alltagsablauf, durch Programmangebote und Gewohnheiten, die den Alltag erleichtern
»Immer im Trend«	Sie informieren über Tagesaktualitäten, modische Strömungen, Jugendstile und Verhaltensweisen
»Starke Männer – schöne Bräute«	Sie bieten Identifikation mit Vorbildern, Idolen und dadurch auch Orientierung
»Der Kick durchs Kabel«	Sie bringen in Stimmung oder gleichen Stimmungen aus
»Let the beat control your body«	Sie vermitteln Körpergefühl und Sinnlichkeit
»Jetzt komme ich!«	Vorlieben für bestimmte Musikstile erlauben eine Grenzziehung gegenüber anderen Gruppen und Erwachsenen
»Null Bock auf gar nichts«	Sie lassen eine Befriedigung von Bedürfnissen in Mangelsituationen zu und kompensieren negative Erfahrungen
»Asylanten in der virtuellen Welt«	Träume, Sehnsüchte und Allmachtsfantasien können ausgelebt werden, der Fernseher erlaubt den Rückzug aus dem Alltag bzw. die Flucht in Scheinwelten (Eskapismus)

Die Tabelle entstand in Anlehnung an Bonfadelli 1988, S. 186f.

Die Aufstellung zeigt ein Bild des jugendlichen Mediennutzers, das sich mit den bekannten Vorurteilen nicht deckt. Denn mit Passivität und Konsumverhalten allein lässt sich der Mediengebrauch nicht verstehen. Jugendliche und Kinder müssen mit einer ständig sich ändernden Umwelt zurechtkommen. Körperliche Reifungsprozesse, emotionale Unsicherheit, das Bedürfnis nach neuen Erfahrungen und sozialen Kontakten mit Gleichaltrigen stellen sie oft vor Probleme. In diese Orientierungslücke stoßen die Medien. Sie bieten Tipps zur Gestaltung der eigenen Persönlichkeit, Identifikation mit den Idolen und Vorbildern, Anlässe für Gespräche, Ordnung im Alltagsablauf durch die Programmstrukturen und Unterstützung bei der Bewältigung besonderer Stimmungslagen – etwa durch Musik. Will also Schule mit den Mediengewohnheiten ihrer Schüler »fertig« werden, so muss sie sich auf dieses schwierige Terrain begeben. Pauschale Urteile sind bequem, aber nutzlos. Besser eignen sich Neugier und Interesse an den Mediengewohnheiten der Kinder und Jugendlichen.

Das bedeutet aber auch, dass Medien und Unterricht in einer Doppelrolle zu sehen sind. Einmal dienen sie unserem Bemühen um Unterrichtsgestaltung, andererseits sind sie als Phänomen kindlicher oder jugendlicher Freizeit und gesellschaftlicher Kommunikation selbst als Gegenstand von Unterricht zu betrachten. Beachtet man im Sinne eines erziehenden Unterrichts beide Seiten und ergänzt die Medien im Unterricht um den Gesichtspunkt eines Unterrichts mit und über Medien so lässt sich die bisherige Trennung von Medienpädagogik und Mediendidaktik sinnvoll überwinden. Der Schüler kommt damit in den Fokus einer erweiterten Betrachtung und bringt seine Vorkenntnisse und Gewohnheiten mit ein. Die Thematisierung der Medien selbst wiederum erweitern dessen Kompetenz.

3. Mediendidaktik

Auf den Versuch einer vollständigen Darstellung aller Unterrichtsmedien muß in dieser Veröffentlichung verzichtet werden. Statt dessen erfolgt eine Konzentration auf die technisch gestützten Unterrichtsmedien. Auf Printmedien und Präsentationsformen wie Tafel, Flipchart usw. wird hier nicht eingegangen. Den Schülern begegnen Unterrichtsmedien in folgender Häufigkeit:

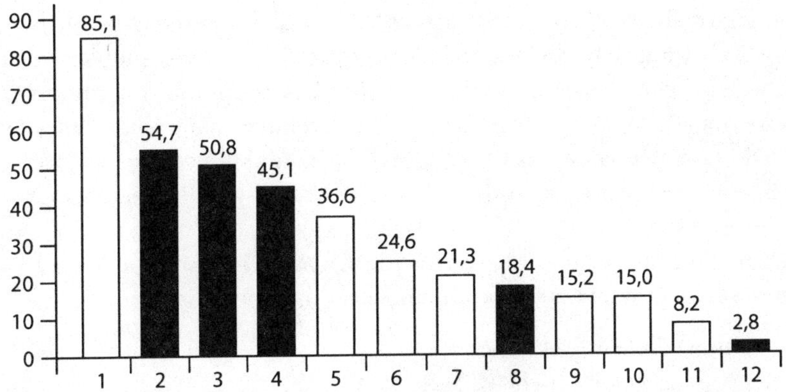

Folien (1), Videokassetten (2), Dias bzw. Diareihen (3), Tonkassetten oder -bänder (4), 16-mm-Filme (5), Schulfernsehen (6), 8-mm-Filme (7), Schallplatten (8), Tonbildreihen (9), Schulfunk (10), Medienpakete (11), CD/Platten (12) (Sacher 1994, S. 11)

Abbildung 1 **Medienverwendung**

Auf Rangplatz 1 liegt ohne Zweifel die Folie mit 85,1%. Alle anderen auf schulische Zwecke weitgehend beschränkten Medien wie Schulfernsehen (6), 16-mm-Filme (5), 8-mm-Filme (7), Schulfunk (10) und Medienpakete (11) haben dagegen an Bedeutung verloren. Dafür ist der Anteil an Medien, die auch im Alltag bedeutsam erscheinen wie Videokassette, Dias und Tonmedien, nicht unbeträchtlich. Bezieht man in diese Gegenüberstellung: Unterrichtsmedien – Alltagsmedien (Individual- und Massenmedien) die zunehmende Bedeutung des Computers mit ein, so ergibt sich ein Trend hin zur Technik des Konsumermarktes. D.h. reine Unterrichtsmedien könnten in Zukunft aus dem Unterricht verschwinden.

Als Konsequenz folgt daraus: Mediengewohnheiten, die unsere Schüler/innen im Alltag erworben haben, gewinnen zunehmend an Bedeutung für den unterrichtlichen Medieneinsatz und müssen als Lernvoraussetzung in die Medienplanung einbezogen werden. Eine andere Konsequenz zieht Sacher:

> »*Bevorzugt wurden also offensichtlich AV-Medien, die bequem zur Hand sind, keinen hohen apparativen Aufwand, keine vorangehende Aufzeichnung, keine stundenplanmäßige Abstimmung und nicht das Aufsuchen eines Fachraumes erfordern und die flexibel eingesetzt (beliebig kombiniert bzw. vor- und zurückgespult) werden können*« (Sacher 1994, S. 11f.).

Medien, die selbst Unterricht über kürzere oder längere Phasen bestimmen (sog. Leitmedien s.u.) scheinen nach Sacher auch weniger gefragt zu sein. Die Dominanz der Lehrperson darf nach seiner Einschätzung durch die Unterrichtsmedien nicht gefährdet werden (vgl. Sacher 1994, S. 12). Hier scheint die Furcht, Medien könnten Lehrkräfte ersetzen, die Medienwahl zu bestimmen. Diese Diskussion um Unterrichtstechnologien als Alternative zur Lehrperson ist so alt wie verhängnisvoll. In der Vergangenheit überlagerte sie die Auseinandersetzung um den programmierten Unterricht. Eine Wiederaufnahme findet heute in der Diskussion um computerunterstütztes Lernen statt. Medien sollten Unterricht verbessern und nicht Lehrkräfte einsparen. Die Leitfrage lautet also hier: Welche Lehrfunktionen können Medien unterstützen, ergänzen, verbessern oder auch teilweise bzw. ganz für eine bestimmte Lernphase übernehmen?

Nachstehend nun ein Versuch, Medienfunktionen nach einigen Dimensionen von Unterricht zu entwickeln und zu erläutern und zwar nach den Aspekten:

- Übernahme von Lehrfunktionen[1] und
- Medieneinsatz im Unterrichtsverlauf

3.1 Übernahme von Lehrfunktionen durch Medien

Die Übernahme vollzieht sich in vier Stufen (s. Tabelle 6, S. 25). Einige Beispiele sollen dies verdeutlichen: Bilder, Folien, Dias, aber auch Tafelbild, Modelle und Objekte dienen der Information, Präsentation und Demonstration von Sachverhalten. Sie unterstützen die Lehrer beim Vortragen, Erklären, Erläutern, Veranschaulichen usw. Als *Werkzeuge* ordnen sie sich der planerischen und methodischen Kompetenz der Unterrichtenden unter.

Teilfunktionen übernehmen z.B. Arbeitsblätter, wenn Schüler/innen Sachverhalte in angemessenem Umfang selbst erarbeiten, ebenso wie gut gewählte Filmausschnitte, Tondokumente und Übungsprogramme für den PC, die eigenständiges Lernen fördern und die Lehrer vom Unterrichten entlasten.

1 Zur Übernahme von Lehrfunktionen durch Medien vgl. Doelker 1971, S. 53ff.; Boeckmann/Heymen 1990, S. 12ff. Zur Kritik vgl. Bachmair 1979, S. 64f.

Tabelle 6 **Medien und Lehrfunktion**	
Übernahme von Lehrfunktionen	
1. Medien als Werkzeug	unterstützende Funktion
2. Übernahme von Teilfunktionen	
3. Leitmedien	
4. Selbstlernmedien	steuernde Funktion

Leitmedien des Unterrichts übernehmen Lehrfunktionen für längere Unterrichtsphasen. Unterrichtsfilme sind vor allem in diesem Zusammenhang zu nennen. Leitmedien sind meist ungenügend den jeweiligen Unterrichtszielen angepasst. Als fertiges Produkt enthalten sie vorgegebene Ziele, für eine fiktive Adressatengruppe. Die Tätigkeit des Lehrer beschränkt sich zunächst auf das technische Management. Seine wesentliche Aufgabe besteht in der Medienwahl, der Medienintegration und der Medienauswertung.

Selbstlernmedien stellen die höchste Form des individualisierten Unterrichts dar und verzichten ganz auf eine tutoriale Betreuung. Aktuell ist diese mediengestützte Lehrform bei Lernprogrammen (vgl. S. 165ff.).

Um Missverständnissen vorzubeugen, soll nochmals betont werden, dass es nicht darum gehen kann, Lehrer ganz oder teilweise zu ersetzen. Welche Lehrfunktion das jeweilige Medium übernimmt, bestimmen die für den Unterricht Verantwortlichen letztlich selbst. Nicht auszuschließen ist beim Medieneinsatz allerdings ein Rollenwechsel: vom Unterrichtsdramaturg zum Moderator medieninitiierter Lernprozesse.[1] Daneben können Medien entlasten und die Lehrtätigkeit ergänzen, ohne sie überflüssig zu machen.[2] Durchgängig gilt für alle Lehrfunktionen: Medien sind technische Hilfsmittel oder Werkzeuge in den Händen der Lehrer und Schüler.

3.2 Medieneinsatz im Unterrichtsverlauf

Gemeint sind hier Funktionen, die Unterrichtsmedien in bestimmten Unterrichtsphasen übernehmen können.[3]

In der Phase der *Motivation* schaffen Medien Aufmerksamkeit und erregen Interesse als Grundvoraussetzungen für jeden Unterricht. Visuelle Medien z.B. können

1 Näheres in Döring 1980, S. 132–141; Armbruster/Hertkorn et al. 1978, S. 28ff.

2 Medien sind weder Partner noch ein Äquivalent für Lehrer/innen. Darauf verweist Plickat 1974: »Medien sind ... unterschiedliche Hilfen, über die der Lehrer und im lernergesteuerten Unterricht auch der Schüler zweckmäßig verfügt« (Plickat 1974, S. 58; zitiert nach Bachmair 1979, S. 216).

3 Ähnliche Einteilungen von Medienfunktionen im Unterrichtsverlauf finden sich bei: Armbruster/Hertkorn et al. 1978, S. 39; Götz/Häfner 1992, S. 132f.; Sacher et al. 1994, S. 23ff.; Schröder/Schröder 1990, S. 102–112.

Tabelle 7 **Medien im Unterrichtsverlauf**

Unterrichtsphase	**Medienfunktion**
Motivation	motivieren
Präsentation	informieren
Veranschaulichung	intensivieren
Übungs-, Selbstlernphasen	aktivieren, individualisieren
Wiederholung, Vertiefung	memorieren, erweitern
Kontrolle	rückmelden
Anreicherung	bereichern

Betroffenheit auslösen, Interesse und Neugier wecken und aufrechterhalten und Anreize für eine Problemlösung schaffen.

Medien können über Sachverhalte *informieren* und diese darstellen. Objekte, die wegen des Aufwands oder ihrer Besonderheit nicht zugänglich sind (Stellvertreterfunktion), präsentieren sich den Schülern in Abbildungen oder Diagrammen, Tondokumenten oder Filmen.

Eng damit verknüpft dienen Medien der *Intensivierung* der Wahrnehmung durch eine anschauliche Präsentation. Sie eröffnen den Zugang zu verborgenen Vorgängen im Mikro- und Makrokosmos, verdeutlichen Bewegungsabläufe durch Zeitraffer oder Zeitlupe, vergrößern oder verkleinern, was für unsere Anschauung nicht mehr erkennbar ist (z.B. Mikroorganismen) oder wegen seiner Größe als Ganzes nicht mehr überschaut werden kann (z.B. Luftbildaufnahmen der Erde).

In Schülerhand *aktivieren* und unterstützen Medien einen schülerzentrierten, individualisierten und handlungsorientierten Selbstlernprozess. Schüler/innen recherchieren (Video, Kassettenrecorder, ...), beschaffen Informationen z.B. über ihren Schulweg, Singvögel im Garten, Lebensgewohnheiten von ausländischen Mitbürgern usf., gestalten Interviews über aktuelle Themen oder sie dokumentieren ein Projekt als Wandzeitung, Ausstellung oder Diavortrag. Besonders der Einsatz von Computern bringt hier völlig neue und erweiterte Möglichkeiten der Gestaltung mit Text, Bild und Ton.

Zur *Wiederholung* und gezielten *Vertiefung* eines Lerninhalts erlauben Medien eine vielfältige Sichtweise mit geänderter Perspektive und in unterschiedlichen Präsentationsformen. Bereits Bekanntes erscheint neu in Bildern, Filmen, Tondokumenten und hilft so der Merkfähigkeit (memorieren) und der Vertiefung, ohne in reizloses Wiederholen zu entarten. So illustriert und vertieft beispielsweise die Aufzeichnung einer Debatte im Bundestag die erarbeiteten Grundlagen unserer parlamentarischen Demokratie.

Unterrichtliche Kontrollfunktionen lösen bei den Schülern häufig Ängste vor Tests und Klassenarbeiten aus. Was leider oft nur der Inszenierung einer vorgeschriebenen Leistungskontrolle dient, kann im Medieneinsatz wenigstens interessanter sein.

Computergestützte Lernsysteme erlauben eine unmittelbare und detaillierte Rückmeldung über den Leistungsstand und dies wesentlich schneller als es der Rotstift des Lehrers vermag. Aber auch bei herkömmlichen Testverfahren ist ein Medieneinsatz zumindest erwägenswert. Eine sachliche Selbstkontrolle, die das persönliche Verhältnis zwischen Lehrenden und Lernenden nicht belastet, leisten z.B. auch Videoaufzeichnungen von sportlichen Leistungen, von Rollen- oder Theaterspielen. Sie dient aber auch dem Lehrer, wenn er seinen eigenen Unterricht im Spiegel der Videoaufzeichnung selbstkritisch begutachtet.[1]

Enrichment als unspezifische *Bereicherung* von Unterricht ist wohl eine der gebräuchlichsten Funktionen, die den Medien übertragen werden (vgl. Sacher 1994, S. 24). Ein Spielfilm über Indianer am Ende einer Unterrichtseinheit über Amerika ergänzt und bereichert die Arbeit, ist aber von den vorgesehenen Lernzielen nicht unbedingt erforderlich. Bedenkenswert erscheint dabei die Nähe zu den Funktionen, die Medien in der Freizeit übernehmen, etwa Entspannung, Unterhaltung, Anregung usw. und damit eine leidige Konkurrenzsituation zwischen Freizeitbedürfnissen und unterrichtlichen Zielen beschwört. Dagegen ließen sich in einer erweiterten Sicht medienpädagogische Fragestellungen anschließen: Was begeistert uns an Indianerfilmen? (Reflexion der eigenen Bedürfnislage) oder: Welche Vorurteile bestätigt der Film? (Medienanalyse, Medienkritik) u.a.m.

In der bereits zitierten repräsentativen Untersuchung in Bayern weist Sacher nach, dass Lehrer/innen die angeführte Bandbreite kaum ausschöpfen:

> *»AV-Medieneinsatz dient insgesamt offenbar überwiegend der Darbietung von Wissensinhalten und der Veranschaulichung, dann auch der Einstimmung und Motivation. Deutlich seltener werden AV-Medien zur Wiederholung, Vertiefung und Zusammenfassung verwendet und mit noch einmal geringerer Häufigkeit zur Einübung, Sicherung und Erfolgskontrolle.«* (Sacher 1994, S. 24)

Seine Bewertung möchte ich kommentarlos zur eigenen Beurteilung weitergeben:

> *»Es hat den Anschein, daß AV-Medien oft nur als Aufmacher im ersten Drittel oder in der ersten Hälfte einer Unterrichtseinheit eingesetzt werden«* (Sacher 1994, S. 23).

Über die Ursache dieser nach Sacher eher beiläufigen und auf einige Unterrichtsphasen beschränkte Medienverwendung gibt die o.g. Untersuchung keinen Aufschluss. Vielleicht helfen nachstehende Äußerungen zur Überprüfung eigener Einstellungen gegenüber dem Einsatz von Medien im Unterricht:

- Ich bin im Umgang mit der Technik zu unsicher.
- Ich habe Angst vor technischen Pannen, die den Unterrichtsablauf stören.
- Medieneinsatz bedeutet einen zu hohen planerischen Aufwand.
- Ich bin mit den methodischen Möglichkeiten zu wenig vertraut.

1 Ein Unterrichtsbeispiel für den Filmeinsatz bei Klassenarbeiten in der Medienerziehung findet sich in: Stipp-Hagmann, K. (Hrsg.) 1996, S. 83f.

- Ich habe zu wenig Kenntnis über die vorhandenen Materialien.
- Ich schätze die Effektivität von Unterrichtsmedien gering ein.
- Weitere Gründe.

Die sich hier andeutende Medienabstinenz hat ihre Entsprechung in den wissenschaftlichen Publikationen. Vor allem die Auseinandersetzung mit der Unterrichtstechnik hat nach einer Hoch-Zeit in den 60er und 70er Jahren zunehmend das Interesse der Schulpädagogik verloren.[1] Dies aus guten Gründen, hat sich doch die Einsicht durchgesetzt, dass die Beschäftigung mit Medien stärker unter erzieherischen Gesichtspunkten zu erfolgen habe. Verfolgt man diese Entwicklung, so gilt für den derzeitigen Stand, dass die Diskussion um medienpädagogische Fragestellungen inzwischen in die Phase gelangt ist, sich vermehrt um didaktische Konzepte einer Umsetzung der medienpädagogischen Ziele in Unterricht, besser noch um ihre Integration in die »alltägliche« Unterrichtsarbeit zu bemühen. Diesen Ansatz verfolgt die vorliegende Arbeit, indem sie eine notwendige Kooperation, besser Integration beider Bereiche, der Medienpädagogik und der Mediendidaktik anstrebt.

3.3 Mediendidaktische Kompetenz

Der unterrichtliche Medieneinsatz erfordert von den Lehrenden bestimmte Fertigkeiten, Fähigkeiten, Einsichten und Erkenntnisse, die nachfolgend in einem dreistufigen Schema als mediendidaktische Kompetenzen zusammengefasst werden:

Tabelle 8 **Mediendidaktische Kompetenz**

Fähigkeiten	**Operationalisierung**
Technische Kompetenz Fragen der Handhabung	Technische Voraussetzungen medialer Kommunikation schaffen und beherrschen
Semantische Kompetenz Fragen der Gestaltung und der Inhalte	Gestaltung und Veränderung von Wirklichkeit durch ein Medium erkennen und kritisch prüfen
Pragmatische Kompetenz Fragen der Eigenproduktion und der Verwendung	Medien in den unterrichtlichen Kommunikationsprozess integrieren (zielbewusst planen, auswählen, herstellen und methodenkompetent einsetzen)

Eine *technische Kompetenz* ist die Grundvoraussetzung für jeden Medieneinsatz. Sie lässt Pannen vermeiden und sorgt für einen reibungslosen Unterrichtsverlauf.

Die Wahl des geeigneten Mediums und seine Beurteilung setzt eine *semantische Kompetenz* ebenso voraus wie die Gestaltung von Unterrichtsmedien.

Die *pragmatische Kompetenz* schließlich befähigt zur Integration der Medien in den Unterricht und zur Produktion von Unterrichtsmedien.

1 Dies lässt sich leicht an Hand der vorliegenden Literaturliste nachweisen.

4. Medienpädagogik

4.1 Erziehung zu einer kompetenten Mediennutzung

> »*Medien sind heute integrativer Bestandteil gesellschaftlicher Wirklichkeit; sie gehören zum Alltag von Familie und Schule. Medien sind Miterzieher geworden. Sie können Kommunikation erleichtern und bieten Orientierung an. Medien greifen Themen des gesellschaftlichen Lebens auf und wirken sich stark auf die persönliche Lebensgestaltung schon in früher Kindheit und Jugend aus, daß Bildung und Erziehung in Elternhaus und Schule tiefer und unmittelbarer als früher betroffen sind*« (Bund-Länder-Kommission 1995, S. 7).

Medien bieten Informationen, Orientierungen und Werturteile. Sie konkurrieren so mit dem Bildungs- und Erziehungsauftrag der Schule. Als Informationsvermittler gestalten sie das Wissen unserer Schüler. In der Freizeitgestaltung erfüllen sie Bedürfnisse der Kinder und Jugendlichen und prägen deren Einstellungen und Erwartungen gegenüber den Medien. Dies betrifft unmittelbar den schulischen Medieneinsatz bei der Wissensvermittlung, den Bildungsauftrag der Schule. Als »heimliche Miterzieher« stellen sie aber auch eine Herausforderung an den Erziehungsauftrag der Schule dar.

Folgt man zudem der Etikettierung unserer gesellschaftlichen Entwicklung als »Informations- und Kommunikationsgesellschaft«, so erweitert sich dieser Erziehungsauftrag um medienpädagogische Fragestellungen. Es gilt, die Schüler in diesem gesellschaftlichen Wandel zu befähigen, Medien bewusst, kritisch und verantwortungsvoll zu nutzen und für die eigene Kommunikation auch aktiv zu verwenden. Diese Medienkompetenz erhält in Anbetracht der Entwicklung der Informations- und Kommunikationstechnik den Stellenwert einer Kulturtechnik. Sie wird fundamentaler Aspekt jeder Bildungsdiskussion, deren Blick auf die realen gesellschaftlichen, die sozialen, ökonomischen und kulturellen Entwicklungen und deren Auswirkung auf den Einzelnen nicht realitätsblind sein will.

Qualität baut auch im Medienbereich auf Qualifizierung. Deshalb kann eine Medienkultur erst dann entwickelt werden, wenn die Voraussetzungen beim Kulturkonsumenten geschaffen sind. Aufbau von Medienkompetenz darf und kann nicht dem freien Flimmern der Monitore überlassen bleiben. Sie erfordert vielfältige Bildungsanstrengungen.

Häufig gestellte Fragen wie z.B.: »Wie viel Fernsehen ist gut für mein Kind?«, »Fernsehfreier Tag, ja oder nein?«, »Ist die Anschaffung eines Videorecorders empfehlenswert?« usw. sind in diesem Zusammenhang eher nachgeordnet. Es kann hierbei nicht um ein Mehr oder Weniger an Medienkonsum gehen, sondern um eine grundlegende Befähigung zum Umgang mit Medien.

4.2 Medienkompetenz – ein Stufenschema

Ziel allen medienpädagogischen Bemühens ist die Entwicklung einer Medienkompetenz. Ihr Aufbau fasst das nachfolgende Stufenmodell zusammen:

Tabelle 9 **Stufenmodell zur Medienkompetenz**

Angestrebte Kompetenzen	**Erläuterung**
1. **Technische Befähigung** als Handhabung von Hard- und Software	Kenntnisse über Bau und Funktion der Geräte; sachgerechte Handhabung; Einsicht in den Medienproduktionsprozess
2. **Semantische Kompetenz** als das Verstehen der Inhalte	Das Wissen um die Gestaltung einzelner Medien und ihrer Ausdrucksmöglichkeiten; Bedeutungen erfassen, Botschaften erkennen, Inhalte kritisch analysieren
3. **Pragmatische Kompetenz** als Verwendung der Medien zur Kommunikation	Medien nach den eigenen Interessen verwenden, mit Hilfe von Medien kommunizieren

Eine praktische Umsetzung dieser Ziele erfolgt in den weiteren Kapiteln. Hier beschränke ich mich auf grundsätzliche Anmerkungen.

Medien stützen sich auf Technik. Die Fähigkeit zum Umgang mit dieser Technik (*technische Kompetenz*) bildet eine erste Zugangsvoraussetzung zum Umgang mit dem jeweiligen Medium. Genügte für den Zugang zum Kinofilm noch eine Eintrittskarte ins Kino, so setzt der Umgang mit dem Fotoapparat oder dem Videorecorder schon einige Kenntnisse voraus. Bei den Neuen Medien kann die technische Handhabung bereits zu einer unüberwindlichen Hürde anwachsen. Verfolgt man demnach ernsthaft eine Demokratisierung der Medien, d.h. den freien Zugang für möglichst alle gesellschaftlichen Gruppen, so darf dies nicht bereits beim Bedienen von Soft- und Hardware enden. Darüber hinaus sind Kenntnisse der medialen Technik eine wichtige Grundlage für die inhaltliche Gestaltung der Informationen und der Kommunikation. Wer gar mit Medien kommunizieren möchte, sie aktiv gebrauchen will, bedarf selbstredend grundlegender Kenntnisse in der Handhabung und Bedienung der Geräte.

Semantische Kompetenz. Medien bilden Objekte ab – in Form von Bildern, Filmen oder Tondokumenten – und verändern dabei immer Realität. Aus Farbe wird Schwarz/Weiß und die Dreidimensionalität verflacht auf der Ebene. Die Originalgröße der Dinge kann fast beliebig verändert werden – man denke etwa an moderne Tunnelmikroskope, die selbst noch im atomaren Bereich Bilder liefern. Schnitttechniken beim Film verändern unsere Zeiterfahrungen, Zeitlupenaufnahmen dehnen Bewegungsabläufe auf beliebige Länge, Zeitraffer verkürzen Wachstumsprozesse auf wenige Minuten. Diese technisch bedingte Umgestaltung von Wirklichkeit bildet ein Grundprinzip medialer Information. Die Dinge ändern aber im Abbildungsprozess nicht nur ihren Realitätsgehalt, sie erhalten darüber hinaus auch oft den Charakter von bedeutungstragenden Zeichen. Eine Kerze auf dem Tisch erkennen wir als Beleuchtungsmittel, das gegebenenfalls noch eine gewisse Atmosphäre verbreitet. Ins Bild gerückt erhält dieses Licht eine Bedeutung, die je nach dem die verfließende Zeit, den nahenden Tod u.a.m. andeutet. Diese Kodifizierung der medialen Abbildung erlaubt seine Kennzeichnung als eine Zeichensprache, die mit mehr oder weniger festgelegten Bedeutungsträgern arbeitet. Damit öffnet sich das Medium aber auch der Gestaltung durch die Produzenten und ihren Absichten, die von einem künstlerischen Gestaltungswillen, aber auch von unlauteren Manipulationsabsichten geprägt sein können.

Einige Beispiele mögen dies veranschaulichen. Zeitungen und Nachrichtensendungen sind bemüht, ihre Informationen in einem handlichen Format zu präsentieren. Das zwingt zur Selektion durch die verantwortliche Redakteure (gate-keeper) und zur verkürzten Berichterstattung. Die zunehmende Kommerzialisierung und der Zwang zur Auflagenhöhe oder Quote verführt zu einer sensationslüsternen Berichterstattung. Paparazzi durchwühlen die Schlafzimmer der Prominenz und suchen nach verkaufsträchtigen Skandalen. Ja man scheut selbst vor Fälschungen (Fake) nicht zurück (Hitlertagebücher). Politiker inszenieren ihre Selbstdarstellung auf der Medienbühne und versuchen die Gunst der Wähler durch Wahlwerbung zu beeinflussen. Die verzerrte Wiedergabe gesellschaftlicher Verhältnisse im fiktionalen Bereich (Spiel- und Fernsehfilm) erzeugt beim Zuschauer ein falsches Bewußtsein. Man strickt am Heldenmythos, bestätigt längst überkommene Geschlechtsrollenstereotypen (Frauenbild) und verspricht erfolgreiches Handeln durch den Einsatz von Gewalt. Technisch lässt sich Wirklichkeit inzwischen beliebig konstruieren. In Robert Zemeckies »Contact« (1997) ergänzen eingefügte Filmsequenzen des amerikanischen Präsidenten Bill Clinton die Spielfilmhandlung und mischen so beliebig Fiktion und Realität.

Es liegt an der *semantischen Kompetenz* des Adressaten sich diese Zusammenhänge kritisch bewusst zu machen. Für den Erziehungs- und Bildungsauftrag der Schule bedeutet das, diese semantische Kompetenz als Fähigkeit zur Analyse und kritischen Bewertung medialer Inhalte zu vermitteln und zu schulen.

Der Umgang mit Medien beschränkt sich aber nicht auf ein bedeutungsloses Spiel mit Technik, der Gestaltung und der Analyse von Bedeutungen. Die von Schülern gefertigte Software dient auch und vor allem der Kommunikation mit anderen. Daher zielt eine aktive Medienarbeit auf die Fähigkeit, sich medial auszudrücken und kommunizieren zu können. Diese *pragmatische Kompetenz* entwickelt sich im aktiven

Mediengebrauch. Sie führt zur Kommunikations- und Handlungsfähigkeit in der Informations- und Kommunikationsgesellschaft.

Eine aktive Medienpädagogik stellt aber auch eine Alternative zum alltäglichen Mediengebrauch dar, indem sie von der passiven Rezeption zur aktiven Gestaltung führt. Und sie hilft Medienwirkungen aufzuarbeiten. Eine Zwölfjährige, die mitten im Action-Krimi feststellt: »Wow, das war aber ein toller Schnitt!«, kann von einer unmittelbaren Medienwirkung kaum beeindruckt oder gar irritiert werden. Sie hat begriffen, dass die Wirklichkeit der Medien doch nur ein Produkt der Macher ist.

Ein wesentlicher Vorteil aktiver Medienarbeit liegt auch und besonders darin, dass sie die am Unterricht Beteiligten aus vorgegebenen Erwartungshaltungen entlässt. Lehrer/innen stecken zwangsläufig immer in der Rolle der Verweigerer, die einen übermäßigen Medienkonsum nicht akzeptieren können und so ändernd auf das Freizeitverhalten der Jugend einwirken müssen. Schüler/innen ihrerseits fühlen sich schnell bei einer rein analytischen Medienbehandlung bevormundet und reagieren mit Verweigerung oder nehmen das Unterrichtsangebot nur scheinbar an, um einen Konflikt zu umgehen. Eine aktive Mediengestaltung eint diese Gegensätze in einem gemeinsamen Ziel und vermeidet so unproduktive Auseinandersetzungen.

Die übergreifende Zielsetzung einer Medienkompetenz aber lautet: Hinführung zu einem verantwortungsvollen, humanen und sozialverträglichen Umgang mit den bestehenden und zukünftigen Medien und damit Aufbau einer Kommunikationskultur. Wer den technischen Fortschritt nur den Ellenbogen der Leistungsgesellschaft überlässt, leistet keinen Beitrag zum Erhalt unserer sozialen Errungenschaften. Der technische Fortschritt war und ist unumkehrbar – der soziale Fortschritt dagegen gestaltet sich wesentlich verletzlicher.

Zusammenfassung

Medien erfüllen als Massenmedien gesellschaftliche Funktionen und individuelle Bedürfnisse. Als Unterrichtsmedien dienen sie der Verbesserung der Lehr- und Lernsituation. Einerseits zur Information, Unterhaltung und Entspannung in der Freizeit genutzt, andererseits zur Unterstützung unterrichtlicher Arbeit eingesetzt, entsteht für den Schüler leicht ein Widerspruch: Das Rotkehlchen kann eben mit Rambo nicht konkurrieren. Erst eine ganzheitliche Betrachtung der Funktionen von Massen- und Unterrichtsmedien unter medienpädagogischen Gesichtspunkten überwindet diese Kluft. Eine aktive Medienverwendung in der Schule erweitert die Kommunikationsfähigkeit und hilft, das große Potenzial technischer Informationsverarbeitung fruchtbar zu nutzen. Sie führt die Medien aus dem passiven Gebrauch zu einer aktiven Gestaltung. Die Fragestellung der frühen Medienwirkungsforschung: »Was machen die Medien mit den Menschen?« wird so sinnvoll umgedreht: »Was mache ich aus den Medien?«

Nach diesem allgemeinen Überblick nun zu den Medien en détail, ihren Funktionen im Alltag und im Unterricht.

Bildmedien

1. Wie lässt sich die Bilderflut kanalisieren?

Bereits 1963 sprach Karl Pawek vom optischen Zeitalter. Zwischenzeitlich hat sich die Bilderflut auf Papier oder auf den Bildschirmen explosionsartig ausgeweitet. Visuell etwas wiedergeben geschieht auf vielfältige Art und Weise. Deshalb kurz ein Katalog der bildlichen Darstellungen:

Zunächst kann das *realitätsgetreue Abbild* vom *Ideolekt*[1], einer künstlerischen Abbildung, unterschieden werden. Beim Abbild ist ein Erkennen als Wiedererkennen bekannter Dinge möglich. Beim künstlerischen Bild müssen die Inhalte erst aus dem eigenen Zeichensystem des Kunstwerks erschlossen werden.

Die *Fotografie* gilt weithin als die realitätsgetreueste Wiedergabe bestehender Objekte. Als künstlerische Fotografie erreicht sie allerdings auch den Charakter eines Ideolekts. Sie steht als technisch reproduzierte Wirklichkeit im Spannungsverhältnis zwischen platter, detailgetreuer Wiedergabe als Realbild und der Inszenierung durch Gestaltung.[2]

Die *grafische Darstellung*, Zeichnungen, etwa Schemazeichnung, Landkarte, Tafelbild, Karikaturen, Comics, Silhouetten usw., reduziert ihre Objekte auf Linie und Fläche.

Die *logischen Bilder* erscheinen hochgradig abstrakt durch eine strenge Schematisierung komplexer Strukturen. Beispiele sind Mengendarstellung als Isotypien[3] oder Diagramme wie Pfeildiagramme, Venn-Diagramme, Baumgrafen, Netzwerke, Tabellen, u.a.m. (vgl. Issing 1990, S. 108).

Analoge Bilder (vgl. Issing 1990, S. 108) stellen reale Ereignisse, Vorgänge und Objekte in Form einer Analogie (Ähnlichkeit, Entsprechung) dar. Bekanntestes Beispiel ist das Atommodell, das den Atomaufbau als Planetenmodell veranschaulicht. Analoge Bilder, wie sie massenweise in den Schaltflächen der grafischen Benutzeroberfläche des Computers (Windows, Apple) erscheinen, erleichtern die Orientierung und Bedienung. Die Firma Apple setzte einst die bis heute gültigen Standards. Mit dem Macintosh wurde eine grafische Bildschirmoberfläche geschaffen, welche die Arbeitsweise am Schreibtisch auf das noch neue Medium übertrug.

Symbolische Bilder erscheinen in der Form von Emblemen, Verkehrszeichen, politischen Symbolen (Hammer und Sichel um ein unzeitgemäßes zu zitieren), Wappen, Alltagssymbolen (Stern für Geburt) oder biblischen Symbolen (Kreuz

1 Eco nach Weidenmann 1989, S. 31.

2 Zur Unterscheidung von Realbild und inszeniertem Bild vgl. Doelker 1996, S. 16.

3 Neurath entwickelte 1924 in Wien Isotypien als anschauliche Darstellung von Mengen. Vgl. ders. 1991.

Der Monitor als Analogie zum Arbeitsplatz:
Dateien erscheinen auf der Macintosh-Oberfläche in Analogie zum Schreibtisch als Dokumente oder Blätter, Datensammlungen oder Datenbanken als Karteikarten, eine Zusammenfassung von Dateien in einem Verzeichnis als Ordner. Der pralle Papierkorb verweist auf Dateien, die gelöscht werden sollen, die Schemazeichnung von Festplatte und CD eröffnet den Zugang zu ihren Inhalten.

Abbildung 2 **Analogien**

u.a.m.). Ihr Inhalt erschließt sich durch Konventionen, d.h. durch Vereinbarungen und nicht durch eine Übereinstimmung mit der Wirklichkeit wie bei analogen Bildern oder Piktogrammen.

Piktogramme (vgl. Aicher 1990) erfassen ihren Gegenstand in seiner idealtypischen Ausprägung und in strenger Vereinfachung. Beispiele sind die Kennzeichnungen auf Flughäfen, Orientierungshilfen in öffentlichen Gebäuden (männlich/weiblich an Toiletten) und Verweise auf bestimmte Sportarten. Berühmt geworden sind die Piktogramme, die Otl Aicher für die Olympiade in München entwickelte (Aicher 1991).

Die Spannbreite bildhafter Darstellungen reicht von konkret über schematisch bis zu abstrakt. Da aber eine verlustfreie Abbildung der Realität durch Bilder nicht möglich ist, Bilder immer auch Wirklichkeit gestalten, spielt natürlich hier die Absicht des Gestalters eine bedeutsame Rolle. Einige Intentionen seien hier genannt:

- Möchte der Gestalter etwas *dokumentieren*, so kommt es ihm auf eine möglichst exakte Wiedergabe an.
- Verfolgt er ein *ästhetisches* Anliegen, so bemüht er sich um einen sinndeutenden Umgang mit der Welt und gestaltet die Aussage als Ideolekt mit einer Bildsprache, die aus dem Zusammenhang oder über Symbole erschlossen werden muss.
- *Manipulative Absichten* zielen auf Veränderung und Einflussnahme auf unsere Einstellungen, Meinungen und Entscheidungsprozesse (Werbung, Wahlplakate usf.).
- *Didaktische Zielsetzungen* verändern das Abbild und unterstützen durch Hervorhebung, Vereinfachung, Beschriftung u.a.m. den Lernprozess.

Hinter dem Bildbegriff verbergen sich also unterschiedliche Erscheinungsformen, die sich nach ihrer Machart oder Technik (grafische Darstellung, Fotografie) und nach inhaltlichen Gesichtspunkten (Piktogramme, analoge oder symbolische Darstellung) klassifizieren lassen. Die Absicht der Bildautoren führt zu einem zweiten Kriterienkatalog.

Tabelle 10 **Bildeinteilung nach Absicht der Bildautoren**

Dokumentarische Bildgestaltung – distanziert – vollständig – Kontextbezug zur Verständlichkeit	**Subjektive Bildgestaltung** – Nähe (Großaufnahmen, Details) – Perspektive – Farbe – Ausschnitt – Unvollständigkeit
Didaktische Bildgestaltung – Anschaulichkeit als Prinzip – Erkennbarkeit, Verständlichkeit – Fokussierung auf das Wesentliche: Hervorheben durch Größe, Farbe, Markierung, Perspektive, Nähe ... – Kommentierung: Text, Legende, Hinweise durch Pfeile, Kreise, Farbmarkierung ...	**Manipulative Bildgestaltung** – Veränderung des Inhalts – Mittel der subjektiven Bildgestaltung

Bildliche Darstellungsformen und die Intention der Gestalter bieten somit Kriterien zur Kanalisierung der Bilderflut. Bilder entfalten jedoch ihre Bedeutung erst im Prozess der Wahrnehmung. Sie sind daher eng mit der Wahrnehmungsleistung der Betrachter verbunden. Der Anschauungsbegriff und die damit verbundenen Wahrnehmungsprozesse sollen daher im folgenden Abschnitt näher betrachtet werden. Der Schwerpunkt der Darstellung liegt dabei auf dem unterrichtlichen Einsatz von Bildmedien und damit im Bereich der Mediendidaktik.

2. Bildmedien und das Prinzip der Anschauung

Der Anschauungsbegriff ist schillernd und vielschichtig. Anschauung gründet zunächst auf Wahrnehmung als eine umfassende Tätigkeit, die alle Sinne einschließt: Sehen, Fühlen, Riechen, Schmecken und Hören.

Für den Umgang mit Bildern im Unterricht bedeutet dies eine Einschränkung auf die optische Wahrnehmung. Bilder sind immer nur vermittelte Wirklichkeit. Sie reduzieren vom Räumlichen auf die Fläche. Sie klammern die Bewegung und zuweilen auch die Farbinformation aus. Insofern gilt für das Bild das gleiche wie für alle anderen Medien: sie erlauben lediglich eine eingeschränkte Begegnung mit der Wirklichkeit und haben so zunächst eine Ersatzfunktion. Man könnte zwar geradezu den Triebmotor der technischen Medienentwicklung in der Aufhebung dieser Differenz sehen (siehe *Virtual Reality* S. 185ff.), eine Gleichsetzung kann jedoch nie erreicht werden.

Die optische Wahrnehmung, das Sehen, kann nun je nach Definition auch als intelligentes Verhalten bezeichnet werden. Rudolf Arnheim (1972, S. 24ff.) spricht in diesem Zusammenhang auch von der Intelligenz des Sehens. Aber selbst wenn man diese Zuordnung nicht akzeptiert, muss doch festgehalten werden: Der Sehvorgang ist ein gesteuerter, teilweise bewusst oder auch unbewusst ablaufender Prozess. Die Unterstellung, unsere fernsehwütigen Kinder würden sich in völliger Passivität nur von bunten Bildern berieseln lassen, entspricht jedenfalls nicht dem Vorgang der Wahrnehmung. Sehen ist ein selektiver Vorgang und muss demnach gesteuert werden. Das Auge ist aufgrund seiner physiologischen Beschaffenheit wählerisch. Was ich scharf sehen möchte, muss ins Zentrum des Blickfelds gerückt werden. Es wird fixiert, denn nur im Bereich der Sehgrube (gelber Fleck) erhält man ein scharfes Bild. Bereits in einer Abweichung um 10° von dieser Sehachse erscheinen die Dinge unscharf. So verarbeiten wir die Bilder nicht einfach als statisches Abbild auf unserer Netzhaut, wir erarbeiten sie durch Fixationen bestimmter Teile und verbinden diese einzelnen Eindrücke durch rasche Augenbewegungen, den Sakkaden. Im realen Umfeld ergänzt sich dieser Vorgang noch durch die Tiefenwahrnehmung. Auch hier bestimmt die Sehschärfe die Auswahl aus dem Gesamteindruck. Je nach Entfernung stellt sich unsere Linse im Auge auf diesen Bereich ein und sie liefert uns so ein scharfes Bild. Das bedeutet, dass bereits unsere physiologischen Voraussetzungen zu einem selektiven, mehr oder weniger bewusst ablaufenden Sehvorgang zwingen. Wählen wir aber bei der Wahrnehmung aus, so ist dieser Prozess individuell geprägt. Denn damit fließen alle Interessen, Neigungen, Bedürfnisse, Erfahrungen und unser Wissen in diesen Vorgang mit ein. Sehen ist so mit Lernen verbunden, denn es gründet auf bereits erworbene Schemata. Nur wenn das Geschaute an ein bereits vorhandenes

Schema anknüpft, erscheint es mir sinnvoll, erkenne und deute bzw. lese ich die wiederkehrenden grafischen Zeichen als Schrift, verschließt sich mir eine Zeichnung von Josef Beuys nicht als nur irrationales Gekritzel.

Seit Comenius (1592–1670) wird die Wahrnehmung im Unterricht um das Unterrichtsprinzip der Anschauung erweitert und daraus die Forderung nach Veranschaulichung, nach dem gezielten sinnlichen Zugang zu den Dingen, abgeleitet. Anschauung meint dabei »die Begegnung mit den Dingen selbst: sie meint Wahrnehmung und Erfahrung im Umgang mit ihnen« (Michael 1983, S. 72). Nach Weidenmann (1988a) verbindet sich im Anschauungsprinzip Sehen, Denken und Begreifen: »Es verkörpert aus psychologischer Sicht eine kognitive Theorie, bei der Denken und Begreifen analog zum Prozeß des Sehens konzipiert wird« (a.a.O., S. 129). Die Veranschaulichung selbst kann dabei als ein »didaktisches Prinzip der Bemühung um Anschauung und Lernen« (a.a.O., S. 77) verstanden werden. Oder anders ausgedrückt: Bemühungen, den Stoff anschaulich zu gestalten, der Anschauung der Schüler zugänglich zu machen, können als Veranschaulichung bezeichnet werden.[1] Die Frage in diesem Kapitel lautet demnach: Was leisten Bilder für die Anschauung der Schüler und dem Bemühen der Lehrenden um Veranschaulichung?

Die Begriffe Anschauung, Anschaulichkeit und Veranschaulichung können somit im nachfolgenden Schema unterschieden werden:

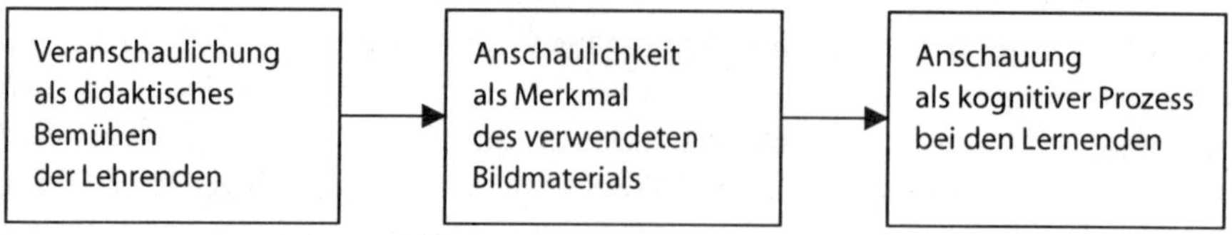

Abbildung 3 **Anschauungsbegriff**

Im Folgenden wird versucht, die Anschauung als einen Prozess vom Sehen über das Denken zum Begreifen weiter zu untergliedern. Einige Anregungen für diese Einteilung verdanke ich Caselmann (1963, S. 43–70) mit seiner Darstellung des Anschauungsbegriffs. Ausgehend von der Wahrnehmung als oberflächliches Sehen sollen dabei weitere Stufen der Anschauung entwickelt werden.

2.1 Ein Stufenmodell der Anschauung

1) Die *ungezielte, ungerichtete* und *unwillkürliche Wahrnehmung*. Ein Bild wird nur oberflächlich erfasst. Details werden nicht erkannt, nicht kognitiv akzentuiert,

1 Die Begriffe Anschauung, Anschaulichkeit und Veranschaulichung sind seit Comenius nicht klar getrennt. Vgl. hierzu Michael 1983, S. 77.

sondern emotional bestimmt. Dies erlaubt einen spontanen, ganzheitlichen Zugang, fordert Betroffenheit und das Staunen der Schüler heraus. Das »optische Zeitalter« beschert uns allerdings mit seiner Bilderflut nicht nur endlos viele visuelle Eindrücke, es verführt auch zur Oberflächlichkeit der Wahrnehmung. Subjektive Betroffenheit mit Fotos kann somit kaum noch hergestellt werden, eine geistige Durchdringung bleibt in einzelnen Ansätzen stecken. Medienpädagogisches Eingreifen erfordert hier Verbesserung der Wahrnehmungsfähigkeit, eine visuelle Sensibilisierung, durch gezielte Schulung und Aufarbeitung der unverarbeiteten Eindrücke und unverstandenen optischen Informationen. Damit gelangt die Anschauung auf eine zweite Stufe:

2) *Anschauung* als *planvolle, gezielte, willkürliche* und *vertiefte Wahrnehmung* oder auch Beobachtung. Sie folgt einem Plan und nicht zufälligen Eindrücken oder Reizen eines Bildes, richtet sich gezielt auf Einzelheiten und ihre Merkmale und wird durch Interessen gelenkt.
3) Die *exemplarische Anschauung* (vgl. Caselmann 1963, S. 51)erlaubt es, die Ausprägungen eines visuellen Merkmals auf andere Erscheinungsformen der selben Kategorie zu übertragen. Stilmerkmale eines Malers werden an einem Werk erfasst und können bei anderen Arbeiten wieder erkannt werden. Ebenso können Ausformungen im Körperbau von Insekten exemplarisch an einem Beispiel entdeckt werden. Die exemplarische Betrachtung erlaubt dann, dass die erkannten Merkmale bei einer anderen Spezies wieder entdeckt werden.
   Diese Anschauungsvariante steht in engem Zusammenhang mit dem exemplarischen Lernen (vgl. Martin Wagenschein 1968, S. 7ff.). Für das Bild bedeutet dies: Ist die Darstellung typisch für das Thema, das Tier, das für eine ganze Spezies steht, die besondere Landschaftsform, die idealtypisch etwa Karstgebirge vorstellt, die Verkehrssituation, die einem immer wieder begegnet? Nur situationsbezogene Darstellungen können zwar komisch (man denke an drollige Tierdarstellungen oder einen Schnappschuss vom letzten Urlaub) oder ergreifend wirken (Flüchtlingskinder in Sammellagern). Ob sie darüber hinaus auch Hintergründe erhellen oder Transferleistungen zulassen, gilt es im Einzelfall zu prüfen.
4) Die *dynamische Anschauung* (vgl. Caselmann 1963, S. 53f.) umfasst Wahrnehmungsleistungen in dynamischen Prozessen. Dies betrifft einmal alle Fertigungsprozesse (»Wie eine Tageszeitung entsteht«). Darüber hinaus aber auch historische Entwicklungen (»Wohnen früher und heute«) oder Prozesse der Evolution (»Vom Neandertal ins Silicon Valley«). Als Unterrichtsform bietet sich hier genetisches Lernen nach Martin Wagenschein (1968, S. 55ff.) an, das den historischen Entstehungszusammenhang des Lerngegenstandes mit dem entdeckenden Lernen der Schüler verbindet.
   Im Idealfall können Schüler/innen Fertigungsprozesse durch eigenständiges Herstellen nachvollziehen. Das statische Bild ist hier nur ein schlechter Ersatz. Viel besser geeignet ist der Film mit seiner Dynamik. Als Zusammenfassung, Wiederholung und für Transferleistungen beweisen jedoch Bilder auch hier ihre Nützlichkeit. Bildfolgen fassen den Ablauf oder die Entwicklung auf die wesentlichen

Schritte zusammen und unterstützen so die Erinnerungsleistung. Bei Projekten dienen sie der Dokumentation, die den gefertigten Gegenstand (z.B. die Klassenzeitung) in seiner Entstehung vorführen.

5) Die »*umfassende Anschauung*« (Caselmann 1963, S. 54) umspannt alle Facetten eines Begriffs, Phänomens, Problems oder Gegenstandes und verbindet es zu einem Ganzen. Gilt es im Unterricht das Thema Ausländerfeindlichkeit zu erarbeiten, so müssen mehrere Aspekte zunächst wahrgenommen werden, um daraus Ursachen, Maßnahmen usw. abzuleiten. Geeignete Unterrichtsformen sind fächerübergreifend und projektorientiert, um die vielen Facetten eines Begriffs der Anschauung zugänglich zu machen, bzw. aus der Anschauung abzuleiten. Es bleibt nur wenigen Meisterwerken der Fotografie überlassen, diese Spanne zwischen dem besonderen Moment und dem allgemeinen Begriff zu überwinden. Sie erfordern beim Betrachter eine hochentwickelte Fähigkeit, solch komplexe Symbolsysteme zu lesen und zu deuten.

Für die hier gestellte Frage: Was leisten Bilder für die Anschaulichkeit erscheint die Stufe der planvollen, gezielten, gelenkten oder willkürlichen Anschauung bedeutsam. Als *vertiefte Wahrnehmung* soll sie hier zum Grundprinzip für den Umgang mit Bildmedien erhoben werden. Denn Bilder sollten nur dann im Unterricht zur Veranschaulichung eines Themas gewählt und eingesetzt werden, wenn eine ausführliche Beschäftigung mit ihnen lohnt. Die Bund-Länder-Kommission für Bildungsplanung und Forschungsförderung (BLK) formuliert in ihrem Orientierungsrahmen »Medienerziehung in der Schule«:

> »*Medienerziehung muß die Fähigkeit zu aktiver und genauer Wahrnehmung fördern. Dazu gehört die Bereitschaft, sich unvoreingenommen auf akustische und visuelle Eindrücke einzulassen, Gedanken und Interessen zu artikulieren, sich anregen zu lassen und das ästhetische Erleben der Medienrealität als Genuß erfahren*« (Bund-Länder-Kommission 1995, S. 27).

Eine vertiefte Wahrnehmung ist aber nur dann möglich, wenn wir die Wahrnehmungsfähigkeit der Schüler schulen. Denn die Betrachtung eines Bildes verbleibt angesichts von Medienvielfalt und Bilderflut im Alltag an der Oberfläche und führt nicht zwangsläufig zu einer Bildkompetenz.

2.2 Der Anschauungsbegriff in horizontaler Gliederung

Neben dieser vertikalen Stufung des Anschauungsbegriffs fasst Detlef Schnoor (1992, S. 24) in seiner Analyse den Begriff in vier Gegensatzpaare:

1) Lebensnähe und Fremdheit
2) Nähe und Distanz
3) Abstraktion und Konkretisierung und
4) Vollständigkeit und Unvollständigkeit

1) »*Lebensnähe*« (Schnoor 1992, S. 20) brauchen Bilder, sonst können sie nicht gelesen werden. Denn das Wiedererkennen von Einzelheiten verschafft einen ersten Zugang. Deutlich wird dies im Unverständnis vieler Schüler gegenüber abstrakter Malerei. Die Frage: Was ist da dargestellt, löst Irritationen aus und verhindert die Auseinandersetzung. Ohne eine »*Fremdheit*« (Schnoor 1992, S. 19) fehlt das Neue, der Lernzuwachs. Die Darstellung wäre lediglich redundant, indem sie nur Bekanntes wiederholt. Ohne Fremdheit motiviert ein Bild auch nicht zur gezielten Wahrnehmung. Statt dessen hemmt Langeweile den Unterrichtserfolg. Bilder, die nur Bekanntes zeigen, einen vollständig erkennbaren Handlungsablauf darstellen oder ein durchschaubares Geschehen abbilden sind uninteressant, regen nicht zum Nachdenken an und werfen keine Fragen auf. Ein Zuviel an Fremdheit wiederum führt zu Unverständnis und Überforderung besonders bei Kindern.
Eine gewisse Fremdheit oder Verfremdung des Vertrauten erreicht man aber auch durch Beobachtungen mit der Kamera. Der bekannte Schulweg, die vertraute Heimatgemeinde erhält einen neuen Reiz, wenn sie vom Schüler fotografiert und damit neu gesehen wird.

2) Bilder schaffen »*Nähe*« (Schnoor 1992, S. 24), sie wirken zunächst emotional. Die emotionale Kraft von Bildern eröffnet einen unmittelbaren Zugang. Daher eignen sie sich auch für den Einsatz zur Motivation, wenn Betroffenheit erreicht werden soll, als stummer Impuls oder gar als Provokation in Diskussionen usf. Aber sie schaffen auch erst die erforderliche »*Distanz*« (Schnoor 1992, S. 20f.). Eine persönliche Beteiligung an politischen Unruhen, Tumulten, Naturkatastrophen trifft unmittelbar und sie trifft auch vollständig – sie lässt keine reflektierende Betrachtung über Ursachen und Zusammenhänge zu. Bilder von Kriegsschauplätzen und Katastrophen treffen den Betrachter sicher auch und es bedarf der pädagogischen Sensibilität gemeinsam mit den Schülern die Eindrücke zu verarbeiten. Bilder lassen aber auch Distanz zu, um die eigene Betroffenheit zu artikulieren und so über die Anschauung zu den Ursachen zu gelangen. Eine totale Ergriffenheit wird durch das Bewusstsein, vor einem Bild zu stehen, eingeschränkt. Denn Bilder schreien nicht, sie riechen auch nicht, die Wahrnehmung ist auf das Sehen beschränkt und lässt so den erforderlichen Raum für ein distanziertes Nachdenken.

3) Bilder vermitteln zwischen »*Abstraktion*« und »*Konkretisierung*« (Schnoor 1992, S. 21f.). Abstrakte Prozesse, Modelle und Theorien veranschaulichen logische Bilder und Diagramme, im konkreten Abbild verdeutlichen sich allgemeine Zusammenhänge (siehe exemplarische Wahrnehmung). Die berühmte Fotografie »Migrant Mother« (1936) von Dorothea Lange, die für die amerikanische Farm Security Administration (FSA) das Elend amerikanischer Farmer dokumentierte, beeindruckte die Zeitgenossen nicht nur durch das dargestellte Einzelschicksal einer Mutter. In dieser Fotografie, die wohl in über zehntausend Publikationsorganen erschien, wird das soziale Elend einer ganzen Bevölkerungsschicht greifbar (vgl. Martinez, R.E. (Hrsg.) 1974, S. 16).

Abbildung 4
Migrant Mother
(Lange 1936)

Lewis Wickes Hine (1874–1940) trug in seinen Bildern über arbeitende Kinder in Baumwollspinnereien und Kohlengruben zum Verbot der Kinderarbeit bei (Sontag 1980, S. 65). Das konkrete Bild einer zehnjährigen Arbeiterin 1909 in North Carolina verwies auf die abstrakten sozialen Zusammenhänge, die Ausbeutung einer ganzen Generation und führte als allgemeine Botschaft zu diesem Erfolg. Nicht immer wird dieser Abstraktionsprozess so deutlich wie in der Sozialfotografie und viele so genannte Informationssendungen der deutschen Satelliten- und Kabellandschaft drängen lediglich in voyeuristischer Manier ins Private und Intime ihrer Opfer. Die Forderung, dass hinter dem konkreten Abbild ein allgemeiner Begriff erkennbar wird, dass es also eine »exemplarische Anschauung« zulässt, sollte mit unterschiedlicher Vehemenz an jedes Bild für den Unterricht gestellt werden.
Umgekehrt ist es aber auch Wesenszug der Anschauung, dass sie abstrakte Zusammenhänge und Begriffe konkretisiert. Symbolische Bilder, Diagramme oder Mengendarstellungen erfüllen diese Aufgabe und erleichtern den Verstehensprozess. Der Kreislauf des Wassers im Sachunterricht, aber auch physikalische und chemische Modelle und Theorien wie auch sozialkundliche Zusammenhänge lassen sich so im Bild veranschaulichen.

4) Unterrichtstaugliche Bilder erfordern einmal eine professionelle und didaktisch durchdachte Gestaltung. Aber nicht nur ihre »*Vollständigkeit*« und Perfektion,

sondern auch eine gewisse »*Unvollständigkeit*« (Schnoor 1992, S. 23) kann für den Unterricht nützlich werden. Perfekte, vollständige Bilder unterstützen eine oberflächliche Wahrnehmung. Sie behindern den »mental effort« (geistige Anstrengungsbereitschaft), nach Salomon (1983, 1984) ein Grundproblem jeglicher Medienrezeption.[1] Das perfekte Bild wiegt den Betrachter in der Gewissheit: Ich habe etwas gelernt, weil ich etwas gesehen habe. Aber nur die geistige Durchdringung, die intensive Beschäftigung mit einem Gegenstand und eine Anstrengungsbereitschaft sichert auch den Lernerfolg.[2] Unvollständige und bewusst unperfekte Bilder eröffnen der Fantasie Raum, fordern zur Auseinandersetzung heraus und verlangen geradezu nach Ergänzungen. So wird aktives, geistiges Handeln unterstützt und eine vertiefte Wahrnehmung erleichtert.

Fassen wir zusammen: Bilder sind aufgrund ihrer Anschaulichkeit für einen qualifizierten Unterricht oft unverzichtbar, sofern keine Alternativen (Realbegegnung, Film, Computeranimation, Tonmedium) zur Verfügung stehen, die mehr leisten (Medienwahl). Bilder machen noch keinen Unterricht. Als Medien haben sie Werkzeugcharakter und ihr effektiver Einsatz ist damit eng mit der Kompetenz der Lehrenden verknüpft.

2.3 Die Wahl geeigneter Bilder

Hilft die Diskussion um das Prinzip der Anschauung bei der Auswahl von Bildern im Unterricht?

Das »optische Zeitalter« flutet nicht nur durch die Massenmedien, auch unsere Schulbücher garnieren Bilder in reicher Fülle. Das zwingt zu einer notwendigen und didaktisch zu begründenden Bildauswahl. Eine im Unterricht anzustrebende vertiefte Wahrnehmung – im Gegensatz zur alltäglichen Oberflächlichkeit des Bilderkonsums – begründet bereits die Reduktion schulischer Bilderfluten. »Das ist ja alles so schön bunt hier« sollte noch kein Kriterium für die Anschaffung eines Schulbuches sein. Eine Karikatur auf der Folie mag zwar dem Enrichment dienen, unterstützt sie aber den Inhalt der übrigen Darstellung nicht, dann zieht sie nur Aufmerksamkeit ab und behindert so den Lernvorgang.

Als Angler in der Bilderflut erscheinen drei Kriterien wesentlich:

1) Die mit der Bildwahl verbundene *Zielsetzung* des Unterrichts,
2) die *Qualität* der Darstellung und ihre *Verständlichkeit*,
3) die *Wahrnehmungsleistung* der Adressaten.

1 Ein Überblick zur Forschungslage über die Oberflächlichkeit bei der Bildwahrnehmung findet sich in Weidenmann 1988b, S. 43–57.

2 Dean/Kulhavy 1981, nach Weidenmann 1988a, S. 32.

Abbildung 5 **Kriterien der Bildwahl**

Zu 1) *Zielsetzung*
Zunächst richtet sich jede Bilderwahl nach der Zielsetzung des Unterrichts.[1] Nach den jeweiligen Zielvorgaben ist zu entscheiden, welche Veranschaulichungsprinzipien betont werden:

- Lebensnähe oder Fremdheit
- Nähe oder Distanz
- Abstraktion oder Konkretisierung
- Vollständigkeit oder Unvollständigkeit

Schematisch lassen sich die Kriterien der Anschauung mit den Medienfunktionen in den Unterrichtsphasen (siehe S. 26f.) verknüpfen, um so zu einer Orientierung für die Bildauswahl zu gelangen:

Tabelle 11 **Anschaulichkeit und unterrichtliche Medienfunktionen**

Medienfunktionen	**Kriterien der Anschauung**			
	Lebensnähe – Fremdheit	Nähe – Distanz	Abstraktion – Konkretisierung	Vollständigkeit – Unvollständigkeit
motivieren	Fremdheit	Nähe	konkret	unvollständig
informieren	Fremdheit	Distanz	abstrakt – konkret	vollständig
aktivieren				unvollständig
memorieren	Lebensnähe	Distanz		unvollständig
rückmelden	Lebensnähe			unvollständig
bereichern	Fremdheit	Nähe		

Bilder *motivieren*, wenn sie Nähe schaffen und so einen persönlichen Zugang erlauben, Betroffenheit auslösen und Neugier wecken (Fremdheit). Bilder, die vor allem emotional wirken und dadurch motivieren, sprechen zunächst eine unwillkürliche,

1 Vgl. Dwyer 1978, nach Weidenmann 1989, S. 32.

ungezielte Wahrnehmung an. Sie überraschen, lösen Staunen aus, machen neugierig und eröffnen einen spontanen Zugang. Dies ist besonders für die Eröffnungsphase des Unterrichts bedeutsam. Um im Laufe des Lernprozesses Aufmerksamkeit zu erhalten und die Motivation zu sichern, finden Bilder mit humorvollen Aussagen oder solche, die ein aktives Gestalten herausfordern, ihre sinnvolle Verwendung. Als stummer Impuls erzeugen Bilder Spannung und fordern zu einer intensiveren Beschäftigung heraus.

Bilder *informieren*, wenn sie Neues (Fremdheit) vermitteln, Distanz für eine sachbezogene Auseinandersetzung erlauben und zwischen konkreter Darstellung und abstrakten Begriffen oder Zusammenhängen vermitteln. Dies setzt auch die Vollständigkeit der dargestellten Information voraus.

Bilder *aktivieren*, wenn sie eine vielseitige Beschäftigung zulassen. Dies unterstützt eine gewisse Unvollständigkeit und Offenheit der Darstellung.

Bilder unterstützen das *Memorieren*, wenn der Inhalt bekannt – also vertraut ist (Lebensnähe). Unser Bildgedächtnis scheint dem Begriffsgedächtnis überlegen zu sein (siehe S. 54f.). Außerdem unterstützt das Bild die Erinnerung an den Sachverhalt, wie viele Mnemotechniken beweisen.

Bilder eignen sich zur Kontrolle (*rückmelden*), wenn die Abbildung vertraut, bekannt ist Die Wiedergabe des Gelernten zur Kontrolle fordert aber auch eine Ergänzungsmöglichkeit durch das eigene Wissen. Eine Vervollständigung unvollständigen Bildmaterials durch die Lerner erweitert die übliche Praxis der Kontroll- und Rückmeldemöglichkeiten.

Bilder *bereichern* an sich schon die Unterrichtsarbeit. Sie erweitern die methodische Vielfalt und sprechen die Schüler durch die Attraktivität des Fremden oder den persönlichen Zugang (Nähe) zum Thema an.

Zu 2) *Qualität und Verständlichkeit der Bilder*
An das Bild selbst ist zunächst der Qualitätsanspruch eines professionellen Designs zu stellen. Unansehnliche Bilder erschweren nun einmal den Zugang. Zudem schult ein qualitativ hochwertiges Bildmaterial auch das Qualitätsbewusstsein. Ästhetische Kriterien sind bei der unterrichtlichen Behandlung von Bildern durchaus thematisierbar. In dieser Veröffentlichung soll jedoch auf eine Bildästhetik nicht weiter eingegangen werden. Aber auch unvollständiges Material, das nicht unbedingt perfekt ist, erfüllt die unterrichtlichen Ziele, wenn damit die Schüler/innen zur Eigentätigkeit angeregt werden.

Wesentlich ergiebiger als ästhetische Fragen erscheint ein weiteres Kriterium der Bildauswahl, die *Verständlichkeit*. Sie ist über mehrere Teilfragen zu beantworten:

Zunächst einmal stellt sich die Frage nach der *Fokussierung*. Wird das Wesentliche hervorgehoben, etwa durch Bildschärfe, Beleuchtung, Farbe, Perspektive der Aufnahme, Größe des zentralen Gegenstandes im Verhältnis zu weiteren Bilddetails oder den Bildausschnitt? Das unterstützt die Eindeutigkeit einer Darstellung und verhindert, dass unbedeutende Details eine zentrale Wichtigkeit erhalten. Am Beispiel des Bildausschnitts in der Fotografie lässt sich dies verdeutlichen. Fokussierung bedeutet hier mehr Nähe und damit immer auch Eingrenzung des Ausschnitts. Zu viel Nähe aber wird schnell zur Fremdheit. Viele Rätselbilder in Illustrierten arbeiten mit diesem Prinzip. Eine Makroaufnahme einer Zahnbürste, auf der lediglich einige Borsten zu sehen sind, wird kaum noch erkannt. Andererseits muss aber das wesentliche Detail, die zentrale Aussage des Bildes, hervorgehoben werden, so dass die Lernenden sich nicht in der Vieldeutigkeit unwesentlicher Bildelemente verlieren. Ein Beispiel aus dem Geografieunterricht mag dies verdeutlichen. Auf einer Exkursion im Jordantal standen die Teilnehmer, Studierende des Lehramts, vor dem Problem, Bewässerungsanlagen so zu fotografieren, dass die Bilder im Unterricht eingesetzt werden können. Das Bewässerungssystem bestand aus perforierten Schläuchen, die eine direkte Wasserzufuhr bei geringer Verdunstung zulassen. Auf Distanz fotografiert, waren die Leitungen als Linien auf dem Bild in ihrer Funktion unverständlich. Bei zu viel Nähe ging der Zusammenhang zur Wüstenlandschaft verloren. Die Lösung des Problems lag in einer extremen Weitwinkelaufnahme, die genügend Tiefe besaß, um im Vordergrund die Wasserzufuhr groß und deutlich zu präsentieren und im Hintergrund noch genügend Informationen über die karge Landschaft zu vermitteln. Aber die realistische Abbildung einer Farbfotografie muss aus eben dieser Notwendigkeit zur Fokussierung nicht immer auch lernwirksam sein. Im Gegenteil! Eine schematische Zeichnung ist oft besser geeignet, das Wesentliche hervorzuheben und zu veranschaulichen (vgl. Weidenmann 1993, S. 11).

Ein Hirschgeweih entspringt schamlos den Schläfen von Onkel Willi. Der Familienkreis kichert beim Diaabend, im Gegensatz zu Willi, dem diese Charakterisierung nicht schmeckt. Was hier unserem Hobbyfotografen gelang, bewusst oder zufällig, sei dahingestellt, verweist jedoch auf ein grundlegendes Problem: der *Figur-Grund-Beziehung* (vgl. Weidenmann 1989, S. 67f.). Willis Haupt verschmilzt scheinbar mit dem Hirschgeweih an der Wand hinter dem Porträtierten. Figur und Grund gehen hier eine humorvolle Allianz ein. Bei informierenden Bildern für Unterrichtszwecke wirkt diese fehlende Trennung nicht nur störend, sie kann auch wesentlich die Verständlichkeit der Bilder behindern.

Bei Fotografien gelingt eine Trennung durch die Beleuchtung (seitliches Licht modelliert Objekte und trennt sie vom Hintergrund), durch die Perspektive (z.B. Willi), durch die Nähe zum Objekt oder auch durch die Brennweite der Kamera. Eine Weitwinkelaufnahme verkleinert den Hintergrund stark, so dass die Objekte vorne durch ihre Größe hervorgehoben werden.

Bei Zeichnungen lässt sich diese Trennung durch Kontrast und Farbe bewerkstelligen. Markierungen wie Pfeile oder Einkreisungen heben zusätzlich Wichtiges hervor. Allgemein gilt: Eine Reduktion des Bildinhalts auf bedeutsame Elemente erhöht zumeist auch die Verständlichkeit der Bilder.

Bei Zeichnungen, besonders schematischen Darstellungen etwa dem Querschnitt eines Organs (z.B. Herz), stellt sich das Problem von *Linie und Fläche.*

In Abbildung 6, S. 47, ist die Herzwand als Fläche durch Schwärzung deutlich erkennbar. Hohlräume und feste Körperbestandteile trennen sich für den Betrachter auf verständliche Weise. Abbildung 7 dagegen setzt einige Vorkenntnisse voraus. Wo

Abbildung 6 **Das menschliche Herz**

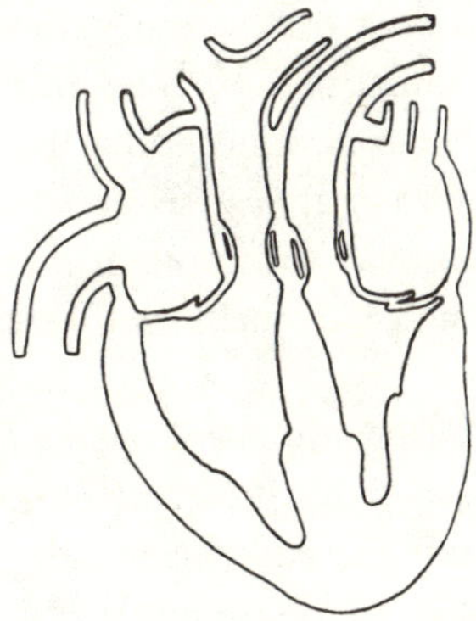

Abbildung 7 **Das menschliche Herz**

sind Hohlräume, welche Linien umschließen feste Bestandteile? Nur aufgrund seiner Vorkenntnisse kann der Schüler das Bild richtig »lesen«, die Linien als Begrenzung von Flächen richtig zuordnen.

Die Lesbarkeit solcher Bilder kann, wie Abbildung 6 zeigt, durch Schwärzen fester Bestandteile, Schraffur, die Plastizität andeutet oder durch Färbung erhöht werden. Eine zusätzliche Verbesserung der Verständlichkeit erreicht man durch Anfügen einer Legende. Bildteile werden durch Zahlen, Buchstaben oder Hinweise mit Pfeilen in einem Textteil näher umschrieben und auch das Gespräch über das Bild wird durch solche Hinweise vereinfacht. Bereits Comenius verwendete solche Hilfen der didaktischen Bildgestaltung in seinem »Orbis sensualium pictus«.
Verständlichkeit ist auch eine Frage der *Kontextgebundenheit.* Die Abbildung eines Faustkeils allein hat für den Schüler einen geringen Aussagegehalt. Doch die Abbil-

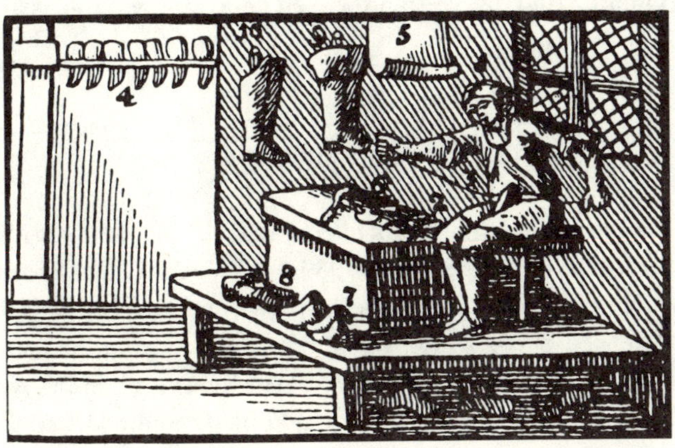

Abbildung 8
Der Schuster
(aus: Comenius 1658, Orbis sensualium pictus)

dung eines Faustkeils in der Hand eines Urmenschen gibt sofort zu Spekulationen Anlass, was sich mit diesem Stein wohl alles anfangen lässt. Durch diesen Zusammenhang verbindet sich das Neue mit Vertrautem.

Ist ein Gegenstand völlig unbekannt (»Fremdheit«), ruft er allenfalls Staunen hervor. Wird er aber in einen bekannten visuellen Kontext gestellt (»Lebensnähe«), wird er zumeist von großem Interesse sein. Verständlichkeit ergibt sich so aus der Darstellung von Neuem im Kontext von Bekanntem.

Zu 3) *Wahrnehmungsleistung der Schüler*
Zieht man bei der Bewertung eines Bildes auch die Schülerseite mit ein, so geht es schlicht um die zu erbringende Wahrnehmungsleistung: Hat die Zielgruppe das erforderliche Bildverständnis? Kann sie die verwendeten Codes, die Zeichen, Analogien, Symbole der Darstellung lesen und verstehen und liegt die erforderliche Anstrengungsbereitschaft für eine vertiefte Wahrnehmung vor? Ohne unterrichtliche Hilfestellung beschränkt sich eine Veranschaulichung durch Bilder rasch auf die Bereiche Lebensnähe, Nähe, Konkretisierung und Vollständigkeit. Das bedeutet für einen unterrichtlichen Umgang mit Bildern immer auch, dass die Kompetenz der Schüler erweitert und geschult werden muss (s.u.).

Zusammenfassung

Bilder sind zunächst durch ihre Offenheit gekennzeichnet, die dem Betrachter die Freiheit der Wahl lässt. Seine persönlichen und aktuellen Interessen bestimmen, welchen Details er sein Augenmerk schenkt. Es liegt an der Zielsetzung und Durchführung des Unterrichts, welche Schwerpunkte beim jeweiligen Bild in den Vordergrund gestellt werden. Bilder übernehmen keine Teilfunktion der Lehrkraft, sie gestalten an sich noch keinen Unterricht, sondern ordnen sich als Werkzeuge den Unterrichtsplanungen unter.

Es gilt also zwischen den Funktionen, die Bilder in den Unterrichtsphasen erfüllen sollen, der gestalterischen Qualität und der Verständlichkeit des jeweiligen Bildes und den Voraussetzungen der Klasse zu vermitteln.

2.4 Bildkompetenz als Voraussetzung für Anschaulichkeit

Bilder sind nicht nur als Objekte verfügbare Wirklichkeitspartikel. Sie sind vorrangig Symbolsysteme (vgl. Weidenmann 1991, S. 5ff. und 1989, S. 31). Selbst in unbedeutenden Ferienschnappschüssen verbirgt sich noch so etwas wie eine geistige Durchdringung der Welt durch den Menschen. Symbolsysteme heißt hier also: Bilder sind potenzielle Träger von Bedeutung, Zeichen einer nonverbalen Kommunikation, wobei der Produzent einem bestimmten oder unbestimmten Publikum eine Mitteilung macht. Für den Bildeinsatz im Unterricht stellt sich somit, neben der Veranschaulichung eines Unterrichtsgegenstandes und der unterrichtstauglichen Gestaltung der Bilder, auch die Frage nach der Wahrnehmungsfähigkeit der Lernenden und deren Verbesserung: Die zu vermittelnde Sachkompetenz setzt eben auch eine gewisse Bildkompetenz voraus. Bildsymbole müssen erkannt, gelesen und verstanden werden. Was heißt das? Mit vier Leitfragen möchte ich mich diesem Problem nähern.

1) Die Frage: »Was ist überhaupt dargestellt?« führt zur *vertieften Wahrnehmung* (siehe S. 40), der Sensibilisierung für das Bild und der genauen Betrachtung seiner Details. Sie setzt eine »Differenzierungsfähigkeit« (vgl. Baacke/Schäfer/Vollbrecht 1994, S. 181) voraus. Der geübte Betrachter versteht es, Detail und Gesamtbild in einem wechselnden Prozess aufeinander zu beziehen. Seine Augenbewegungen, die so genannten *Sakkaden* und die *Fixationen*, die Verweildauer des Auges auf einem Bildpunkt, folgen einer bestimmten Strategie. Diese hängt von grundlegenden Fähigkeiten ab. Der Sehvorgang kann also weder als passives, globales Erfassen eines visuellen Eindrucks noch als natürlich vorgegeben betrachtet werden. Bei Kindern geht man davon aus, dass eine optimale Wahrnehmungsstrategie erst im Alter von neun Jahren erreicht ist (Mikasch/Haack 1986, S. 29).

Fixationen und Sakkaden sind willkürlich beeinflussbar. Sie unterliegen der Kontrolle des Betrachters und hängen von seinen Absichten, seinem Konzept oder seiner Strategie, seinen Fähigkeiten, von der jeweiligen Aufgabenstellung und vom Stimulus, vom Bild selbst, ab (vgl. Mikasch/Haack 1996, S. 19f.). Damit ist aber auch ein Zugang

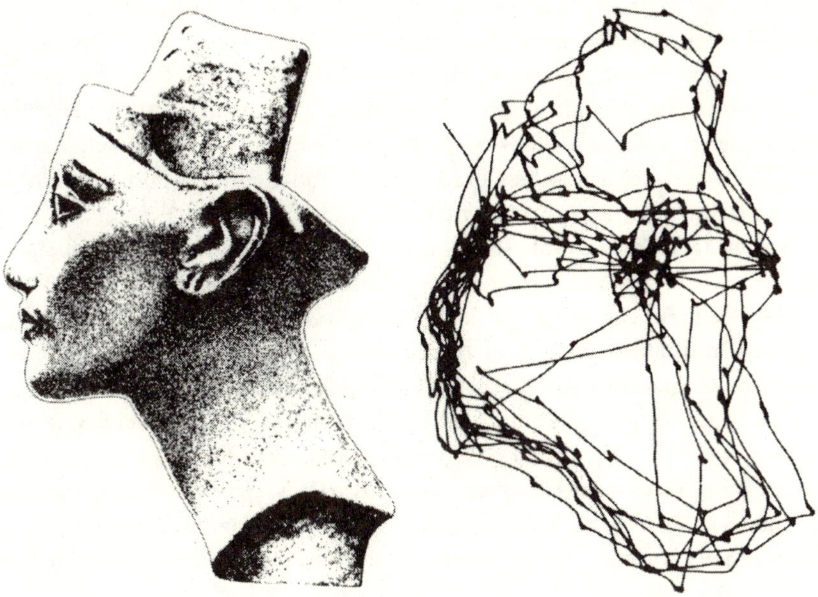

Abbildung 9 **Sakkaden und Fixationen** (nach Noton/Stark 1971)

zur Verbesserung der Wahrnehmungsleistung gegeben. Sie erfordert zunächst eine erhöhte Verweildauer beim Bild, eine *vertiefte Wahrnehmung* der Details und ihrer Beziehung im Gesamtarrangement.

Eine systematische Betrachtung bzw. vertiefte Wahrnehmung unterscheidet dabei wichtige und unwichtige Bilddetails und schafft so Ordnung und eine Hierarchie. Dies erscheint für die Informationsaufnahme insofern wichtig, als sich dadurch die Vieldeutigkeit einschränkt. Der Schüler verliert sich nicht in für den Unterrichtsgegenstand unwesentlichen Nebensächlichkeiten. Außerdem intensiviert eine vertiefte Wahrnehmung die Auseinandersetzung mit dem Unterrichtsgegenstand (Verarbeitungstiefe) und damit auch den Lernerfolg.

2) Mit der Frage: »Wie wurde das Bild gemacht?« gelangt man zur Technik und zu den Produktionsverfahren und Bedingungen der Bildherstellung. Sie führt zur *technischen Kompetenz*. Eine Voraussetzung sowie ein Ziel jeder Auseinandersetzung mit Bildern ist das Bewusstsein, dass es sich immer um ein Produkt von Machern und damit um gestaltete, veränderte Wirklichkeit handelt. Diese eigentlich banale Feststellung erhält mit den elektronischen Medien (Fernsehen, Video, digitale Bildverarbeitung usw.) zunehmend Bedeutung. Das Fernsehen macht uns bei allen wichtigen Ereignissen zum Zeitzeugen, ein Phänomen, das Weidenmann (1993) kritisch als »Augenzeugenillusion« (a.a.O., S. 13) bezeichnet. Räumliche Entfernung und Übertragungszeiten spielen scheinbar keine Rolle. Der Monitor wird zum Fenster zur Welt und verliert damit in unserem Bewusstsein seinen Produktcharakter.[1] Zeichnungen und Gemälde offenbaren mit ihrem Inhalt immer auch die handwerkliche Gestaltung und ihre Autorenschaft. Dies ist mit den elektronischen Bildfabriken nicht mehr nachvollziehbar. Die Autorenschaft verliert sich in der Anonymität. Die Bilder präsentieren sich als realitätsgetreue Abbilder und beweisen ihre Glaubwürdigkeit mit der simplen Logik: Was ich gesehen habe, muss auch wahr sein! So verschwinden Gestaltungselemente wie Motivwahl, Ausschnitt, Perspektive und Absicht der Macher im Hightech der elektronischen Produktions- und Reproduktionsmaschinen und entziehen sich einem kritischen Bewusstsein.

Die Pfeilstärke der Grafik (Abb. 10, S. 51) verdeutlicht das Bewusstsein des Betrachters, das sich verstärkt nur auf die Darstellung konzentriert.

Technische Kompetenz zielt also auf die Fähigkeit, das Bild als Produkt zu erkennen und seinen Produktionsprozess nicht aus den Augen zu verlieren. Sonst laufen wir als Unterrichtende irgendwann in die Gefahr, dass unsere Schüler/innen reale und ikonische Begegnungen von der Wirklichkeit nicht mehr unterscheiden, ja die interessantere, weil perfekt gestaltete mediale Wirklichkeit der Realität vorziehen. Voraussetzung für eine technische Kompetenz ist also das Wissen um die technische Herstellung und den Vertrieb von Bildmedien (als Presse-, Funk- oder Computerbild). Darüber hinaus umfasst eine technische Kompetenz natürlich auch die Fähigkeit zur

1 Schnoor (1992, S. 62ff.) hat diesen Aspekt besonders herausgearbeitet. Vgl. dazu auch Langenbucher/Schnoor 1992, S. 31–35.

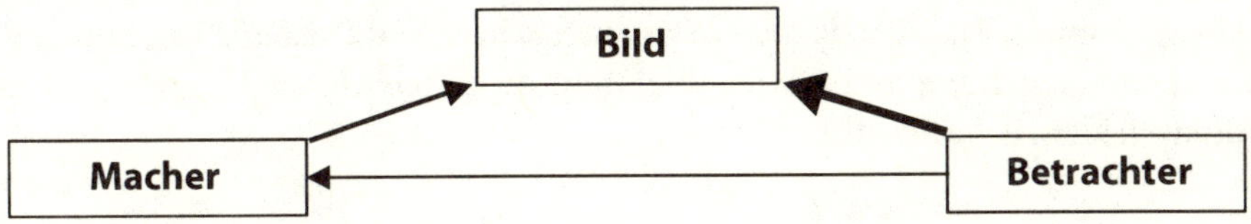

Abbildung 10 **Bild und Betrachter**

Eigenproduktion (Zeichnung, Druck, Fotografie, elektronische Bildbearbeitung), zunächst als Bedienung der erforderlichen Hardware.

3) Auf der dritten Stufe wird die Frage: »Was bedeutet das Dargestellte?« wichtig. Die erforderliche Fähigkeit wurde bereits als *semantische Kompetenz* vorgestellt. Zunächst geht es um Verständnis der Inhalte. Dabei erlaubt vertiefte Wahrnehmung Neues aus dem Kontext vertrauter Details zu erschließen (»Lebensnähe und Fremdheit«). Bildelemente treten dabei als Bedeutungsträger in unterschiedlichen Erscheinungsformen auf (siehe S. 34ff.).

Schwierigkeiten bereiten diese Bilder- oder ikonischen Codes durch ihre unexakte Festlegung und ihre Mehrdeutigkeit. Sprachliche Symbole sind trotz aller vorhandenen Vieldeutigkeit wesentlich enger und genauer festgelegt. Insofern ist jedes Bild ein Ideolekt, eine Privatsprache des Bilderautors.[1] Ist die Bedeutung einzelner Details geklärt, kann ihre sachlogischen Funktion (z.B. beim Nagergebiss) erarbeitet oder die allgemeine Bildaussage (Abstraktion) erschlossen werden.

Mit der Metapher von der »fehlenden Halbsekunde« verweist Hertha Sturm (1984, S. 61ff. und 1989, S. 55) auf ein grundlegendes Problem. Die Geschwindigkeit der dargebotenen Bilder in den elektronischen Medien verhindert die geistige Durchdringung und die notwendige Verbalisierung des Geschauten und hinterlässt nur unbestimmte emotionale Eindrücke, die allerdings nach Hertha Sturm zeitstabil in der Erinnerung haften bleiben. Traditioneller Unterricht verläuft in moderatem Tempo, so dass diese Gefahr nicht auftritt. Doch verweist diese Problematik auf die Notwendigkeit, Gesehenes auch in Sprache zu fassen. Semantische Kompetenz ist also eng mit der Fähigkeit verbunden, Gesehenes auch sprachlich zu verarbeiten.

4) Und schließlich verbindet sich auf der vierten Stufe mit der Frage: »Wie kann ich meine Beobachtungen, Einsichten, meine Meinung und meine Gefühle mit Bildern andern mitteilen?« die *pragmatische Kompetenz*, die Fähigkeit zur Kommunikation mit dem Medium.

Sie beschreibt die Fähigkeit, allgemein Medien – oder hier Bilder – im Kommunikationsprozess verantwortlich, bewusst und zielgerichtet einzusetzen. Die Medien-

1 Weidenmann (1988a, S. 65) verweist auf diese Schwäche des Bildercodes.

pädagogik verweist immer wieder auf den Kompetenzgewinn durch eine aktive Mediengestaltung. Das Erstellen von Skizzen, Sachzeichnungen, die Schulfotografie oder die Bildgestaltung und Bildmanipulation im Unterricht sind hierbei wichtige Trainingsfelder (siehe S. 69ff.).

Zusammenfassung

Visuelle Wahrnehmung kann nicht als gegeben vorausgesetzt werden. Sie bedarf der Schulung auf den verschiedenen Stufen. Wesentliche Ziele dabei sind:

- Bilder intensiv und mit einer geeigneten Strategie wahrnehmen zu können (vertiefte Wahrnehmung),
- sich des Produktcharakters bewusst zu sein (technische Kompetenz),
- bedeutungstragende Elemente, den Code eines Bildes, zu entschlüsseln und auch allgemeine Aussagen zu erschließen (semantische Kompetenz)
- und schließlich Bilder im eigenen Kommunikationsprozess kompetent einzusetzen (pragmatische Kompetenz).

2.5 Visuelles Training

Einen Wahrnehmungslehrgang für Bilder gibt es nach Kenntnis des Autors nicht oder nur ansatzweise.[1] Eine stichwortartige Anregungen für den trainierenden Umgang mit Bildern im Unterricht sollen hier für die Tätigkeitsmerkmale *Analyse, Gestaltung* und *Produktion* genügen:

Eine *Analyse* kann spielerisch mit optischen Täuschungen, Rätselbildern oder Vexierbildern erfolgen. Hierbei den Bildinhalt zu erkennen, zwingt auf motivierende Art zu einer genauen Betrachtung. Eine Verbalisierung erfolgt dann durch Bildbeschriftungen in Form einer Legende, eines Bildtextes zu einem Pressefoto oder in der Bildbeschreibung. Auch Bildfälschungen (Original und Fälschung, wie sie früher in der Rätselseite der Illustrierten beliebt waren) und bewusste Bildmanipulationen, bekannt aus der Geschichte der Fotografie[2], zwingen zu einer intensiven Auseinandersetzung mit dem Bild und seiner detailgetreuen Wahrnehmung. Ein vielseitiges Werkzeug zum Training visueller Fähigkeiten stellen Bildkarteien[3] dar. Fotografien aus den Bereichen Tiere, Pflanzen, Landschaft, Architektur, Mensch- oder Sachaufnahmen, Detailaufnahmen usw., bei denen auf eine ausdrucksstarke Gestaltung geachtet wurde, ergeben Anlässe für viele unterrichtliche Aktivitäten. So lassen sich

1 Zum Beispiel bei Schnoor 1992 und Weidenmann 1988a.
2 Viele Beispiele für Manipulationen im politischen Foto finden sich in Jaubert 1989.
3 Beispielhaft sei hier die Reihe Impulse 1, 2 und 3 von Künne/Kwiran 1983ff. mit insgesamt 200 Fotos genannt.

unter der Fragestellung: »Welche Bilder passen nach eurer Meinung zu diesem Text?« (erzählende oder lyrische Textformen) Textanalysen und die Auseinandersetzung mit Bildern miteinander verknüpfen. Sehr persönliche Äußerungen der Schüler werden zu oft durch die verbale Schamhaftigkeit behindert. Themen wie Angst, Glück, Enttäuschung lassen sich zunächst durch eine Bildauswahl thematisieren, etwa nach der Aufgabenstellung: »Suche ein bis zwei Fotos aus, die bei dir die Vorstellung von Angst wecken.« Einige weitere Anwendungsbeispiele mögen hier in Kürze zum Einsatz der Bildkartei im Unterricht anregen[1]:

- Überschriften zu Fotos erfinden; Bildtexte entwerfen.
- Bilder mit bekannten Personen aus der Lebenswelt oder dem öffentlichen Leben verbinden und sie so charakterisieren.
- Personen auf den Abbildungen mit Sprechblasen sprechen lassen. Besonders witzige Äußerungen werden die Arbeitsfreude sicherlich anregen.
- Zu Fotos einen Traum schreiben.
- Fotos zusammenstellen, die nach Schülermeinung eine Geschichte erzählen.
- Fotos auswählen, die sich mit einer Begebenheit am Wochenende in Verbindung bringen lassen.
- Spiele mit Bildern: Die Klasse sucht die Fotografie, die ein Schüler mit Oberbegriffen, durch Umschreibung der Stimmung, des Gefühlszustandes oder mit einer Geschichte vorstellt.
- ...

Auf vielerlei Art verknüpfen sich so in alltäglichen Unterrichtszusammenhängen Abbild und Bedeutung und bereichern Unterrichtsformen wie Bildbeschreibungen oder Bildinterpretationen. Vertiefte Wahrnehmung und semantische Kompetenz lassen sich so sachbezogen und anregend üben. Eine Vorbereitung im Erkennen übergeordneter, symbolischer Bedeutungen von Abbildungen lassen sich auch mit Klecksbildern anstreben. Vorlagen, wie sie der Rohrschach-Test verwendet, sollten dabei natürlich nicht für das Ergründen psychischer Befindlichkeiten missbraucht, sondern als anregendes Material verwendet werden. »Was erkenne ich in dieser zufällig entstandenen Farb- und Formkomposition?«, leitet als Fragestellung in diese kreative Beschäftigung ein.

Gestaltung. Bildergänzungen mit Farben, Legenden, Markierungen oder Bildtexten unterstützen eine vertiefte Wahrnehmung und ermöglichen eine produktive Analyse des Bildinhalts. Die elektronische Bildbearbeitung erlaubt gar den manipulativen Eingriff in Bilder. Mit modernen Rechnern und entsprechender Software verändern Schüler leicht Bildmaterial, das ein Scanner zuvor digitalisierte. Sie erkennen so anschaulich und eigenproduktiv, wie moderne Medien Wirklichkeit verändern und manipulieren und schulen damit ihre Kritikfähigkeit. Wozu dabei Kinder fähig sind, bewies ein Dreizehnjähriger. Er scannte einen 100-DM-Schein, erhöhte

1 Den o.g. Bildkarteien sind jeweils Handreichungen für den unterrichtlichen Einsatz beigefügt. Eine Darstellung über ihren Einsatz findet man in: Kwiran 1985.

seinen Wert perfekt auf 1.000 DM und baute noch einige Veränderungen als Suchspiel ein.

Produktion. Die Herstellung eigener Bilder war bislang eine verbreitete Praxis im Unterricht. Trotz perfekt gestalteter Arbeitsblätter, Schulbücher und Arbeitshefte mit vielerlei Bildmaterial sollte sie nicht ganz verloren gehen. Skizzen von Unterrichtsgegenständen, die Visualisierung von Sprichwörtern oder Metaphern, Karikaturen oder Collagen eignen sich nicht nur zur Schulung der Bildkompetenz, sondern bereichert auch die Schul- oder Klassenzeitung. Das Thema Schulfotografie spielt bei der Produktion eine wichtige Rolle, deshalb wird es an anderer Stelle ausführlich behandelt (siehe S. 69ff.).

2.6 Effektivität von Bildmedien

Der Lernerfolg beim Bildeinsatz ergibt sich zunächst aus der höheren Behaltensleistung. Bilder werden besser erinnert als vergleichbare Informationen, die nur verbal vermittelt wurden. Weidenmann fasst vergleichende Studien, bei denen Texte mit und ohne Bebilderung auf ihre Lernwirksamkeit überprüft wurden, zusammen:

> *»Insgesamt geben die Resultate den bildoptimistischen Pädagogen recht. In der Mehrzahl der Studien zeigte sich nämlich eine statistisch bedeutsame Überlegenheit der Gruppen, die einen bebilderten Text bearbeitet hatten«* (Weidenmann 1989, S. 30–33).

Allerdings müssen bei der Bebilderung von Texten bestimmte Bedingungen erfüllt sein (nach Weidenmann 1988a, S. 128):

- Die Bilder müssen eine Bedeutung für den Text besitzen. Ein rein dekorativer Bildeinsatz ergibt keinen Effekt.
- Weiterhin sollten die Texte einen bestimmten Schwierigkeitsgrad besitzen. Eine bildliche Wiederholung einfacher Textaussagen gibt wenig Sinn, zumal wenn der Text auch so leicht verständlich ist.

Unter diesen Voraussetzungen kann dann mit einem erheblichen Lernvorteil durch Bilder in Texten und zwar unabhängig vom Lerntyp gerechnet werden.

Als wichtig für den Lernerfolg erwies sich dabei die Intensität der Auseinandersetzung mit den Bildern (vgl. Weidenmann 1988a, S. 33). Wer also dem schönen Schein von Abbildungen allein vertraut, der wird bald enttäuscht.

Weiterhin scheint unser Gedächtnis für Bildinformationen wesentlich besser geeignet zu sein als für rein verbale Information: Versuche zur Erinnerungsleistung haben gezeigt, dass im Vergleich Worterinnerung und Bildgedächtnis, letzteres signifikant besser abschneidet. So erinnerten sich Versuchspersonen noch nach einer Woche wesentlich besser an zuvor gesehene Bilder als an gelernte, abstrakte Substantive, die nach bereits fünf Minuten abgefragt wurden (vgl. Klimsa 1993, S. 223). Anderson (1989 S. 106) schildert einen Versuch von Shepard, nach dem sich beim

Wiedererkennen von Sätzen 11,8% Fehler, bei Bildern jedoch nur 1,5% Fehler einschlichen. In einem ebenfalls bei Anderson (a.a.O., S. 106) beschriebenen Experiment von Standing konnten sich Versuchspersonen noch an 73% von 10.000 Bildern erinnern. Diese Erkenntnisse zeigen, dass Bilder, im Unterricht richtig verwendet, dem Lernerfolg allemal zuträglich sind und die Behaltwerte erhöhen.

2.7 Wie setzt man Bilder im Unterricht ein?

Bilder sind in jeder Phase des Unterrichts einsetzbar und sie erfüllen wichtige Funktionen:

Tabelle 12 **Bildfunktionen im Unterrichtsverlauf**

Unterrichtsphase	**Medienfunktion**	**Leistung des Bildes**
Motivation	motivieren	Visuelle Attraktivität, erlaubt ganzheitliche Wahrnehmung und Betroffenheit
Präsentation	informieren	Realitätsgetreue Abbildung von Objekten, Ersatzfunktion
Veranschaulichung	intensivieren	Exemplarische oder dynamische Veranschaulichung
Übungs-, Selbstlernphasen	aktivieren	Als Übungsmaterial für Bildtexte, Kommentare, Legenden, Wechsel der Arbeitsmittel
Wiederholung, Vertiefung	memorieren	Bilder unterstützen die Erinnerung
Kontrolle	rückmelden	Als Testvorlage zur Ergänzung und Verbalisierung
Anreicherung, Enrichment	bereichern	Als anregende Zusätze, zur Meditation und Entspannung

Bilder wirken, wie bereits dargestellt, zunächst ganzheitlich, emotional und auch *motivierend* (Motivationsfunktion) durch ihre visuelle Attraktivität und den direkten Bezug, den sie zum Dargestellten herstellen. Gute Pressefotos können zum Beispiel Betroffenheit auslösen und schaffen die notwendige Bereitschaft für die weitere Auseinandersetzung mit einem Thema.

Steht das reale Objekt zur Präsentation nicht zur Verfügung, so leisten sie eine Ersatzfunktion. Sie *informieren* und dienen der *Veranschaulichung* (s. S. 37ff.). Fremde Länder, mikroskopisch kleine Lebewesen oder Details, historische Ereignisse usw., ständig sind Lehrende auf diese Ersatzfunktionen angewiesen.

Als Arbeitsmittel (Arbeitsblatt) dienen sie der *Übung*, Vertiefung, Nachbereitung, *Wiederholung* und der *Leistungskontrolle*. In der Fremdsprache trainiert die Zuordnung Wort – Bild den Wortschatz, das Anbringen einer Legende oder das Ergänzen von Bildteilen gibt Auskunft über den Leistungsstand, usw.

Zur Meditation und Entspannung oder einfach zum Auflockern und zur Anreicherung der Unterrichtsarbeit (*Enrichmentfunktion*) bieten Bilder wesentliche Unterrichtshilfen. Bilder leisten im Unterricht aber noch mehr:

- Bei der Vorbereitung einer Realbegegnung, etwa bei einem Lerngang, schaffen Bilder wichtige Voraussetzungen, um später vor Ort die Aufmerksamkeit der Schüler auf das Wesentliche zu lenken. Seien es Pflanzen unserer Umgebung, Tiere im Zoo oder die Vögel im Futterhäuschen, eine Stadtbesichtigung oder der Gang durch ein Museum – vor Ort gelingt eine Information durch die Lehrenden meist weniger befriedigend als in der »Ruhe« des Klassenzimmers. So erhalten die Schüler/innen Vorinformationen, die in der Komplexität der Realbegegnung eines Lerngangs der Orientierung dienen (Orientierungsfunktion) und notwendiges Vorwissen schaffen.
- In der Nachbereitung von Exkursionen, Lerngängen und Besichtigungen stützen die dabei entstandenen Fotografien die Erinnerung und erleichtern die Festigung des Gelernten.
- Aber auch im direkten Unterrichtsgespräch, als stummer Impuls, bereichern sie die Kommunikation im Klassenzimmer (kommunikative Funktion).

Abschließend nun einige Hinweise für den Bildeinsatz im Unterricht. Dabei soll einmal die Situation berücksichtigt, zum anderen die Lehrtätigkeit in Handlungsindikatoren oder Tätigkeitsmerkmalen, gefasst werden[1]:

H1 Rahmenbedingungen schaffen.
Hier geht es zunächst einmal darum, dass die Schüler/innen das Bild optimal betrachten können. Oft stört eine unzureichende Beleuchtung oder die geringe Bildgröße bei Bildtafeln, Plakaten oder Postern. Auch die Sitzordnung bei frontaler Bildbetrachtung oder bei Gruppenarbeit kann als Störfaktor den erwarteten Erfolg schmälern.

H2 Geräte richtig einsetzen.
Technische Hilfsmittel wie Tageslichtprojektor und Diaprojektor werden an anderer Stelle ausführlich behandelt (siehe S. 58ff. und S. 65ff.).

H3 Die Beschäftigung mit dem Bild durch vorbereitende Bemerkungen einleiten oder den Bildeinsatz als stummen Impuls inszenieren.
Nach Ausubel (1960) leisten so genannte advanced organizers wichtige Hilfen bei der Vorbereitung auf ein Unterrichtsthema. Solche Hinweise auf das anstehende Thema lenken die Aufmerksamkeit auf wesentliche Elemente einer Darstellung. Ein kurzer Rückblick auf den vergangenen Unterricht mobilisiert die Erinnerung und lässt eine Verknüpfung mit dem neuen Lerninhalt zu. Dadurch erleichtert man eine vertiefte Wahrnehmung.

1 Unter Handlungsindikatoren versteht Becker (1991, S. 33) die kleinsten, unterrichtskonstituierenden Lehrerhandlungen.

H4 Eine »vertiefte Wahrnehmung« zum Grundprinzip der Bildauseinandersetzung machen.
Das erfordert eine ausreichend lange Verweildauer bei der Bildbetrachtung und eine Reduktion der Bildmenge im Unterricht.

H5 Nur dekorativen Einsatz vermeiden oder auf wenige Enrichmentfunktionen begrenzen.
Abwechslung, Entspannung und Meditation sowie Anregung wären solche Enrichmentfunktionen.

H6 Notwendige Erläuterungen zum Bild geben.
Bei »guten« Bildern sollten solche Hinweise und Erklärungen überflüssig sein. Jedoch bei zu viel »Fremdheit«, bei symbolischen, analogen und logischen Bildern müssen oft Symbole, Legenden oder Mengendarstellungen erläutert werden.

H7 Arbeitsaufträge oder Beobachtungsaufgaben stellen.
Eine eindeutige Aufgabenstellung, etwa in Form eines Beobachtungsauftrags, begrenzt die Polyvalenz der Bilder und lenkt die Aufmerksamkeit auf Wesentliches.

H8 Die Wichtigkeit des Bildes unterstreichen.
Das Bild muss wichtig erscheinen (vgl. Anderson 1989, S. 107). Dadurch erreicht man bessere Behaltensleistungen und man wirkt dem oberflächlichen Sehen als Alltagsgewohnheit entgegen.

H9 Bilder konstruktiv bearbeiten lassen.
Das Bild lässt sich mit vielen Aktivitäten verknüpfen. Beispiele hierfür sind das Anbringen von Hervorhebungen (einkreisen, schraffieren, beschriften, einfärben, Pfeile anbringen), Bildunterschrift in Beziehung zum Bild gestalten, Elemente hinzufügen oder entfernen, usw.

Zusammenfassung

Bildmedien dienen der Veranschaulichung in allen Phasen des Unterrichtsprozesses. Durch ihren hohen Wiedererkennungswert leisten sie eine wichtige Erinnerungshilfe und verbessern so die Effektivität des Unterrichts. Eine wesentliche und oft unterschätzte Voraussetzung liegt allerdings in der sehr unterschiedlichen und begrenzten Wahrnehmungsleistung der Schüler. Der Aufbau einer Bildkompetenz wirkt der Oberflächlichkeit des alltäglichen Bilderkonsums entgegen. Sie schafft ein kritisches Bewusstsein gegenüber dem Produkt Bild und erhöht die Lehr,- Lerneffektivität.

3. Folien, Filz und Feinmotorik – Der Overheadprojektor

3.1 Der Medienstar im Klassenzimmer?

Tageslichtprojektor (Talipro), Arbeitsprojektor, Overheadprojektor (OHP), der Vielzahl der Benennungen entspricht die Vielfalt der Einsatzmöglichkeiten dieses Lehrmittels. Danach verwenden ihn auch 85% aller Lehrer in mindestens einem ihrer Unterrichtsfächer (Sacher 1994, S. 11). Dafür gibt es gute Gründe:

- Der Tageslichtprojektor gehört längst zum Inventar aller Bildungseinrichtungen und auf Folien lässt sich nahezu alles abbilden, was bislang in den nichttechnischen Unterrichtsmitteln, wie Arbeitsblätter, Wandtafel, Filztafel, Landkarten, Plakate, Magnettafel usf., verwendet wurde.
- Die Technik ist selbst für Gegner der Unterrichtstechnologie leicht beherrschbar. Mehr als zur Bedienung einer Nachttischlampe ist nicht erforderlich (einige Feinheiten später). Es bedarf keiner Verdunklung und die Ausstattung der Schulen ist meist optimal.
- Transparente sind leicht selbst erstellbar und können im eigenen Lehrmittelpool für viele Wiederholungen gespeichert werden.
- Perfekte »Tafelbilder« können zu Hause mit technischen Hilfsmitteln (PC, Drucker) gefertigt werden. Das spart Unterrichtszeit.
- Der Folieneinsatz ist vielseitig, seine Verwendung erstreckt sich über alle unterrichtlichen Phasen, von der Motivation bis zur Übung und Erfolgskontrolle.

»Licht an«: lediglich seine Abhängigkeit von der Technik als Leuchtmedium schränkt diese Mannigfaltigkeit ein. Er konzentriert die Aufmerksamkeit frontal auf eine Projektionsfläche. »Licht aus«: die Darstellung bleibt flüchtig, man kann nun mal das Gezeigte nicht als Dekoration und Dokumentation unterrichtlicher Bemühungen im Klassenzimmer aufhängen.

Aus vorstehenden Ausführungen lassen sich für einen optimalen Folieneinsatz einige Leitlinien aufzeigen, die es im folgenden weiter zu erörtern gilt:

3.2 Technisches und Organisatorisches

Wie vermeide ich Pannen?
Am einfachsten durch gute technische Vorbereitung. Dazu eine kleine Checkliste:

- Auf richtige Platzierung im Klassenzimmer achten (s.u.)
- Lampe überprüfen
- Scharfeinstellung testen
- Bei Bedarf Fresnellinse[1] und Objektiv reinigen (Spezialtücher)
- Direkten Lichteinfall auf Projektionsfläche verhindern
- Für ausreichende Bewegungsfreiheit um das Gerät sorgen
- Stromkabel nicht zur Stolperfalle werden lassen

Dies sollte natürlich vor Unterrichtsbeginn erfolgen. Die helle Projektionsfläche zieht die Aufmerksamkeit auf sich. Muss da erst die Schärfe nachreguliert, der Projektor auf die Projektionswand ausgerichtet oder abgedunkelt werden, weil gerade die Morgensonne mit dem Projektor wetteifert, ist der erwünschte Effekt gründlich verdorben. Störanfällig ist am Arbeitsprojektor eigentlich nur die Lampe. Bessere Geräte besitzen eine eingebaute Ersatzbirne, die mit einem Umlenkhebel von außen mühelos in den Strahlengang gebracht wird. Auf solcherlei Luxus sollte beim Gerätekauf unbedingt geachtet werden.

Organisatorisches – wohin mit dem Gerät

Den idealen Standort findet man im durchschnittlichen Klassenzimmer kaum oder gar nicht. Die Ausrichtung auf die Projektionswand erzwingt eigentlich eine Sitzordnung, wie sie nur der extremste Frontalunterricht fordert. Aber weder eine Umgestaltung des Klassenraums zum Kino noch die Flucht in DIN-Normen[2] schaffen akzeptable Bedingungen. Es gibt jedoch einige Gesichtspunkte, die berücksichtigt werden können:

- Der Projektionsabstand Tageslichtprojektor – Projektionswand richtet sich nach der Optik des Projektors und der Größe der Projektionsfläche.
- Damit das Projektionsbild mit einem Blick erfasst werden kann, sollte der Mindestabstand der Schüler zur Projektionsfläche gleich der Bildbreite sein: z.B. Bildbreite 1,50 m: Abstand zur ersten Reihe 1,50 m usw. (vgl. Wagner et al. 1978, S. 36).
- Steht der Projektor auf dem Arbeitstisch, so können die Schüler/innen vielleicht den Herstellernamen memorieren, Gehäuse und Umlenkspiegel jedoch verdecken die mühselig gefertigten Transparente. Also die Projektionsfläche (Fresnellinse) auf Tischhöhe bringen.
- Dann allerdings muss sich die Projektionsfläche vor der Klasse verneigen, sonst macht der so genannte Keystone-Effekt[3] jeden Versuch des Kollegen aus

1 Die Fresnellinse ist eine Sammellinse mit großem Öffnungsverhältnis. Sie besteht aus einer zentralen Linse und nach außen anschließenden, ringförmigen Zonen (nach Meyers Lexikon).

2 DIN 19045, Blatt 1. Steh- und Laufbild bei Lehr- und Heimprojektion. Vgl. Wagner et al. 1978, S. 39.

3 Bildverzerrung durch Schrägprojektion.

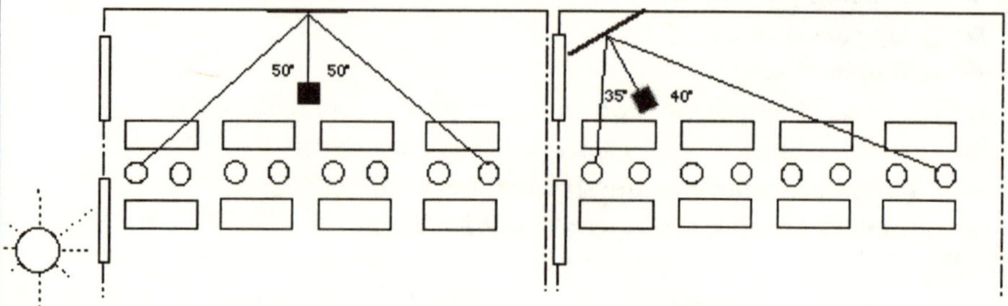

Abbildung 11 **Position des Tageslichtprojektors im Klassenzimmer**

der Mathematik, die Wesensmerkmale eines Rechtecks zu erklären zunichte – das Projektionsbild verzerrt sich samt Inhalt trapezförmig.

- Sportliche Einlagen des Lehrerkörpers können durch einen freien Zugang zum Tageslichtprojektor sinnvoll eingeschränkt werden.
- Auch die Größe der Projektion kann in einer Faustregel gefasst werden: Abstand der hintersten Sitzreihe zur Bildfläche geteilt durch 6 ergibt bei einem Klassenzimmer von 12 m Länge ein Bild von 2 m × 2 m.
- Das rechte Beispiel zeigt eine günstige Position der Projektionsfläche. Sie ist so angebracht, dass weder das einfallende Sonnenlicht, noch ein ungünstiger Blickwinkel die Wahrnehmung behindern und auch weitere Unterrichtshilfen wie die Wandtafel noch einsatzfähig bleiben.
- Auch bei extremen Sitzpositionen (vorne links bzw. vorne rechts) ist die Sicht noch zufriedenstellend. Der Blickwinkel sollte dabei nicht mehr als 45° zur optischen Achse betragen (vgl. Wagner et al. 1978, S. 36).
- Der freie Blick wird weniger durch die Lehrperson verstellt. Sie steht aber trotzdem noch, wenn gewünscht, im Zentrum und kann gleichermaßen Tageslichtprojektor und Wandtafel bedienen.
- Der Abstand Tageslichtprojektor – Projektionsfläche lässt sich verlängern und damit das Bild vergrößern. Ein geeigneter Abstand liegt je nach Brennweite des verwendeten Objektivs bei 1,50 m bis 2,00 m.[1]

Schließlich hilft aber nur eines: ausprobieren und die günstigsten Standorte des Tageslichtprojektors ermitteln. Die Fragestellung: Erlauben auch extreme Sitzpositionen noch zumutbare Bildwahrnehmungen? – klingt zwar banal, sie wird aber trotzdem viel zu selten gestellt und kaum überprüft. Dann ist gegebenenfalls viel Überzeugungskraft erforderlich, um Kollegium und Schulleitung von der Anschaffung neuer Projektionswände zu überzeugen.

1 Weitere Details zur Standortfrage finden sich in: Wagner et al. 1978, S. 33–42; Witte 1971, S. 2.01-1 bis 2.01-4; Ostertag/Spiering 1975, S. 20.

3.3 Was leistet der Overheadprojektor im Unterricht?

Der Tageslichtprojektor ist als Medium vielseitig in allen Unterrichtsphasen einsetzbar.

Tabelle 13 **Funktionen des Tageslichtprojektors in den Unterrichtsphasen**

Unterrichtsphase	Medienfunktion	Anwendung im Unterricht
Motivation	motivieren	Problemstellung, emotionale Einstimmung mit Bildern ...
Präsentation	informieren	Präsentation von Text, Grafik, Bild, Gegenständen ...
Veranschaulichung	intensivieren	Veranschaulichen von Zusammenhängen, visuelle Informationen ...
Übungs-, Selbstlernphase	aktivieren	Übungsaufgaben wie Zuordnen, Ergänzen, Zusammenhänge visualisieren lassen
Wiederholung, Vertiefung	memorieren	Wiederholen mit und ohne veränderte Bedingungen ...
Kontrolle	rückmelden	Identisches Arbeitsblatt als Folie, Ergebnisse von Einzel- und Gruppenarbeit auf Folie gestalten lassen
Anreicherung, Enrichment	bereichern	Durch anregende Zusätze, originelle Sprüche, Cartoons

Der Tageslichtprojektor ist also multifunktional verwendbar. Dieser Vorteil birgt ebenso einige Gefahren:

Der Folienprojektor begünstigt frontales Unterrichten, er sollte es jedoch keineswegs verstärken. Deshalb muss besonders auf einen Methodenwechsel geachtet werden.

Die Einsatzdauer ist auf wenige Transparente zu beschränken: Also keinen Folienmarathon, wie man es bei Vorträgen häufig erlebt. Überfüllte Transparente wirken unverständlich. Inhalte sollten deshalb nach dem Motto so viel wie nötig – so wenig wie möglich – gestaltet sein.

3.4 Grundsätze der Foliengestaltung

Der Arbeitsprojektor ist vor allem ein visuelles Medium. Für Textdarbietungen eignen sich Bücher, Arbeitsblätter usf. wesentlich besser. Das hell erleuchtete Projektionsbild erlaubt eine Gesamtsicht aller Abbildungen, Texte usw. Damit rückt es in die Nähe der Bildmedien.

Aus dem visuellen Charakter der Folienprojektion ergeben sich einige Grundsätze, die zu beachtet sind:

- Der visuelle Charakter der Transparente rückt ihre Gestaltung in die Nähe der Bildmedien. Abbildungen, Grafiken, Diagramme, Symbole, Analogien oder Piktogramme sind ihre geeigneten Informationsträger.
- Texte oder Beschriftungen erfordern hier eine grafische Gestaltung, ein Layout, das den bildhaften Charakter der Folie unterstützt.
- Entsprechend liest sich eine Folie nicht nur linear wie ein Text, sondern Zusammenhänge lassen sich beliebig aus der räumlichen Anordnung konstruieren und in der Wiederholung rekonstruieren.
- Die Beziehungen (Relationen) können auf grafische Elemente (Pfeile, Einkreisungen, Klammern, Zahlen, Buchstaben, Farben) reduziert werden.
- Erläuterungen erfolgen, wenn erforderlich, durch Lehrer oder Schüler. So wird die Informationsmenge begrenzt und überschaubar.
- Übersichtliche Folien erlauben eine rasche Orientierung, die besonders in der Wiederholung die Erinnerung unterstützt. Zusammenhänge werden im Text oft erst nach längeren Passagen wieder aufgenommen. Beim Rückgriff auf eine Folie, in der Wiederholung, kann der Lernende jederzeit in einzelne Bildelemente einsteigen, ohne ganze Textpassagen nachzulesen.

Nachteilig erweist sich eine unklare Strukturierung, d.h. eine Gestaltung der Folie, die verwirrt, etwa durch eine Fülle der Information, unverständliche und unfunktionale Farbgebung, schlecht erkennbare Trennung der Objekte (siehe Problem Figur-Grund-Beziehung S. 46f.), unverständliche Zeichen (Symbole Analogien, Markierungen, Strukturen oder Abbildungen).

Eine optimale Foliengestaltung fordert die Lehrer in mehrfacher Hinsicht. Einmal bedarf es fundierter Sachkenntnis, um gestalterische Überlegungen anstellen zu können. Zum anderen ist Einfallsreichtum erwünscht, um die Folie schülergerecht mit Lernanreizen zu versehen. Sofern man über eine zeichnerische Begabung verfügt, wird die Gestaltung oft auch Freude machen. Ansonsten erlauben moderne Techniken wie Kopiergeräte und Grafikprogramme auf dem Computer auch dem weniger erfolgreichen Künstler eine perfekte Präsentation.

Doch sollte in der Zeit der Micky Mäuse und anderer Trickfiguren darauf geachtet werden, dass die zeichnerischen Gags die Information, auf die es ankommt, nicht überlagern.

Schriftgröße

Die Schriftgröße bestimmt die Lesbarkeit von Folien. Um eine befriedigende Darstellung zu erhalten müssen die Buchstabengröße, die Größe des projizierten Bildes und der Abstand zur Klasse in ein passendes Verhältnis gebracht werden. Geht man von einer Projektionsfläche mit den Seitenlängen 1,3 m × 1,3 m aus, so ergeben sich folgende günstige Werte:

Tabelle 14 **Schriftgröße bei einer Projektionsfläche von 1,3 m x 1,3 m**

Abstand der Schüler zur Leinwand	Schriftgröße auf der Folie	Schriftgröße der Projektion
6 m	2,7 mm	14 mm
9 m	4,0 mm	21 mm
12 m	5,3 mm	28 mm
15 m	6,6 mm	35 mm

Quelle: Nach DIN19 045, vgl. Ketzer/Krankenhagen 1974, S. 101

Weiterhin erscheinen folgende Regeln für eine Beschriftung sinnvoll:

- Groß- und Kleinbuchstaben verwenden.
- Ein Text nur in Großbuchstaben liest sich schlechter.
- Nur einen bis maximal drei Fonts verwenden. Der Computer stellt viele Schrifttypen zur Verfügung. Eine Mischung wirkt jedoch schnell unübersichtlich.
- Überschriften dürfen ein Viertel oder ein Drittel größer als der Text gestaltet sein.
- Textblöcke deutlich und in überschaubare Einheiten untergliedern.
- Für Hervorhebungen eignen sich der Fettdruck oder die Farbe besser als Unterstreichungen, welche die Lesbarkeit besonders von Unterlängen beeinträchtigt.
- Textmenge reduzieren und statt dessen Inhalte visualisieren. Lässt sich eine Aussage als Bild darstellen, so ist darauf zu achten, dass der verwendete Code auch verstanden wird (Analogien, Symbole, Diagramme usw.).

3.5 Beispiele für den Unterrichtseinsatz

Live-Folien. Vergleichbar mit einem Tafelanschrieb entwickelt sich die Folie parallel zum Unterrichtsverlauf. Folienstifte ersetzen die Kreide und die Schüler/innen sind ständig am Prozess beteiligt. Sie haben die Unterrichtsschritte und die Unterrichtsergebnisse sichtbar vor Augen (vgl. Will 1994, S. 15).

Teilfertig-Folien. Ein Grundgerüst an Informationen, Bilder und Grafiken oder Tabellen ist bereits vorbereitet. Je nach Unterrichtsverlauf können diese Grundbausteine flexibel nach den Leistungen der Schüler ergänzt oder erweitert werden (a.a.O., S. 16).

Overlay- und Stripteasefolien (a.a.O., S. 59ff.). Folien sind an sich statisch und bieten ihre Information in einer Gesamtansicht. Dies ist nicht immer erwünscht. Bei der Overlaytechnik entsteht das komplette Folienbild etappenweise. Mehrere Folien mit transparentem Klebeband als Scharniere verbunden erlauben einen schrittweisen

Aufbau der Information. Damit lassen sich Bilder nach und nach beschriften, Umrisskarten allmählich mit Flüssen, Gebirgen und Städten füllen oder Mengendiagramme farblich hervorheben. In umgekehrter Richtung verläuft der Prozess bei der Stripteasetechnik. Die Darbietung offenbart zunächst ein Ganzes, das im Verlauf des Unterrichts auf wesentliche Elemente reduziert wird. Ähnlich der Overlaytechnik arbeitet man dabei mit mehreren Folien übereinander. Oft verwendet wird auch die Stripteasetechnik um die Informationsmenge auf der Folie zu begrenzen. Papierstreifen dienen als Masken, welche die Folie nur in Streifen oder in fensterartigen Ausschnitten freigeben. So entblättert sich der Inhalt stückweise nach dem Tempo des Unterrichts.

Projektion von Gegenständen. Dinge, die ihr Wesen bereits im Umriss verdeutlichen und deren Größe für eine Projektion geeignet scheinen, bieten vielerlei Anlass für eine Verwendung auf dem Tageslichtprojektor. Federn, Kristalle, Stoffe oder Insekten erscheinen im Umriss vergrößert und erkennbar auf der Leinwand. Als »Minitransparente« (vgl. Will 1991, S. 70f.) werden Wörter, kleine Bilder u.a.m. in Diarähmchen verpackt. Sie bilden ein sehr flexibles Werkzeug für vielerlei Anlässe. Mit Pappfiguren und Kulissen gestalten Schüler/innen ein Märchen oder eine Geschichte als Schattentheater.

4. Dia und Diaprojektor

4.1 Lässt sich die Beliebtheit von Dias[1] rechtfertigen?

Sachers (1994, S. 11) hier schon mehrmals zitierte Untersuchung in Bayern weist der unterrichtlichen Diaprojektion mit 50,8% (häufiger Einsatz in mindestens einem Fach) den dritten Rang in der medialen Beliebtheitsskala und damit eine große Bedeutung zu (siehe S. 23). Eine besondere Häufigkeit der Diaverwendung lässt sich in den Fächern Biologie, Geografie, Geschichte und Religion/Ethik feststellen. Wie lässt sich diese Medienvorliebe begründen? Dias stellen nach wie vor die brillanteste Bildpräsentation dar. Sie sind im wahrsten Sinn des Wortes leuchtend. Sie erfüllen damit einen Qualitätsanspruch, der nicht immer gefordert wird und den man mit einem nicht unwesentlichen Aufwand erkauft. Vor- und Nachteile sind unter Berücksichtigung der Medienökonomie abzuwägen und der Diaeinsatz ist auf jene Unterrichtsinhalte einzuschränken, die solche Qualitätsanforderungen verlangen. Es erscheint zunächst sinnvoll, Vor- und Nachteile ins Bewusstsein zu heben.

Auf der einen Seite steht die eindrucksvolle und konzentrierte Darbietung. Der verdunkelte Raum verbannt Unerwünschtes aus dem Gesichtsfeld, das helle Bild selbst zieht die Aufmerksamkeit an. Farben erscheinen besonders intensiv und die Bildgröße lässt auch noch Details aus der Entfernung erkennen. Der finanzielle Aufwand für eine eigene Diasammlung hält sich in Grenzen und auch die Archivierung in Diamagazinen lässt sich leicht bewerkstelligen. Diaschränke in der schulischen Mediothek oder in den Fachräumen bieten Überblick und raschen Zugriff, wenn das gesuchte Lichtbild nicht in den Unterlagen liebenswerter aber leicht vergesslicher Kollegen verstaubt.

Andererseits bedeutet Projektion immer auch einen technischen Aufwand mit dem Risiko von Pannen. Diaprojektoren müssen ins Klassenzimmer oder die Schüler/innen müssen Räume mit einer fest installierten Projektionseinrichtung aufsuchen. Es gilt Licht und Finsternis zu managen und die Sitzordnung muss optimiert werden. Ein Bildwechsel erfordert bei mangelhafter Technik (Fernbedienung) eine pädagogische Beweglichkeit, die ständig der Gefahr nicht beachteter Schultaschen usw. ausgesetzt wird.

Die hohe Bildqualität der Dias erkauft man also mit einem erhöhten Planungs- und Organisationsaufwand, den es zu rechtfertigen gilt.

1 Gemeint sind Diapositive, hier kurz Dias genannt.

4.2 Technik und Organisation

Der Standort für die Projektionswand im Klassenzimmer wurde an anderer Stelle eingehend erörtert (siehe S. 59f.). So bleibt hier nur noch der Hinweis auf die Verstellbarkeit der Projektionswand. Musste sie sich beim Tageslichtprojektor u.U. stärker verneigen, um Verzerrungen zu vermeiden, so reicht beim größeren Projektionsabstand des Diaprojektors ein geringerer Neigungswinkel. Der lässt sich leicht durch einen Versuch finden. Bei eingeschalteter Projektion kippt man die Projektionsfläche so lange, bis ein exaktes Rechteck entsteht.

Der Diaprojektor sollte einige Bedingungen erfüllen, um einen maximalen technischen Erfolg zu garantieren:

- Projektoren mit Magazin – allgemein üblich sind solche im Leitz-Standard – erlauben eine optimale Vorbereitung. Die Reihenfolge einer Diaserie kann exakt festgelegt werden und Kopfstandbilder lassen sich schon in der Planung vermeiden. Spezielle Magazine verhindern zudem mit einem besonderen Rückhaltesystem das unliebsame Verrutschen oder gar »Mensch, ärgere dich nicht!«, wenn die Dias vor der gesamten Klasse aus dem Magazin fallen.
- Dagegen sind die früher üblichen hochwertigen Schulgeräte leider mit dem Nachteil verbunden, dass sie nur Einzelbilder aufnehmen. Das bindet den Lehrer an den Projektor. Sollte auf Bilddetails verwiesen werden, so ist der Weg zur Projektionswand über viele Hindernisse oft unausweichlich. Abhilfe schafft eine Fernbedienung oder ein Laserpointer. In der Größe einer Taschenlampe projiziert er einen deutlichen roten Pfeil oder Punkt mit einem Laserstrahl auf die Leinwand.
- Energiesparmaßnahmen sind bei der Diaprojektion leider nicht angebracht. Deshalb sollte das im Projektor verwendete Leuchtmittel, meist ein Halogenbrenner, eine maximale Lichtstärke aufweisen.
- Ein Varioobjektiv[1] erlaubt einen variablen Abstand und damit eine bessere Anpassung an die Gegebenheiten des Klassenzimmers.

4.3 Einsatzformen im Unterricht

Der unterrichtsbezogene Diaeinsatz erscheint in vielerlei Arrangements. Einzelbildprojektion, Diareihe, Parallelprojektion, Tonbildschau und Multivision sind die Erscheinungsformen, die es auf ihre unterrichtliche Tauglichkeit zu überprüfen gilt. Wer dabei keinerlei Aufwand scheut, dem stehen alle diese Möglichkeiten offen. Unter ökonomischen Gesichtspunkten beschränkt sich der Diaeinsatz jedoch auf einige praktikable Einsatzformen.

1 Objektiv mit veränderbarer Brennweite.

Die *Einzelbildprojektion* begnügt sich mit dem Bild bzw. mit wenigen Bildern, die sich auf einen Gegenstand konzentrieren. Hier hat das Dia sein eigentliches Anwendungsgebiet. Detailreich und in bester Farbqualität erscheint die Fotografie eindrucksvoll und in beliebiger Verweildauer. Damit bietet sie günstige Voraussetzungen für eine vertiefte Wahrnehmung.

Diareihen eignen sich für eine facettenreiche Darstellung eines Themas, wenn man zwei Gesichtspunkte berücksichtigt:

- Der Eindruck, den das vorausgegangene Bild hinterlässt, überdeckt jeweils den folgenden Bildeindruck und kann so die Informationsaufnahme blockieren. Bildinhalte mit hochkomplexen Strukturen und Inhalten, sollten deshalb, wenn überhaupt, bei Diaserien erst am Schluss erscheinen (vgl. Gebhardt/Schmitz 1972, S. 49). Die Positionierung des einzelnen Bildes in der Serie spielt also eine wichtige Rolle für den Lerneffekt beim Diaeinsatz. Für die Behaltensleistung erscheint eine hohe Redundanz, d.h. Ähnlichkeit der Bilder nachteilig für das Bildgedächtnis (a.a.O., S. 27).
- Wer die ermüdenden Diaabende bei Freunden kennt, sollte diese negativen Erfahrungen im Unterricht vermeiden. Weniger ist mehr und mehr als 10–12 Dias (vgl. Schröder/Schröder 1990, S. 141) eignen sich bestenfalls für einen abendlichen Vortrag, aber nicht für die Schule.

Bei der *Parallelprojektion* stehen zwei Einzelbilder zum Vergleich an. Geeignete Anwendungsbeispiele liegen im Bildvergleich für den Kunstunterricht, in der gleichzeitigen Darbietung von Gesamtbild und Detail (bei Gemälden oder auch Blatt und Baum), in der Abbildung eines Gegenstandes aus unterschiedlicher Perspektive (z.B. Grund- und Aufriss), in der kontrastierenden Gegenüberstellung, in der gleichzeitigen Darstellung zentraler Phasen eines Herstellungs- oder Wachstumsprozesses oder desselben Gegenstandes unter veränderten Kontextbedingungen (Tages- oder Jahreszeiten usw.).

Tonbildschauen fügen Geräusche oder Musik in die Diaserie ein. Sie kranken an der Problematik der Diareihe, denn wegen einiger Bilder lohnt der Aufwand und die Anschaffung eines durch Tonimpulse steuerbaren Projektors und seine Installation mit einem Kassettenrecorder im Klassenzimmer kaum. Ein weiterer Nachteil ergibt sich aus der Nähe zum Film. Tonuntermalung bzw. Kommentare begleiten die Bildfolge und bestimmen einen festen zeitlichen Ablauf und nur die fehlende Bewegung unterscheidet die Präsentation von der Filmdarbietung. Die Vorteile des Dias, nämlich eine beliebige Verweildauer, die individuelle Anpassung an die Schüler durch Erläuterungen, ihre Aktivierung durch Unterrichtsgespräche usw. und die zielgenaue Auswahl und Zusammenstellung einer Serie, schließt die Tonbildschau weitgehend aus. Gründe, welche die geringe Bedeutung dieses Mediums im Unterricht erklären.[1]

1 Nach Sacher (1994, S. 10) wird die Tonbildreihe nur bei 15,2% aller Befragten häufig in mindestens einem Fach eingesetzt.

Multivision ist die modernste Form der Diaschau. Überblendungen schaffen einen fließenden Übergang von einem Bild zum anderen. Mehrfachprojektionen lassen mehrere Bilder gleichzeitig erscheinen. Der Bildwechsel im Takt begleitender Musik erhöht die Attraktivität dieser Präsentation. Das ganze computergesteuert lässt Zuschauer in Veranstaltungen und auf Messen staunen. Im Klassenzimmer steht der Aufwand jedoch in keinem Verhältnis zu seinem Lerngewinn. Enthusiastische Hobbyfotografen mögen ihre Schüler so beeindrucken, der pädagogische Alltag verschließt sich jedoch solcher Highlights.

Wie alle Bildmedien, so können auch Dias in allen Unterrichtsphasen eingesetzt werden (siehe S. 55). Eine Einschränkung liegt lediglich in der Verdunklung des Klassenzimmers (Kontrollphasen!). In Form von Minitransparenten können Schüler/innen Dias auch mit Folienstiften selbst gestalten, eigene Reizwortgeschichten zusammenstellen oder ihren Gedichtvortrag mit Bildern aufwerten. Eine direkte Bearbeitung von Dias (vgl. H9: Bilder konstruktiv bearbeiten lassen) erscheint dagegen aufgrund ihrer Größe nicht sinnvoll. Einen aktiven Umgang mit Dias erreicht man sehr viel umfassender bei der Schulfotografie.

5. Der Fotoapparat in Schülerhand

Die Schulfotografie ist das wohl traditionsreichste medienpädagogische Betätigungsfeld. Trotz hoher Anschaffungskosten findet sich immer noch in vielen Schulen ein Fotolabor, wenn auch mit sehr unterschiedlicher Nutzungsfrequenz. Die Gründe liegen auf der Hand. Laborarbeit bedeutet eine längere Schulung der Gruppe oder Klasse, die Entwicklung der Bilder ist zeitraubend und die Dunkelkammer lässt meist nur wenige Teilnehmer zu. So entwickelte sich die Schulfotografie zur typischen AG-Veranstaltung. Da AGs zusätzliche Lehrstunden erfordern und zu Zeiten akuten Lehrermangels rasch gestrichen werden, erklären sich die vielen verstaubten Fotolabors. Kurz gesagt, die ungünstigen Begleitumstände behindern eine aktive Medienverwendung.

5.1 Übergreifende Zielsetzung der Schulfotografie

Die Schulfotografie hat alle Voraussetzungen, die hier zu Grunde gelegten Schülerkompetenzen für den Medienumgang umdassend zu fördern:

- Die Gestaltung von Bildern mit der Kamera und im Labor setzt eine vertiefte Wahrnehmung voraus.
- Der technische Herstellungsprozess der Bilder von der Aufnahme über das Negativ bis zum Abzug kann vollständig nachvollzogen werden.
- Die Auswahl geeigneter Negative und Bilder für eine weitere und zeitraubende Bearbeitung zwingt zur kritischen Betrachtung der gestalterischen Mittel und erweitert die semantische Kompetenz.
- Die pragmatische Kompetenz wird angesprochen, wenn es gilt, Bilder zielgerichtet, zweckgebunden, themenbezogen und mediengerecht herzustellen. Ausstellungen oder die weitere Verwendung der Fotografien in der Schülerzeitung stellen Öffentlichkeit her und unterstützen diese Zielsetzung.

Dieser Lernprozess kann durch begleitende Maßnahmen noch intensiviert werden. So gilt es bei der Fotografie Absicht und Wirkung bewusst und durch Eigengestaltung erfahrbar zu machen. An früherer Stelle (siehe S. 35f.) fand eine Einteilung nach den Absichten der Autoren in dokumentarische, subjektive, manipulative und didaktische Bilder statt. In eigenen Versuchen können Schüler/innen diese fotografischen Formen und ihre je eigene Gestaltung experimentell erproben, auf ihre Wirkung hin überprüfen und mit Bildern der Massenpresse oder der künstlerischen Fotografie vergleichen. Diese Manipulation beginnt bereits bei der Aufnahme. Perspektive, Beleuchtung, Wahl des Bildausschnitts, die Entscheidung für Farb- oder Schwarz-

Weiss-Material usw. prägen Stimmung und Aussage der Fotografie. Im Labor erweitert sich diese Manipulation. Kontrastveränderungen wirken dramatisierend oder betonen eine heitere Stimmung, der Bildausschnitt lässt sich weiter einengen und Bilddetails können abgeschwächt oder verstärkt werden. Wesentlich weiter gehende Eingriffe erlaubt die digitale Bildbearbeitung (siehe S. 72).

Hier liegt ein wesentlicher medienpädagogischer Ansatz zur Entwicklung der Medienkompetenz. Informatives und Faktisches vermischen sich in unserer Medienlandschaft mit subjektiven Sichtweisen. Eine saubere Trennung ist kaum noch möglich. Marktmechanismen und Konkurrenz verführen die Bildautoren zur augenfälligen Darstellung (*Eye-Catcher*[1]) oder in der Werbung zur subtilen Manipulation. *Fake*, der Schwindel mit manipulierten Bildern, wird damit gerechtfertigt, dass zwar die Inhalte gestellt seien, der gezeigte Sachverhalt aber durchaus der Wahrheit entspreche.[2] Ein kritisches Bewusstsein und die Fähigkeit Bilder oder allgemein Medieninhalte nach den zu Grunde liegenden Absichten einzuteilen sind wesentliche Bestandteile einer Medienkompetenz. Die Schulfotografie bietet hierfür ein weites Betätigungs- und Übungsfeld.

5.2 Funktion der Schulfotografie im Unterricht

In der Eigentätigkeit des Fotografierensm liegt ein hoher motivationaler Gehalt. Die Schüler/innen werden aktiv und der Unterricht wird zweifellos bereichert. Sie memorieren aber auch bereits Gelerntes, wenn sie es in ihrer vertrauten Umgebung wiederentdecken und fotografisch festhalten (z.B. Pflanzen, Tiere). Eine fotografische Präsentation einer Exkursion oder eines Lerngangs erhöht die Behaltwerte (Wiederholung, Vertiefung). Auch eine Lernerfolgskontrolle in Form von Fotos ist denkbar. Eigene Fotografien beschriftet und im Arbeitsheft eingeordnet geben Aufschluss, ob die Schüler/innen den Stoff (z.B. »Bäume unserer Umgebung«) tatsächlich beherrschen und auch anwenden können. Als Arbeitsmittel dienen selbsterstellte Fotos im Unterricht der Information (Wir stellen unseren Ort einer Partnerschule vor), der Erkundung oder Exploration (Bäume in der Umgebung, Mein Schulweg), der Präsentation (zur Veranschaulichung beim Referat) und der Dokumentation (Unterrichtsprojekte, Lerngang). Darüber hinaus können Schüler/innen mit dem Fotoapparat:

- Arbeitsaufträge ausführen (das Verhalten von Mitschülern am Busbahnhof),
- gezielt beobachten (Vögel am Futterhäuschen),
- erzählen (einen Text in eine Bildergeschichte umformen),
- Abstraktes veranschaulichen (Freundschaft, Feindschaft usw.),

1 Auffällige Bildelemente, die als Blickfang wirken.

2 Im Prozeß um den Bildberichterstatter Michael Born, der den Fernsehsendern im Gesamtwert von ca. 350.000 DM gefälschte Berichte lieferte, folgte die Verteidigung der Argumentation, man veranschauliche doch nur bereits Bekanntes. (Bericht der Südwestpresse vom 17.9.1996).

- Fremdes darstellen (interkulturelle Lebenswelten),
- Problembereiche bearbeiten (Deutsche – Ausländer),
- spielen (Bildkartei, Puzzle, Memory aus eigenen Fotos),
- nonverbal kommunizieren (Wer bin ich – wer möchte ich sein? Wie sehe ich mich – wie sehen mich die anderen?),
- Prozesse festhalten (das Wachstum der Bohnen) u.a.m.

5.3 Technik der Schulfotografie

In der Überfülle des Angebots fotografischer Apparate ist eine technische Einweisung hier schlechterdings unmöglich. Ich beschränke mich daher auf einen Überblick der möglichen Fotoausrüstungen und ihrer Brauchbarkeit für den hier angestrebten Einsatz. Kameras lassen sich außer nach dem Bildformat, der Bildgröße, nach funktionellen Elementen in Sucherkameras, Spiegelreflexkameras und Sofortbildkameras einteilen.

Sucherkameras eignen sich dann für den unterrichtsbezogenen Einsatz, wenn sie folgende Kriterien erfüllen:

- Sie besitzen einen ausreichend großen Sucher. Bei den meisten Modellen erscheint das sichtbare Bild in der Kamera so klein, dass eine Bildgestaltung nur noch nach dem Zufallsprinzip möglich ist.
- Sie sind auch für Aufnahmen im Nahbereich ausgestattet. Details oder kleinere Objekte verschwinden sonst neben unbedeutenden Informationen.
- Eine verstellbare Brennweite des Objektivs (Zoom) erscheint dagegen für unterrichtliche Zwecke weniger erforderlich.

Diese Kameras erfüllen am ehesten das Versprechen einer Kodak Werbung für die Kodak Box 1888: »You push the button, we do the rest.« Denn sie können auch ohne umfangreiche technische Kompetenz zur Information, Dokumentation, Präsentation und Erkundung eingesetzt werden.

Die *Spiegelreflexkamera* genügt dagegen auch professionellen Ansprüchen, setzt aber eine höhere technische Kompetenz voraus. Für die Schulfotografie mit anspruchsvollen medienpädagogischen Schwerpunkten erscheint sie als das geeignete Gerät. Das Baukastenprinzip der Spiegelreflexkamera stellt unterschiedlichste Objektive für spezielle Aufgaben bereit. Die Belichtung lässt sich gezielt steuern (Unter- und Überbelichtung). Externe Blitzgeräte gestatten unterschiedlichste Beleuchtungsformen, Filter erlauben gezielte Bildmanipulationen und mit Zubehör erschließt sich die Welt der Mikro- und Makrofotografie.

Sofortbildkameras haben den unvergleichlichen Vorteil, Ergebnisse bereits nach wenigen Minuten zu präsentieren. Ihre technischen Möglichkeiten beschränken sich aber auf das Niveau der Sucherkamera oder liegen noch darunter. Die Bildgröße steht fest, eine nachträgliche Vergrößerung und Vervielfältigung entfällt. Aber der gravierende Nachteil liegt in den hohen Kosten des Bildmaterials, so dass eine breite Anwendung an den Finanzen scheitert.

5.4 Die digitale Fotografie

Sie vereinigt in hervorragender Weise alle Möglichkeiten der Sucher- und der Sofortbildkamera. Ihr Nachteil liegt in der heute noch schlechten Qualität der ausgedruckten Bilder und in den Anschaffungskosten für das Equipment. Dieses umfasst eine Digitalkamera für Einzelbilder oder eine digitale Videokamera, die inzwischen sehr gute Einzelbilder liefert. Zur Bildbearbeitung ist ein Rechner mit ausreichendem Arbeitsspeicher (empfohlen 32 MB), einer Grafikkarte, die True Colors bzw. 16 Millionen Farben darstellen kann, erforderlich. Ein Bildbearbeitungsprogramm ist meist im Kaufpreis der Kamera eingeschlossen. Bessere Software erweitert noch die Möglichkeiten, ist aber leider nicht ganz billig. Sind diese Voraussetzungen gegeben, so erfüllt diese Technik alle oben angeführten unterrichtsbezogenen und medienpädagogischen Anforderungen. Darüber hinaus erweitert die digitale Fotografie die gestalterischen Möglichkeiten in bislang ungeahnter Weise. Viele Formen der Bildgestaltung – und hier besonders erwähnenswert, der Bildmanipulation – lassen sich mit der digitalen Nachbearbeitung durchführen.

So lassen sich Bilder nach den unterschiedlichsten Absichten mit der Digitalkamera bearbeiten:

- Eine Dokumentation des Schulfestes ist schnell erstellt und erscheint als Diaschau auf einem Computermonitor im Foyer des Schulgebäudes noch während der Veranstaltung. Ein unvergleichlicher Vorteil liegt besonders in der Weiterverwendung der elektronischen Bilder. Einfach und schnell sind sie als Schwarzweißfotografie in Berichte, Informationsblätter oder in die Schülerzeitung eingefügt.
- Schüler/innen gestalten Suchbilder, indem sie Bilddetails löschen, verändern oder hinzufügen. Auf diese Weise wird einsichtig, wie leicht die abgebildete Realität manipulativ verfälscht werden kann. So erhält das Schulgebäude einen anderen Eingang, Fenster verschwinden, der Schulhof erscheint begrünt usw.
- Durch Hervorhebung wichtiger Details oder durch ihre Freistellung werden Fotos für didaktische Zwecke überarbeitet. Die zentrale Aussage hebt sich deutlicher ab, wenn der Hintergrund verwischt oder entfernt wird.
- Farbänderungen, Kontrast- oder Helligkeitsverschiebungen, aber auch ein Hinzufügen oder Löschen von Einzelheiten, ändern den subjektiven Bildausdruck. Als Thema könnte »Unsere Schule« einmal unter dem Gesichtspunkt: »Eine schöne Schule oder eine hässliche Anstalt«, abgebildet werden.

Die elektronische Bildbearbeitung eröffnet den Schülern einen Zugang zum modernen elektronischen Publishing mit all seinen Möglichkeiten und Gefahren. Sie schulen ebenso wie die klassische Fotografie eine vertiefte Wahrnehmung, die semantische und die pragmatische Kompetenz. Technische Fähigkeiten werden besonders in der Bildbearbeitung am Computer gefördert. Den großen Vorteil der traditionellen Fotografie, Bilder in allen Entstehungsphasen durch selbstständiges Tun zu erfahren, kann die Digitalfotografie allerdings weniger leisten. Das Bild entsteht im Verborgenen. Sie arbeitet nach dem Motto: »You push the button. electronic does the rest«.

Audiovisuelle Medien

1. Film und Fernsehen im Alltag von Kindern und Jugendlichen

1.1 Kinobesuche

Der Spielfilm im Kino wird nur von einer geringen Bevölkerungsschicht in Deutschland als Kunstform anerkannt. Entsprechend gering ist seine Beachtung in der Schule.

> *»Kino hat in der Erziehungsgeschichte des 20. Jahrhunderts einen ebenso geringen Stellenwert wie Sexualität. Dabei spielen beide Bereiche eine zentrale Rolle in der Entwicklung der Kinder und Jugendlichen. Es ist immer wieder erstaunlich wie Pädagogen – Theoretiker und Praktiker – an Bereichen vorbeigehen, die für die Kinder und Jugendlichen von höchstem Interesse sind.«*

Zur harschen Kritik von Friedrich Koch (1995, S. 65) ließe sich einiges ergänzen, anderes abschwächen. Wichtiger erscheint, diesen Bereich Kino, Film und Video zu betreten und wenigstens ansatzweise zu durchleuchten. Dies soll zunächst mit Zahlen – Nutzungsdaten – geschehen.

1996 besuchten 610.000 Jugendliche im Alter von 14–19 Jahren mindestens einmal in der Woche ein Kino. Das entspricht einem Anteil von 24% aller Kinogänger. Die Altersgruppe der 20 bis 29-Jährigen stellt gar einen Anteil von 45% der Kinobesucher (nach Media Perspektiven. Basisdaten 1996, S. 82). Unschwer lässt sich damit die Behauptung belegen: Das Kino ist der Treffpunkt der Jugend. Es steht als wichtigster Freizeitort an erster Stelle und übertrifft die zweitplatzierte Diskothek damit um 10% (Baacke/Schäfer/Vollbrecht 1994, S. 94f.).

Neben diesem quantitativen Aspekt lassen sich aber auch Gründe für das Interesse an den Lichtspieltheatern anführen. An erster Stelle liegt bei 94% der jugendlichen Besucher das Interesse an einem bestimmten Film. Danach folgt der Wunsch nach Geselligkeit (nur 4% gehen alleine ins Kino) und das allgemeine Bedürfnis nach Unterhaltung (a.a.O., S. 103). Die soziale Einbindung zeigt sich auch im typischen Ablauf eines Kinobesuchs. Man trifft sich zunächst mit Freunden, schaut gemeinsam den ausgewählten Film an und beendet den Ausflug häufig mit einem Gespräch. Dies betrifft 64% der jugendlichen Kinogänger (a.a.O., S. 105ff.). Dabei spielt der humoristische Gehalt eines Films die wichtigste Rolle in den Gesprächen. Man unterhält sich zunächst über Filmgags und lustige Szenen. Danach folgen Filmmusik und die Filmfiguren, während Brutalität erst an fünfter Stelle, Erotik gar erst an siebenter Stelle Anlass zum Gespräch bieten (a.a.O., S. 109). Die hier skizzierte Altersgruppe deckt sich zwar nicht ganz mit unserem schulischen Klientel, setzt doch ein Kinobesuch eine schon erweiterte soziale und auch räumliche Mobilität voraus. Sie zeigt aber deutlich die von Koch skizzierte Interessenlage, die von der Schule wenig berücksichtigt wird. Wichtiger noch erscheint dabei die unterlassene Hilfestellung: Eine gezielte Vorbereitung unserer Jugend auf diese Form der Freizeitgestaltung. Einige Hinweise zu einer praktischen Umsetzung in einer systematischen und alle Schulstufen umfassenden Filmschule erfolgen ab Seite 99ff.

1.2 Fernsehen ist Alltag

Die Fernsehnutzung unserer Kinder und Jugendlichen ist das beliebte Thema aller »kulturraisonierenden« (Habermas 1991, S. 193ff.) Medienkritiker, insbesondere die Gewaltwirkung ihr bevorzugtes Thema. Wer gewalthaltige Filme konsumiert, erhöht seine Bereitschaft zur Gewalt oder wird selbst gewalttätig, so lautete ein Vorwurf in der Vergangenheit, der in der gegenwärtigen Diskussion nur noch vereinzelt so vehement vorgetragen wird.[1] Die Gewaltwirkung ist zweifellos ein heißes Eisen, das auch durch die umfangreiche Forschung nicht abgekühlt wurde. Ratlos fragen sich da die Erziehenden, wo finde ich einen brauchbaren Maßstab für meine Entscheidungen? Betrachtet man dazu noch die vielen weiteren Hits auf der Top-Liste der Vorwürfe gegen unser Heimkino, so mutiert das Fernsehgerät umgehend zur »Droge im Wohnzimmer« (Winn 1979). Die Entwicklung im internationalen Vergleich scheint dies zu bestätigen und man fragt sich: Lässt sich das Problem Fernsehen nur noch durch Verbote lösen? Dazu einige Zahlen: In Japan wurden erste *Zapping*-Versuche[2] bei Kindern unter einem Jahr beobachtet, der erste Höhepunkt der Sehhäufigkeit liegt bereits vor dem Schuleintritt. Amerika erscheint uns in den Nutzungszahlen als Land der unbegrenzten Sehmöglichkeiten. Dort erreichen 12-Jährige ein Tagesmittel von 4 Stunden, 25% der Kinder gelten als Vielseher mit über 7 Stunden täglicher Fernsehkost (Groebel 1996, S. 5f.). Doch sollte diese Mischung aus Fakten und Vermutungen nicht in die Resignation treiben. Fernsehen ist Teil des Alltags und der Kinder. Verbote allein nützen hier wenig und eine Dämonisierung des Mediums verschiebt lediglich Verantwortlichkeiten oder eröffnet Nebenkriegsschauplätze. Sie gestatten bequeme Schuldzuweisungen für alle Schwierigkeiten, die vermeintlich oder wirklich mit der Jugend auftreten. Wie sieht nun die Fernsehwirklichkeit in der BRD aus? Dazu einige Zahlen aus der bundesrepublikanischen Gegenwart (vgl. Abb. 12, S. 76).

Ausgehend von den Nutzungszeiten erscheint der Fernsehkonsum als Problem, das mit zunehmendem Alter wächst. Doch dieser Gedanke soll hier nicht weiter verfolgt werden. Für unsere Kinder haben die höheren Nutzungszeiten der Erwachsenen dennoch einen Effekt. Betrachtet man die Altersstufe der Elterngeneration und evtl. noch der Großelterngeneration, so lassen sich zwei Effekte auf das kindliche Fernsehverhalten festhalten:

1 In Deutschland vertritt diese Gewaltwirkungsthese am nachdrücklichsten Glogauer (1991).
2 Unter Zapping versteht man den häufigen Senderwechsel mit der Fernbedienung.

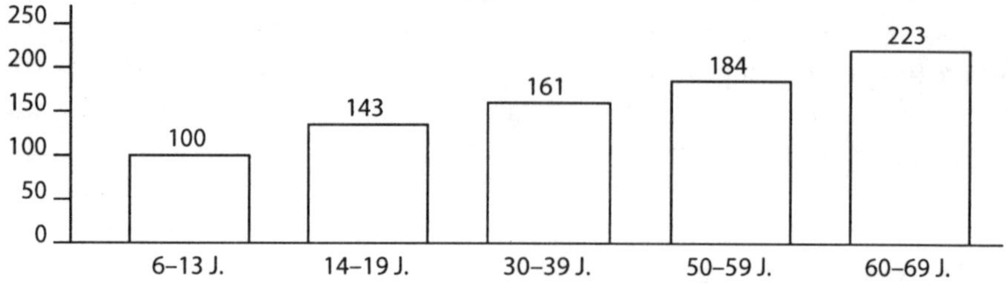

Abbildung 12 **Tägliche Fernsehdauer in Minuten** (Quelle: Media Perspektiven 4/97, S. 187)

Einmal spielt beim eigenen Medienverhalten der Jugend das Vorbild der Eltern eine wesentliche Rolle. Neuere Befunde zeigen, »dass die stärkste Wirkung auf die Fernsehhäufigkeit der 12- bis 18-Jährigen vom Vorbild der Eltern ausgeht« (Oswald/Kuhn 1994, S. 40). Andererseits zwingen gängige Wohnverhältnisse oft zur Gemeinsamkeit vor dem Fernsehgerät. Wer also die Fernsehhäufigkeit von Kindern beklagt und als unerwünscht einschätzt, sollte diese wesentlichen Rahmenbedingungen im häuslichen Kreis nicht übersehen.

Die Fernsehzeiten von Kindern im Alter von 3 bis 13 Jahren lassen sich nach Altersgruppen weiterhin aufschlüsseln:

Tabelle 15 **Täglicher Fernsehkonsum von Kindern** (Mo–So in Min. je Tag)

3– 5 Jahre	81
6– 9 Jahre	96
10–13 Jahre	120

Quelle: Nach Media Perspektiven 4/97, S. 187

Im Vergleich zu den USA zeichnen diese Zahlen ein eher beruhigendes Bild. Doch was nicht ist, kann ja noch werden. Wie sehen mögliche Entwicklungstendenzen aus? Dazu nachfolgend ein Überblick über die letzten Jahre:

Tabelle 16 **Entwicklung der Fernsehdauer** (in Min. je Tag)

Altersgruppe	1993	1994	1995	1996
3–13 Jahre	94	95	95	101
ab 14 Jahre	176	178	186	195

Quelle: Media Perspektiven Basisdaten 1996, S. 68, bzw. Media Perspektiven 4/97, S. 187

In dem angegebenen Zeitraum ergibt sich mit insgesamt 7 Minuten ein unwesentlicher Anstieg, während auch hier in der Gruppe Jugendlicher und Erwachsener der

Fernsehgebrauch doch deutlich von 176 Minuten auf 195 Minuten zunahm. Wenn man überhaupt von einem Fernsehproblem sprechen will, so zeigt sich auch hier: die eigentlichen Problemgruppen liegen eher in den älteren Jahrgängen der Bevölkerung. Zu dieser Folgerung kommen auch Sabine Feierabend und Thomas Windgasse in ihrem Fazit zum Fernsehen von Kindern:

> *»Die dargestellten Befunde der Fernsehnutzung von Kindern für das Jahr 1995 machen deutlich, daß das Fernsehen zwar nicht an Attraktivität im Leben von Kindern eingebüßt hat, gleichzeitig aber auch nicht von einer Besorgnis erregenden Ausweitung oder zügellosem Fernsehkonsum gesprochen werden kann – die tägliche Sehdauer von Kindern ist in den letzten vier Jahren relativ konstant geblieben. Aber es wurde auch deutlich, daß die Vorbildfunktion Erwachsener und dabei speziell der Eltern unter den Fernsehzuschauern eine wichtige Rolle spielt«* (Feierabend/Windgasse 1996, S. 193).

Interessant, wenn auch nicht überraschend, ist eine Aufgliederung der wöchentlichen Durchschnittssehdauer auf einzelne Wochentage. Dazu eine weitere Tabelle:

Tabelle 17 **Fernsehkonsum an Werktagen – Wochenenden** (in Min. je Tag)

Altersgruppe	**Mo – Do**	**Fr**	**Sa**	**So**
3–13 Jahre	90	107	122	119

Quelle: Media Perspektiven 4/97, S. 188

Deutlich wird eine Häufung am Wochenende, vor allem am Samstag, der ja auch allgemein nicht so sehr mit Familienaktivitäten belegt ist. Fernsehzeiten hängen also eng mit den Freizeitmöglichkeiten zusammen. Diese sind natürlicherweise unter der Woche weiter eingeschränkt. Das zeigt sich auch, verfolgt man die Nutzung im Tagesablauf:

Tabelle 18 **Fernsehzeiten im Tagesverlauf** (in % der Altersgruppe)

Uhrzeit	**3–13 Jahre**	**3–5 Jahre**	**6–9 Jahre**	**10–13 Jahre**	**ab 14 Jahre**
3.00– 6.00	0 %	0 %	0 %	0 %	1 %
6.00– 9.00	4 %	4 %	4 %	3 %	2 %
9.00–12.00	7 %	7 %	7 %	7 %	5 %
12.00–15.00	9 %	9 %	9 %	10 %	10 %
15.00–18.00	11 %	9 %	10 %	12 %	16 %
18.00–21.00	17 %	13 %	16 %	22 %	35 %
21.00–24.00	7 %	3 %	5 %	11 %	33 %
24.00– 3.00	1 %	0 %	0 %	1 %	6 %

Quelle: Media Perspektiven 4/97, S. 189

Eine weitere Analyse dieser Zahlen leitet uns direkt über zu den geschauten Inhalten. Liegt die Hauptnutzungszeit zwischen 18.00 und 21.00 Uhr, so kann zu diesem Zeitpunkt wohl kaum ein Kinderprogramm gesehen werden. Im Angebot liegt hier Unterhaltendes, Spielfilme, Serien und Shows. Eine genauere Aufschlüsselung ergab eine Untersuchung in Hamburg (Theunert/Pescher/Best/ Schorb 1992, S. 322). In einer Umfrage bei 96 Kindern nannten diese insgesamt 753 Lieblingssendungen. Die Ergebnisse fasst das Diagramm zusammen:

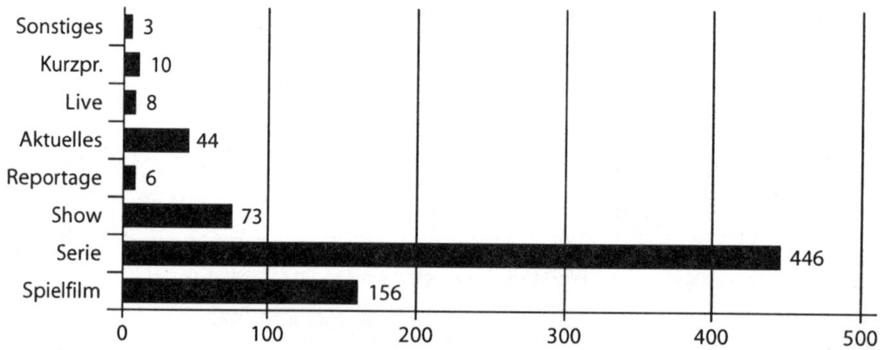

Abbildung 13 **Von Kindern bevorzugte Sendungen**

Das Diagramm zeigt eine eindeutige Präferenz für den Unterhaltungssektor und darin wiederum die Vorabendserie als bevorzugtes Genre. Serien sind für Kinder interessant, denn sie bieten ein hohes Maß an Identifikation. Man kennt seine Pappenheimer und kann lustvoll mit ihnen Freud und Leid teilen. Sie bieten darüber hinaus Sicherheit und Zuverlässigkeit. Auch wenn David Hasselhoffs mühevoll kaschierte Unsportlichkeit wenig Zutrauen in seine Schwimmkünste verspricht, weiß jeder, er wird auch dieses Abenteuer überstehen, denn der nächste Sendetermin für Bay Watch steht bereits fest. Und genau diese Angebote finden unsere Kinder im bevorzugten Vorabendprogramm ihrer Sender – vor allem der Privaten, wie nachfolgende Tabelle über die Marktanteile der Programmanbieter beim Publikum zwischen 3 und 13 Jahren zeigt:

Tabelle 19 **Bevorzugte Sender** (3- bis 13-Jährige)

ARD1	ZDF	ARD3	RTL	SAT1	PRO 7	Super RTL	3sat	RTL2	Kabel
8,5%	6,1%	5,2%	16,1%	8,3%	17,2%	12%	0,4%	11,3%	4,9%

Quelle: Feierabend/Windgasse 1997, S. 191

Für die öffentlich-rechtlichen Programme ein trübsinniges Ergebnis, dessen Gründe leicht feststellbar sind. ARD und ZDF legen aufgrund ihrer Programmstruktur Kindersendungen auf den Nachmittag, zu Zeiten also, wo der kindlichen Fernsehneigung natürliche Grenzen wie Schule, Hausaufgaben usf. gesetzt sind oder freiwillige Aktivitäten wie Spielen mit Freunden, Vereinsangebote usw. eine bessere Alternative darstellen. Das Unterhaltungsbedürfnis am Vorabend wird offensichtlich durch Private mit aktionsreichen Serien oder Game-Shows besser bedient. Allerdings zeigt eine ZDF-Studie, dass Kinder, die das öffentlich-rechtliche Kinderprogramm mit seinen qualitativ akzeptablen Angeboten am Nachmittag bevorzugen, bewusster und zielgerichtet nach Programmzeitschriften auswählen, weniger fernsehen und mehr lesen, Tagebuch schreiben und lieber zur Schule gehen als ihre Altersgenossen mit ausgeprägtem Hang zum Privaten TV (vgl. Müller 1996, S. 227), ein Faktum, das wieder einmal mehr auf die Notwendigkeit schulischer Medienerziehung verweist. Denn Qualitätsbewusstsein beim Zuschauer ist weder genetisch bedingt, noch fällt es einfach vom Himmel. Es muss erworben werden und das kann neben dem Elternhaus auch die Schule leisten.

Das angeführte Zahlenmaterial bietet einige Hinweise für eine zielgerichtete Gesprächsführung im Unterricht zum Thema Medien. Lenkt es doch die Aufmerksamkeit auf neuralgische Punkte im Medienverhalten unserer Schüler.

Unter der Fragestellung

- Wie sieht mein Fernsehwochenende aus?
- Welche Fernsehserien können wir auf eine Liste der Top Ten setzen?
- Welches sind meine Lieblingssender?

aber auch mit Fragen, die auf ein alternatives Angebot verweisen:

- Welche Kindersendungen kennst du?
- Welche davon können wir weiter empfehlen?

oder mit Unterrichtsprojekten:

- Wir gestalten die Fernsehzeitung der Woche,
- der tägliche Fernsehtip,
- der Fernsehtip der Woche als Plakataktion, Wandzeitung oder im schuleigenen Pausenradio,

lassen sich Fernsehgewohnheiten ansprechen und Medienerlebnisse aufarbeiten.

Der quantitative Umfang des kindlichen Umgangs mit dem Fernseher erweitert sich aber noch um einen qualitativen Aspekt. Warum sehen Kinder überhaupt fern, welche Funktionen erfüllt dieses Medium in ihrem Alltag. Die bereits zitierte Hamburger Studie nennt dafür wesentliche Gründe (vgl. Abb. 14, S. 80).

Die Übersicht verdeutlicht einige Motive für das Fernsehen: An erster Stelle steht dabei das konkrete Bedürfnis nach bestimmten Programmen, die auch zielgerichtet angegangen werden. Die befragten Kinder kannten genau ihre Sendungen und deren

Kinder sehen fern, wenn ... (Angaben in Prozent der befragten Kinder)

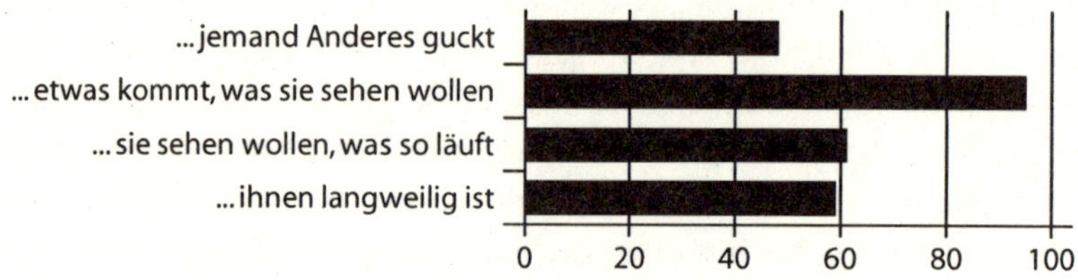

Abbildung 14 **Gründe für den Fernsehkonsum von Kindern**
(Quelle: Theumert et al. 1992, S. 28)

Sendezeiten (91%).[1] Danach kommt die Neugierde: »Sehen wollen, was so abgeht« (61%), besonders wenn natürlich das Gerät im häuslichen Wohnzimmer bereits läuft. Mit diesem Neugierverhalten verbindet sich auch oft ein extensiver Gebrauch der Fernbedienung, in unserer Mediensprache auch *Switching* oder *Zappen* genannt. Diese Neugierde auf Anregendes und Unterhaltendes paart sich noch mit der puren Langeweile (59%). Man schaut, weil sonst nichts im Freizeitkorb liegt. So werden Vorbilder und Wohnverhältnisse zu Mitverursachern häufigen Fernsehens. Neben diesen Motiven lassen sich aber auch grundlegende Bedürfnisse für den Fernsehgebrauch anführen.

Kinder suchen nach Antworten auf ihre Fragen, die sich aus ihrer Lebenssituation ergeben. Das sind Fragen wie etwa: Was heißt es erwachsen zu werden? – Welche Frau, welcher Mann werde ich? Sie nutzen die Programminhalte als Anschauungsmaterial und zur Identitätsfindung (siehe S. 21) oder zur Lösung aktueller Problemlagen. Dazu das kritische Fazit aus der bereits erwähnten Hamburger Studie:

> »*Mädchen und Jungen sind in den Angeboten des Fernsehens gleichermaßen auf der Suche nach Vorbildern und Anschauungsmaterial, mit denen sie ihre realen Erfahrungen überprüfen und erweitern können. Ihrer Unsicherheit auf dem Weg zu einer eigenen Identitätsfindung begegnet das Fernsehangebot vorwiegend mit Stereotypen und Personen, Verhaltensmustern und Lebensbildern und fixiert insbesondere ein Männer- und Frauenbild, das rückwärts gewandt ist.*
> *Die angebotenen Stereotypen sind so eng, daß Kinder, die sich in speziellen Problemlagen befinden und spezifische Fragen haben, keinerlei Anhaltspunkte für Orientierungen finden. Die Programm-Angebote unterstützen diese Kinder nur in ihrem Bestreben, sich von der Realität abzulenken*« (Theunert et al. 1992, S. 196).

Neben der hier vorgetragenen Kritik an den Programmmachern – die öffentlich-rechtlichen Anstalten bieten hier durchaus Alternativen – wird dreierlei deutlich:

1 Auch die Studie »Kinder und Medien 1990« kommt zu dem Schluß, daß sich Kinder sehr wohl gezielt mit Programmzeitschriften über das Angebot informieren (Klingler/Groebel 1994, S. 68).

- Kinder messen ihrer Fernseherfahrung durchaus an der Realität ihres Alltags. Der viel befürchtete Wirklichkeitsverlust ist also keine zwingende Folge des Fernsehkonsums.
- Decken sich jedoch Alltags- und Fernseherlebnisse (Gewalt als erfolgreiche Verhaltensweise, Frauen-, Männerverhaltensweisen, Normen und Werte, die in der Familie gelebt werden), so kann ein sozialisierender Effekt des Mediums nicht ausgeschlossen werden.
- Übersteigen die Alltagsprobleme die kindliche Kraft, so bietet das Fernsehen Ersatzwelten und Fluchtpunkte zur Genüge (siehe Eskapismus, S. 21).

Es zeigt sich hier aber auch deutlich: Wer Fernsehwirkungen auf Kinder einschätzen will, kann dies nicht tun, ohne die individuellen Voraussetzungen und die jeweilige Lebenswelt mitzubeachten. Denn nicht jeder bekommt einen Schnupfen, wenn sein Nachbar niest. Und nicht jedes Kind wird gewalttätig, weil es im Fernsehen mit Gewalt konfrontiert wurde. Aber so wie eine fehlende Widerstandskraft die Gefahr der Erkältung vergrößert, können auch bestimmte ungünstige Voraussetzungen die Einflussnahme durch das Fernsehen evtl. begünstigen. In der neueren Forschung wird dabei von einer Wechselwirkung ausgegangen: Aggressionsbereitschaft und aggressives Verhalten führt zur bevorzugten Wahl gewalthaltiger Medienangebote – diese wiederum wirken bestätigend für die eigene Disposition. Es folgt ein Wechselwirkungsprozess, der, vorsichtig ausgedrückt, individuelle Gewaltbereitschaft und individuelles Gewaltverhalten verstärken kann.[1] Das sind sicher keine vernachlässigbaren Gefahren. Doch sollte das Augenmerk der Erzieher vielmehr auf präventiven Maßnahmen liegen. Und diese können nur aus einer Erziehung zu einem kompetenten Umgang mit Medien bestehen.[2]

Ein weiterer wesentlicher Gesichtspunkt zur Beantwortung der Frage: Was macht die Attraktivität des Fernsehens aus? liegt in der so genannten *Stimmungskontrolle* oder auch *mood management* (vgl. Zillmann 1988, S. 147–172). Misslaunigkeit nach Stress in der Schule, der Familie oder mit Freunden wird durch einige Fernseheinheiten gedämpft. Ebenso können bestimmte Inhalte euphorisierend wirken, die Stimmung anheizen oder auf einem hohen Niveau erhalten. Geeignet sind hier spannungs- und aktionsreiche Filme, Musikclips, emotional Bewegendes usw.:

> »*So zeigen entsprechende Untersuchungen, daß durch Langeweile verursachte schlechte Laune durch beruhigende Sendungen beseitigt werden. Ebenso kann durch Überstimulation verursachte schlechte Laune durch beruhigende Sendungen verbessert werden. Andererseits kann gute Stimmung durch die Rezeption von Sendungen erhalten werden, die Ähnlichkeit mit der stimmungsauslösenden Situation haben*

1 Vgl. Kunczik (1996, S. 169). Kunczik geht von einem Wirkungszusammenhang reale Gewalt – Mediengewalt von höchstens 1–4%, bezogen auf alle Zuschauer, aus. Vgl. hierzu auch Kleiter 1993, S. 121ff.

2 Ein Unterrichtsbeispiel zur Thematisierung von TV-Gewalt findet sich in: Beuck 1997, S. 51–54.

(= »Mood-Message-Affinity«). Gute Stimmung kann auch durch das Ansehen von wenig involvierenden, unterhaltenden Sendungen verlängert werden« (Winterhoff-Spurk 1996, S. 147).

1.3 Fernsehen auf Konserve

Der dritte Bereich audiovisueller Medien, der hier angesprochen werden soll, ist der *Videorecorder*. Zu Beginn der 80er Jahre sorgte dieses Medium für Furore und 1985 gar für eine Änderung des JÖSchG (Gesetz zum Schutz der Jugend in der Öffentlichkeit). Gewalt und Pornografie auf Kassetten gelangte plötzlich und in großem Umfang in die Wohnstuben lüsterner Biedermänner. Man konnte sehen ohne gesehen zu werden. Inzwischen gehört der Videorecorder fast zur medialen Grundausstattung und auch das Angebot ist breit und ausgeglichen. 61,5% aller Bundesbürger lebten 1996 in Haushalten mit diesem Abspielgerät (Media Perspektiven. Basisdaten 1996, S. 65). Der Verleih an bespielten Kassetten dagegen ist rückläufig. Von 9.500 Videotheken im Jahr 1990 schrumpfte die Zahl der Verleiher auf 6.200 in 1995. Die Umsätze im Verleih fielen im gleichen Zeitraum von 1.009 auf 740 Millionen DM. Dagegen stiegen die Umsätze im Verkauf von 300 auf 1.040 Millionen DM (a.a.O., S. 64).

Aber auch das Angebot änderte sich. Von der ursprünglichen Horror- und Pornothek ist wenig übrig geblieben. An erster Stelle stehen *Action* (29,28%) gefolgt von Komödien (21,54%). Schlitzen und Schlachten im Horrorvideo rangierten schon abgeschlagen mit 3,3% auf dem siebten Platz. Jugendgefährdendes Lustgeschrei sinkt bereits unter die Marke statistisch erfasster Verleihvorgänge (a.a.O., S. 64). Das klingt nach Entwarnung an der Front gesetzmäßiger Jugendschützer, so dass hier die Darstellung üblicher und alltäglicher Nutzung genügen soll.

Vier Minuten täglich verwendet der Bundesbürger für die audiovisuelle Konserve. Jugendliche zwischen 14 und 18 Jahren übersteigen diesen Wert zwar beträchtlich, bleiben aber mit 9 Minuten noch im bescheidenen Rahmen. Diese Zahlen sind übrigens in den letzten Jahren weitgehend konstant trotz der Zuwachsraten im Gerätebestand (a.a.O., S. 68). Video also ein zweitrangiges Medium? Das marginale wissenschaftliche Interesse, gemessen an den geringen Veröffentlichungen spricht genauso dafür, wie das sinkende Interesse der Bevölkerung. Mitte der 80er Jahre verwendeten noch 30% der Videobesitzer ihr Gerät täglich, 1990 waren es noch 20 Prozent (Müller-Neuhof/Heuzeroth 1993, S. 383). Lediglich für spezielle Interessen findet das Medium noch Anwendung. So bei den Kindern für Zeichentrickfilme (Klingler/Groebel 1994, S. 150), bei Jugendlichen sind es aktionreiche Spielfilme (Eimeren/Klingler 1995, S. 215). Aber gegenüber den aktuellen Angeboten des Fernsehens findet Video nur einen randständigen Zuspruch und erlangt Bedeutung nur bei *Special-Interest-Groups* wie Horrorfans, Karate- und Kung-Fu-Liebhabern usw., auf die hier aber nicht weiter eingegangen werden kann.

Zusammenfassung

Visuelles im sozialen Treffpunkt Kino, zu Hause im Fernsehen und z.T. auch auf Video spielt für unsere Kinder eine so bedeutsame Rolle, dass die geringe Beachtung dieser Medien im Unterricht eigentlich unverständlich bleibt. Sie organisieren soziale Begegnungen, schaffen Gesprächsanlässe, bieten Identifikationsmuster und damit auch manchmal zweifelhafte Orientierungen, dienen der Regulierung persönlicher Stimmungslagen und dem Unterhaltungsbedürfnis. Dabei ist der Spielfilm im weitesten Sinne, als Serie oder als Langfilm, die bedeutendste Sparte. So häufen unsere Kinder und Jugendlichen Wissen und sekundäre Erfahrungen in einer nicht abschätzbaren Größenordnung an, ohne dass unsere Erziehungs- und Bildungsinstitutionen auch nur annähernd bereit wären, dies zur Kenntnis zu nehmen, vermittelnd und ordnend einzugreifen und zu einer kritischen Medienkompetenz anzuleiten.

2. Der Filmeinsatz im Unterricht

2.1 Was leistet der Film als Unterrichtsmedium?

Zunächst gilt es, ausgehend vom Medium und seinen Möglichkeiten, die Frage anzugehen: Was kann der Film für den Unterricht leisten? Nachfolgende Punkte illustrieren einige spezifische Merkmale:

Realitätsnähe. Der Film ist die z.Z. realitätsgetreueste Wiedergabe von Wirklichkeit. Die Kamera konserviert Form, Farbe und Bewegung aber auch den Ton synchron zum Bild.

Informationsdichte – Polyvalenz. Die Optik der Filmkamera erfasst alles, was in ihrem Blickwinkel erscheint in einer hohen Auflösung (Bildschärfe). Damit ist der Film der Sprache in seinem Anwendungsbereich weit überlegen. Beschreiben Sie einmal eine kurze Videosequenz! Allein die Aufzählung der Bilddetails füllt viele Seiten und ihre exakte Anordnung ist schon kaum mehr möglich. Viele Informationen erscheinen gleichzeitig (Einzelbild) und in raschem Wechsel (Bildfolge, Filmschnitt). Erst das gestalterische Eingreifen des Kameramannes bringt Ordnung in die Bilderflut, trennt Wesentliches vom Unwesentlichen, lenkt so die Aufmerksamkeit des Betrachters und steuert die Geschwindigkeit des Informationswechsels, um die Wahrnehmungskapazität des Betrachters nicht zu sprengen.

Zeitbezug. Der Film kann einen Vorgang in Echtzeit abbilden, d.h. die gefilmte Zeit und die Zeit im Film sind identisch. Dies erlaubt die Darstellung zeitgebundener Abläufe, Handlungen, Bewegungsformen, Produktionsprozesse, dynamischer Prozesse usw. Aber auch Zusammenhänge und Vergleiche lassen sich wiedergeben und erlauben so eine dynamische Anschauung (siehe S. 39).

Räumliche Darstellung. Die Folge vieler Einzelbilder im Film ermöglichen auch die Darstellung von Räumlichkeit. Ein Objekt erscheint so in vielen Facetten. Die Bewegung eines Tieres vor der Kamera gibt gleichzeitig auch seine Körperlichkeit wieder, Kameraschwenks oder Kamerafahrten um den Gegenstand herum zeigen dessen räumliche Beschaffenheit.

Anschaulichkeit. Die hohe Anschaulichkeit des Films wird nicht nur durch seine Wirklichkeitsnähe erreicht, sondern auch durch Veränderung gewisser Bedingungen. So lassen sich Gegenstände beliebig durch Vergrößerung sichtbar machen, Verkleinerungen schaffen einen Überblick. Der Zeitraffer lässt unmerkliche Prozesse als rasche

Bewegung sichtbar werden (Wachstum einer Pflanze) und die Zeitlupe dehnt zu rasche Bewegungen auf eine wahrnehmbare Geschwindigkeit (Sportaufnahmen). Weiterhin können unerreichbar ferne Gegenstände (Landschaften) realitätsgetreu ins Klassenzimmer geholt werden. Zooms heben relevante Details hervor und lenken die Aufmerksamkeit.

Multimedialen Charakter. Der Film verbindet in seiner gewohnten Form Bild und Ton und hat so einen multimedialen Charakter. Dies unterstützt seine Realitätsnähe (z.B. ergänzende Geräusche), seine Informationsdichte (z.B. bei Kommentaren) und seine Emotionalität (z.B. Filmmusik).

Emotionalität. Das Filmimperium Hollywood baut auf die leuchtenden oder tränennassen Augen seiner Kinobesucher. Ein Film trifft emotional – ohne diese Wirkung gäbe es keine Traumfabrik. Wesentliche Bestandteile der Filmgestaltung dienen diesem Zweck. Dramaturgie, Schnitt, Beleuchtung, Perspektive, Filmmusik zielen auf den Gefühlshaushalt der Zuschauer und reizen zur Heiterkeit, Trauer, Schrecken oder Angst.

Eigenproduktion. Über 13% (Media Perspektiven. Basisdaten 1996, S. 65) aller bundesdeutschen Haushalte sind im Besitz einer Videokamera. Diese Verbreitung und die wirklich kinderleichte Bedienung eröffnen dem Unterricht noch kaum genutzte Chancen. Beobachten, erzählen, dokumentieren, informieren, erkunden, Verhalten trainieren u.a.m. sind Beispiele für einen vielseitigen Einsatz dieses Mediums zur Unterrichtsgestaltung (siehe S. 101ff.).

Das Leistungsspektrum des Films und sein Nutzen für den Unterricht sind beträchtlich und werden in der Praxis immer noch zu wenig genutzt. Andererseits knüpfen sich an das Medium Film einige Voraussetzungen, die über einen effektiven Einsatz mitentscheiden.

2.2 Mit welchen Schwierigkeiten muss beim Filmeinsatz gerechnet werden?

Drei wesentliche Gesichtspunkte beeinflussen den Erfolg des unterrichtlichen Filmeinsatzes:

- die individuellen Wahrnehmungsleistungen der Schüler,
- die medienspezifischen Merkmale des Films und
- gesellschaftlich-kulturelle Phänomene.

Welche Wahrnehmungsprobleme lassen sich im Einzelnen anführen?

Ich sehe was, was du nicht siehst – Die individuelle Selektion der Inhalte. Ein Filmausschnitt: Schauplatz eine City irgendwo. Handlung: Ein PKW der Luxusklasse fährt an einer Gruppe Straßenkinder spät abends vorbei. Am Steuer: eine sehr hübsche junge Frau, auf dem Beifahrersitz ein älterer Herr. Frage: Worauf würden Sie Ihr Auge werfen und welche »Deutungen« gehen Ihnen dabei durch den Kopf? Etwa Chauvinistisches: »Frau am Steuer...!« oder Emanzipatorisches: »Typisch, Alter spielt keine Rolle, Hauptsache die Kasse stimmt!« Vielleicht denken Sie auch über soziale Gegensätze nach: verwahrloste Jugend kontra persönlicher Reichtum. Für Erziehende stellt sich die Frage nach Fürsorge und Aufsicht: »Wenn das meine Schüler wären. So spät am Abend!« Oder: ...?

Der Film ist nicht nur Abbildung von Realität, seine Wahrnehmung keine verlustfreie Speicherung. Ganz im Gegenteil. Unsere Wahrnehmung ist von vielerlei Faktoren abhängig, sie ist sozial vermittelt und durch persönliche Erfahrungen, gesellschaftliche Stellung, Bildung, Erziehung. aktuelle Anlässe oder Stimmungen geprägt. Beim Filmeinsatz im Unterricht kann also nicht mit einer einheitlichen Wahrnehmung aller Schüler gerechnet werden. Schafft es der Film nicht, die zentralen Unterrichtsziele deutlich zu machen und ist die Lerngruppe nicht auf den Film vorbereitet, so dass notwendige Schemata aktiviert sind, gefährdet die selektive Wahrnehmung von Nebensächlichkeiten den Unterrichtserfolg.

Mediengewohnheiten der Schüler. Filme im Alltag, über TV, Video oder im Kino, dienen der Unterhaltung bei fehlenden Alternativen, der Entspannung und Ablenkung (Kompensation). Sie gleichen Stimmungen aus, stiften soziale Kontakte (Gesprächsstoff) oder lenken von der negativ empfundenen Umwelt ab (Eskapismus, siehe auch S. 21). Diese Funktionen variieren von Individuum zu Individuum und bei jedem einzelnen nach der aktuellen Situation. Das unterrichtliche Filmangebot trifft somit auf eine Vielzahl unterschiedlich motivierter Individuen mit unterschiedlichsten Vorerfahrungen. Es ist leicht einsichtig, dass diese Voraussetzungen nicht alle produktiv den Lernprozess mit dem Medium unterstützen.

Erwartungshaltungen der Schüler. Jedes Medium hat sein eigenes Image. Nach der Einschätzung durch die Nutzer (Attribuierung) gelten Film und Video allgemein als leicht verständliche Medien, die keine große Anstrengung erfordern. Medien verringern aber den Lernerfolg dann, wenn sie die Anstrengungsbereitschaft reduzieren. Dies kann für das Lernen verhängnisvoll sein. So zeigen die Untersuchungen von Salomon (1983, 1984), dass der zum Lernen notwendige »mental effort« – die geistige Anstrengung – bei dieser Einschätzung nicht erbracht und somit auch weniger gelernt wird. Gleichgültigkeit, Freude über eine willkommene Abwechslung oder darüber, den direkten Erwartungen des Lehrers und seiner Kontrolle kurzfristig zu entgehen, genüssliches Zurücklehnen und die Hoffnung auf Entspannung und Unterhaltung usw. stellen Faktoren dar, die den Erfolg des Filmeinsatzes gefährden können. Der wichtige und nüchterne Hinweis im Biologieraum: »Schau ihm auf den Schnabel« hat zwar seine volle Berechtigung, doch kann er mit Bogarts »Ich schau dir in die Augen Kleines« nicht konkurrieren.

Besonderheiten des Mediums Film

An zweiter Stelle gilt es Medienspezifika des Films zu beachten:

Die Informationsvielfalt und Vieldeutigkeit (Polyvalenz). Die Informationsdichte eines Films erfordert oft eine sehr hohe Wahrnehmungsleistung vom Betrachter, vor allem, wenn man die kurze Darstellungszeit des Bildes mit einbezieht. Selbst bei längerer Darbietungszeit kann ein Betrachter nur sieben bis neun Elemente einer Einstellung erkennen und speichern (vgl. Wetzel/Radtke und Stern 1994, S. 120). So tritt rasch Überforderung ein: Man nimmt nur Informationsbruchstücke wahr. So fördert die Informationsdichte eine selektive Wahrnehmung beim Rezipienten, aber auch ein Abschweifen hin zum Unwesentlichen und Belanglosen, d.h. auf nicht lernzielrelevante Informationen: der schicke Sportwagen erscheint wichtiger als die dargestellte Verkehrssituation.

Darbietungszeit und Filmgeschwindigkeit. In ihren Untersuchungen über die Wirkung der kurzen Darbietungszeit (»Theorie der fehlenden Halbsekunde«) von Bildsequenzen im Fernsehen kommt Hertha Sturm zu dem Ergebnis:

> *»Der Zuschauer wird – anders als im realen Leben – von Bild zu Bild getrieben, es stehen ihm oft nicht einmal Halbsekunden zur Verfügung, um das jeweilige Gezeigte vorausbedenkend oder nachher – innerlich verbalisierend – zu begleiten und das meint, eine Kategorisierung des Gesehenen, ein Einbringen in eigene, kognitive wie emotionale Bezugssysteme ist sehr erschwert, wenn nicht unmöglich, zumindest während der jeweiligen Darbietung«* (Sturm 1989, S. 95).

Eine Bilderfolge mit raschem Wechsel und kurzen Einstellungen verhindert das »innere Verbalisieren« (Sturm 1989, S. 57) und damit eine kognitive Durchdringung des Gesehenen. Der Film wird zum Erlebnis mit einer zeitstabilen emotionalen Erinnerung ohne einen Lerneffekt (Sturm 1989, S. 58). Das lässt sich leicht anhand eigener Erfahrungen überprüfen: Die emotionale Bewertung von Diskussionsteilnehmern einer Talkshow – waren sie brillant, langweilig oder beeindruckend – bleiben länger im Gedächtnis als ihre Ausführungen.

Multimedialer Charakter. Der Film verbindet in seiner gewohnten Form Bild und Ton. Beim Unterrichtsfilm nun erscheint Ton sehr häufig in Form von Erklärungen, Kommentaren, Hinweisen usf. Hier ergibt sich ein wesentliches Problem der Text-Bild-Schere:

»Divergieren die emotionale Besetzung bei Bild und Text zu stark, so sind sowohl Verständnis als auch Behaltensleistungen erschwert. Wir haben es also zu tun mit Diskrepanzen zwischen emotionaler, physiologischer Erregung und kognitiv verlangter Decodierungsleistungen, die das Problem der Wissensvermittlung durchaus verschärfen und belasten« (Sturm 1989, S. 69).[1]

Die Lernenden müssen sich sowohl auf attraktive, vielleicht auch emotional geladene Bilder und auf geistig anspruchsvolle Erklärungen konzentrieren. Dies führt u.U. zu einer Überforderung. Das reizvolle Bild gewinnt, der informative Text verrauscht und der Lernerfolg bleibt auf der Strecke. Internationale Konferenzen, die einen schwierigen und abstrakten Vertragsabschluss beinhalten, werden in den Nachrichtensendungen gern mit händeschüttelnden Außenministern bebildert. Die Information über Ziele und Ergebnisse der jeweiligen Konferenz im Kommentar erhalten dabei wenig Aufmerksamkeit beim Publikum, die konkreten Bilder dagegen mehr, da sie weniger Anstrengung erfordern. So weiß man zwar, dass der Außenminister in Ägypten war, das Ziel seiner Reise belastet unser Gedächtnis dagegen nicht.

Emotionalität. Der Anblick eines Buntspechts auf der Leinwand wird kaum jemanden zu Tränen rühren. Dennoch kann gesagt werden: die Attraktivität des Films beruht zunächst auf seiner emotionalen Wirkung. Dies ist nützlich, wenn man »Nähe« als Anschauungsprinzip fordert oder Betroffenheit erwartet, etwa zur Motivation. Dies ist hinderlich bei der Aufnahme von Sachinformationen

Eine bei kommerziellen Bildungssendungen des Fernsehens beliebte Strategie der Zuschauerbindung, besonders in den USA, liegt in der Einfügung anregender Zusätze im informativen Film. Humoristische Einlagen und Spielhandlungen sollen die Aufmerksamkeit wecken oder erhalten und durch höheres Interesse Lernerfolg sichern. Der Sinn besteht darin, den jungen Zuschauer an das Gerät zu fesseln, um so das didaktische Anliegen nicht an der Fernbedienung scheitern zu lassen. Diese zeigt auch Erfolge, wenn die lustigen Spielszenen getrennt von der Informationsdarbietung in eigenen, gut verteilten Einschüben ins Programm aufgenommen werden. Kontraproduktiv ist diese emotionale Gestaltung, wenn sie unmittelbar mit der Information konkurriert (nach Zillmann 1989, S. 83ff., S. 95; vgl. auch Wetzel et al. 1994, S. 145). Auf Filmszenen, die stark erregen (z.B. Gewalt, Sexualität) folgt zunächst eine Aufmerksamkeitslücke. Dieses Loch der Blindheit ist um so stärker, je höher die Erregung ausfällt. Eine Informationsaufnahme findet in dieser Zeit nur eingeschränkt statt. Danach erhöht sich zwar die Aufmerksamkeit und verbesserte Lernleistungen sind zu erwarten, für die Zeit der Erregung gilt dies aber nicht (vgl. Zillmann 1989, S. 88ff.).

1 Vgl. hierzu weitere Informationen zum Verhältnis von Sprache und Bild in: Ballstaedt 1990, S. 29–46, bes. S. 36; Ballstaedt/Molitor/Mandl 1989; Wember 1976, S. 43ff.

Verständlichkeit und Adressatenbezug. Verständlichkeit korrespondiert unmittelbar mit den Adressaten, seinem Alter und seinen Vorkenntnissen. Das gilt natürlich für die Sprache der Kommentare, Erklärungen usf., aber auch für die filmische Gestaltung. Schnitte mit wechselnden Räumlichkeiten, Schwenks und Kamerafahrten sowie parallele Handlungsstränge erfordern eine rasche Orientierung, um den Zusammenhang oder den Handlungsverlauf zu erkennen. Besonders Schüler/innen der Grundschule überfordert diese Gestaltung rasch und führt zu einer nur auf einzelne Episoden des Films beschränkte Wahrnehmung (vgl. Keilhacker et al. 1967, S. 108ff.).

Gesellschaftlich-kulturelle Phänomene

Allgemeine gesellschaftliche und kulturelle Phänomene ergeben sich aus der Medientradition und den Produktionsbedingungen.

Die »Film- und Fernsehente«. Medienkritik hat Tradition, soweit es die Printmedien betrifft. »Der lügt wie gedruckt« – oder die »Zeitungsente« sind umgangssprachliche Hinweise für eine allgemein kritische Haltung. Der Film verführt durch seine naturgetreue Abbildung: »Was ich gesehen habe, kann nicht falsch sein!« zu einer unkritischen Arglosigkeit. Eine kritische Haltung kann zwar erhofft, aber nicht immer vorausgesetzt werden.

Wirklichkeit aus zweiter Hand. Der Film konstruiert Wirklichkeit auf zweierlei Weise. Auf Seiten des Rezipienten erfolgt eine Auswahl und Sinndeutung des Wahrgenommenen (oder für wahr gehaltenen) – auf Seiten des Produzenten ist die Abbildung von Wirklichkeit der persönlichen Selektion und dem Arrangement der Realitätspartikel unterworfen. Dieser Konstruktionsprozess von Wirklichkeit: hier die Schüler/innen mit ihrem Verständnis, ihrer individuellen Wahrnehmung – vielleicht auch Faszination – da die gestaltenden und auswählenden Produzenten mit ihren Absichten, verschärft die Problematik der Wirklichkeit aus zweiter Hand und bereitet der didaktischen Planung erhebliches Kopfzerbrechen. Auf der einen Seite der Unterrichtsinhalt: Das Eichhörnchen – da ein passender Film aus der Medienzentrale. So einfach gestaltet sich die Filmauswahl leider selten. Besonders im Bereich der politischen Bildung bedarf es einiges an Fingerspitzengefühl, die ideologische Komponente zu erkennen, sie bei der Filmwahl zu berücksichtigen und im Unterricht zu thematisieren oder gegebenenfalls auf den Film zu verzichten. Der Filmeinsatz erfordert Distanz und kritische Haltung, um eine naive Gleichsetzung von Abbild und Wirklichkeit zu vermeiden.

2.3 Auswahlkriterien für den Unterrichtsfilm

Ein gut durchdachter Filmeinsatz bedarf der Planung, die bei der Auswahl des geeigneten Materials beginnt. Dazu nun einige Auswahlkriterien:

Lernziele. Als Leitmedium konzipiert beinhaltet der Unterrichtsfilm Lernziele. Der klassische Unterrichtsfilm des FWU benennt diese Zielvorstellungen in den Begleitheften. Bei Unterrichtsmaterialien wie Fernsehmitschnitten oder Kaufvideos sind diese Lernziele erst nach einer Analyse des Materials erkennbar. Sie gilt es zunächst mit den eigenen Zielvorstellungen zu vergleichen, um so zu einer Entscheidung über den Unterrichtseinsatz zu gelangen. Entsprechen die vorgegebenen Ziele nur teilweise den eigenen Vorstellungen, kann eine Anpassung durch eine verkürzte Filmdarbietung, möglicherweise aber auch durch eine genaue Aufgabenstellung vor der Filmvorführung erfolgen. Die Unterrichtsziele bestimmen also zunächst den Auswahlprozess. Eine allgemein gültige Kriterienliste für die Filmwahl kann es auf Grund unterschiedlicher Zielsetzungen nicht geben.

Einsatz im Unterrichtsverlauf. Je nach Unterrichtsphase ändern sich auch die Auswahlkriterien für den Film. Zur Motivation z.B. ist eine emotionale Filmgestaltung erwünscht, in einer Präsentation u.U. mehr Sachlichkeit gefordert.

Filmlänge. Für Erwachsene wurde eine maximale Filmdauer von 25–30 Minuten bei Sachfilmen als effektiv ermittelt (Wetzel et al. 1994, S. 138f.). Für Schüler kann dieses Limit auf 20 Minuten oder weniger reduziert werden. Die Polyvalenz des Films und die Aufnahmekapazität der Zuschauer begründen die Entscheidung für möglichst kurze Filme.

Verständlichkeit der verwendeten Sprache. Zunächst muss die Sprache von Kommentaren und Erläuterungen dem Niveau der Schüler entsprechen. Sie sollte sich aber auch dem Bildinhalt anpassen. Sachliche Kommentare zu emotional besetzten Bildern wie auch humorvolle oder dramatisierende Erläuterungen zu einer sachlich gestalteten Bilderfolge verstärken die »Text-Bild-Schere« (vgl. S. 87f.) und behindern den Lernerfolg.

Aber auch inhaltlich liegen Text und Bild oft weit auseinander oder sie entsprechen sich vollständig. Wiederholt der Sprecher lediglich den Bildinhalt, so bietet er keine neue Information. Die Erläuterung bleibt überflüssig. Bietet der Kommentar eine abstrakte Darstellung zu einem mit Bildern veranschaulichten, konkreten Beispiel, so kann die Verstehensleistung der Schüler überfordert werden. Durch eine Überlastung des Kurzzeitgedächtnisses (Overload) können nicht beide Informationssysteme, Bild und Sprache, gleichzeitig verarbeitet werden. Das attraktivere Bild gewinnt, die wichtige, gesprochene Information verrauscht. Geeignet erscheinen Kommentare, die auf den Bildinhalt verweisen und diesen so ergänzen, dass keine Konkurrenz zwischen Bild und Text entsteht.

Adressatenbezug. Filme, die auf eine genau bestimmte Zielgruppe abgestimmt sind – soweit dies überhaupt möglich ist – erfüllen die Forderung nach Verständlichkeit. Sie bieten Lebensnähe, lassen aber auch allzuleicht die für das Lernen notwendige Fremdheit vermissen. Viel Neues dagegen bieten eher Filme, die adressatenunspezifisch gestaltet sind. Sie erfordern beim Betrachter eine Transferleistung und damit einen höheren mentalen Aufwand. Eine hundertprozentige Anpassung an die Adressaten kann aber selbst in der relativen Homogenität einer Schulklasse nie erreicht werden. Dafür sind die Erwartungen, Interessen, Bedürfnisse und Vorkenntnisse zu unterschiedlich (vgl. S. 86f.). Es sind also immer flankierende Maßnahmen im Unterricht erforderlich, welche die Aufmerksamkeit lenken und den Verstehensprozess begleiten und unterstützen.

Bildgestaltung. Hier wiederholen sich die Forderungen an das Bild (siehe S. 45ff.). Da unsere Aufnahmekapazität beschränkt ist (s.o.), muss die Gestaltung Wesentliches herausarbeiten. Salomon (1976, S. 56ff.) hat in einer Studie ein spezifisch filmisches Ausdrucksmittel in seiner Effektivität untersucht. Dabei ergab sich, dass besonders Zooms auf das zentrale Objekt den Lernerfolg unterstützen. Der Schüler hat dabei die Chance, den zentralen Lerngegenstand in seinem Kontext und in seiner Eigenart zu erfahren, da der Übergang von der Totalen zum Detail kontinuierlich erfolgt und kein abrupter Wechsel überbrückt werden muss.

Dramaturgie. Schnittfolgen wirken abwechslungsreich. Sie schaffen aber auch Lücken in der Informationsdarbietung. So wird etwa das Zeitkontinuum unterbrochen oder die Kamera nimmt einen Standortwechsel vor. Hier stellt sich die Frage, ob Schüler/innen diese jeweiligen Lücken überbrücken können, d.h. Verständnis noch möglich ist.

Musikuntermalung gibt einer Filmsequenz eine emotionale Färbung. Erzeugt sie Spannung, so richtet sich die Aufmerksamkeit auf ein zukünftiges Ereignis und lenkt von einer genaueren Beobachtung des gezeigten Ablaufs oder der Handlung ab.

Die hier angeführten Auswahlkriterien können nur als Anhaltspunkte dienen. Eine generelle und allgemein gültige Bewertungsskala für alle Unterrichtsfilme kann es nicht geben. Es gilt immer zwischen

- Unterrichtszielen,
- Voraussetzungen der Schüler und
- Gestaltungsmitteln

in der jeweiligen Situation des Filmeinsatzes zu vermitteln.

2.4 Zur Integration des Films in den Unterricht

»*Ziel der Eingliederung der Medienverwendung in den Unterricht ist es, die AV-Medien aus ihrer dominanten Rolle und Stellung im Unterricht herauszunehmen; Unterricht soll nicht an die zumeist allgemein gehaltenen und unspezifischen Fertig-Medien zentraler Produktionseinrichtungen angepaßt werden*« (Bachmair 1979, S. 102).

Ein Film an sich ergibt noch keinen Unterricht. Er ersetzt noch weniger die Lehrerpersönlichkeit, allenfalls kann er diese kurzfristig entlasten. Wichtig erscheint eine »Eingliederung« in die Unterrichtssituation, gerade bei Medien, die als Leitmedium oder gar Selbstlernmedium verstanden werden. Diese Integration erfolgt hier auf zwei Ebenen.

Zunächst soll einmal beschrieben werden, für welche Unterrichtsbereiche ein Film eingesetzt werden kann und welche Auswahlkriterien hierbei helfen. In einem zweiten Schritt gilt es, geeignete Maßnahmen zu ergreifen, die den Filmeinsatz im Unterrichtsverlauf verankern.

Filmeinsatz in den Unterrichtsphasen

Tabelle 20 **Filmeinsatz in den Unterrichtsphasen**

Unterrichtsphase	**Medienfunktion**	**Leistung des Unterrichtsfilms**
Motivation	motivieren	Emotionale Betroffenheit: Spannung, Humor
Präsentation	informieren	Informationsdichte, Realitätsbezug
Veranschaulichung	intensivieren	Lupeneffekt durch Vergrößern, Zeitdehnung, Zeitraffer
Übungs-, Selbstlernphasen	aktivieren, individualisieren	Eigene Videobearbeitung durch Vertonen, Kommentieren, Schneiden usw.
Wiederholung	memorieren	Erinnerungshilfe durch Wiedererkennen
Kontrolle	rückmelden	Ergänzen des Films, Feedback durch Videoaufzeichnung, Verhaltenstraining
Anreicherung, Enrichment	bereichern	Unterhaltungswert, Abwechslung

Zur *Motivation* eignen sich besonders kurze Filme,

- die ein Thema oder eine Problematik anreißen, bewusst machen, aber nicht erschöpfend darstellen,
- die kontroverse Standpunkte verdeutlichen,
- die durch ihre emotionale Färbung auf das Thema einstimmen, durch ihre Attraktivität Interesse oder emotionale Betroffenheit wecken,
- welche die angestrebten Lernziele unterstützen und das Interesse nicht in eine unerwünschte Richtung lenken und
- Eigenproduktionen, die das Interesse der Schüler am Medium ansprechen oder die Gewohntes durch neue Sichtweisen attraktiver machen.

Zur *Präsentation* von Lerninhalten eignen sich Filme,

- die durch ihre Informationsdichte und ihren Realitätsbezug zur direkten Erfahrung oder zu anderen Medien (Bild, Ton usw.) die bessere Alternative darstellen,

- die reale Ereignisse zugänglich machen (räumliche Distanz: Geografie, historische Distanz: Geschichtsunterricht), die sonst unerreichbar bleiben,
- wenn der Unterrichtsgegenstand die Wiedergabe von Farbe, Bewegung und Ton verlangt und
- selbsterstellte Videofilme (Schülerbeobachtungen von Pflanzen, Tieren, Verhaltensweisen).

Zur *Veranschaulichung* dienen Filme,
- die unsere Wahrnehmungsfähigkeit durch Vergrößerungen (Lupeneffekt) oder Veränderung der Realzeit (Zeitlupe, Zeitraffer) verstärken,
- die durch Zoomeffekte Details und Kontext verbinden (Lebewesen oder Pflanzen mit ihrem Umfeld),
- die den zentralen Gegenstand durch Gestaltung deutlich hervorheben (Figur-Grund-Beziehung, Farbe, Kontrast, Kamerafahrt, Zoom, Größe, Bewegung ...).

Für *Übungs-* und *Selbstlernzwecke* sind besonders Videos günstig,
- die einen aktiven Zugriff zulassen (Vertonen, Kommentare verfassen, Videos neu nach veränderten Gesichtspunkten schneiden siehe S. 99ff.),
- die durch Eigenproduktionen Gelerntes auf neue Situationen übertragen (Verkehrsregeln und Verhalten im Straßenverkehr),
- aber auch Filme, die als Gebrauchsanleitung die Eigentätigkeit der Schüler anleitet.

Zur *Wiederholung* und *Vertiefung* können Filme genutzt werden,
- die aufgrund der guten Behaltensleistung bei Bildern die Erinnerung der Schüler unterstützen,
- die einen Transfer von Vertrautem in neue Zusammenhänge ermöglichen (z.B. Karst auf der Schwäbischen Alb – Karst im ehemaligen Jugoslawien usw.).

Kontrolle und *Feedback* gestatten
- Videoaufzeichnungen von Bewegungsabläufen im Sport, die Wiedergabe von Diskussionen, die Dokumentation von Projekten, Schülervorträgen, Theaterproben, …
- die Aufzeichnung von Verhaltensweisen für Trainingszwecke (Einstellungsgespräche, richtiges bzw. falsches Verhalten in vorgegebenen Situationen usw.),
- aber auch ein Filmausschnitt ohne Ton, der neu betextet wird. Der Assoziationsreichtum des Films erleichtert dabei das Erinnerungsvermögen.

Enrichment bieten Filme,
- die eine Bereicherung darstellen,
- die Unterrichtsinhalte auf erzählende Weise aufgreifen,
- zusätzliche Informationen zur Vertiefung liefern und
- Spaß und Spannung im Unterricht zulassen.

Integration durch flankierende Maßnahmen

Flankierende Maßnahmen zur Integration des Films in den Unterricht dienen der Verbesserung der Wahrnehmungsleistung der Schüler und damit einer Steigerung des Unterrichtserfolgs. Für den Aufbau einer Medienkompetenz in Sachen Film reichen diese Maßnahmen jedoch nicht aus. Für das Medium Film wird an anderer Stelle (siehe S. 99ff.) ein Grundkonzept zur Entwicklung und Verbesserung der Medienkompetenz entwickelt. Deshalb hier nur einige Hinweise:

Auf die Filmdarbietung vorbereiten. Die Effektivität der Filmdarbietung steigt in dem Maße, in dem die Lernenden, auf das Thema vorbereitet, dieses gezielt erfassen. Wesentlich dabei erscheint die Aktivierung von Vorwissen durch vorbereitende Hinweise (advanced organizers). Das kann über ein Assoziogramm erfolgen. Das Thema des Films dient als Reizwort, dem in einer Assoziationskette Begriffe zugeordnet werden. »Der Specht, ein Zimmermann des Waldes«. Die Bezeichnung »Zimmermann« führt zu verschiedenen Tätigkeitsmerkmalen dieses Berufs und schließlich zu einer genaueren Filmwahrnehmung unter der Fragestellung: Welche Merkmale des Zimmermanns passen auf diesen Vogel? Stellt man ausgehend vom Filmtitel Vermutungen zum Inhalt an, so steigert dies ebenso die anschließende Wahrnehmung.

Arbeitsaufträge oder Beobachtungsaufgaben stellen. Eine deutlich artikulierte Erwartungshaltung (Wetzel et al. 1994, S. 180) des Lehrers, eine Zielformulierung sowie Arbeitsaufträge oder Beobachtungsaufgaben erhöhen die Anstrengungsbereitschaft beim Schüler (mental effort) und sichern das Lernergebnis.

Gegebenenfalls die Filmvorführung unterbrechen und wichtige Sequenzen wiederholen. Zunächst einmal gilt es, die vertiefte Wahrnehmung als Grundstufe der Anschauung zu berücksichtigen (siehe S. 38ff.). Die Filmdarbietung lässt sich dafür sequenzieren, d.h. in kleine, überschaubare Sinnabschnitte einteilen und so vorführen. Projektion und Videorecorder erlauben das genaue Betrachten von Standbildern. Auch eine Wiederholung wesentlicher Sequenzen intensiviert die Wahrnehmung.

Notwendige Erläuterungen zum Film geben. Enthält ein Unterrichtsfilm Informationen, die bei den Schülern auf Unverständnis stoßen könnten, sind Erläuterungen vor oder in einer Unterbrechung der Filmdarbietung erforderlich.

Sich auf das Lernrelevante konzentrieren. Die oben beschriebenen Maßnahmen dienen dazu auf das Wesentliche des Films und die gestellten Lernziele zu lenken. Damit kann der Polyvalenz des Films und der individuellen Selektion unwesentlicher Inhalte begegnet werden.

Die Filmwahrnehmung aufarbeiten. Nach einer Filmvorführung gilt es den Lernerfolg zu sichern. Sind die Lernziele erreicht? Wurde ein ausreichendes Verständnis erzielt? Erfordert das Gezeigte eine weitere Aufarbeitung oder Diskussion, da konträre Meinungen zur Filmaussage vorliegen? Für solche Fragen muss im anschließenden Unterricht Zeit und Raum zur Verfügung stehen.

Ein Film sollte nicht als Verlegenheitslösung (Vertretungsstunde, letzter Unterricht vor den Ferien usw.) eingesetzt werden. Nur wenn Lehrer/innen das Medium ernst nehmen, können es auch die Schüler/innen als Lern- und Arbeitsmittel akzeptieren und ihre Erwartungshaltungen von der gewohnten Alltagsnutzung lösen. So erreicht man eine Integration des Films in die jeweilige Unterrichtsarbeit. Der Film dominiert dann nicht mehr als Leitmedium den Unterrichtsverlauf, sondern ordnet sich in den Lernprozess ein.

2.5 Film oder Video?

Der Videoeinsatz hat den 16-mm-Film in der Gunst der Lehrenden bereits deutlich überrundet. Folgt man Sachers Untersuchung (1994, S. 11), so bevorzugen 54,7% das Videomaterial gegenüber 36,6% beim Film oder gar 21,3% beim 8-mm-Film, eine Filmform, die weitgehend aus alten Beständen lebt. Nach einer FWU-Untersuchung konnte noch 1967 nachgewiesen werden:

> »*Annähernd gleichauf mit Dia und Schallplatte ist der Unterrichtsfilm in der heutigen Situation* (1967! Anmerkung des Verf.) *das am häufigsten benutzte technische Medium in unseren Schulen.*«[1]

Dies markiert eine Entwicklung vom Film zum Video, die sicher noch weiterführt. Was begründet nun diesen Erfolg der magnetischen Filmaufzeichnung?

Vorteile des Videofilms:

- Die gleiche Gerätekonfiguration erlaubt eine Aufzeichnung (von Fernsehprogrammen) und ihre Wiedergabe,
- Filme können mit der Videokamera leicht und billig selbst erstellt werden,
- eine Kontrolle des Aufnahmematerials ist unmittelbar möglich,
- vorhandenes Material kann, wenn man den Zeitaufwand nicht scheut, für Unterrichtszwecke gekürzt oder neu geschnitten werden,
- Kopien sind leicht erstellbar und ihre Aufbewahrung erfordert einen geringen Platzbedarf,
- die Vorführung kann jederzeit beendet, einzelne Sequenzen können ohne großen Aufwand ausgewählt, wiederholt oder übersprungen werden,
- gute Videorecorder erlauben einen brauchbaren Wechsel vom Bewegtbild zum Standbild,
- eine Verdunkelung ist meist nicht erforderlich,
- die Tonqualität ist allgemein besser als beim 16-mm-Film,
- Videoprojektoren erlauben eine großflächige Darstellungen auf der Leinwand,

1 Eine Untersuchung des FWU von 1967, nach Grau et al. 1977, S. 36.

- eine Videoauswahl kann auch im heimischen Pantoffelkino erfolgen (wenn ein Videorecorder vorhanden ist),
- Kaufvideos sind ungleich billiger als 16-mm-Filme. So ist eine schuleigene Mediothek preiswert mit Videos bestückbar,
- das Videoangebot beschränkt sich nicht wie beim Film auf die nichtgewerblichen Filmverleiher, sondern bezieht auch Aufzeichnungen der Bildungsprogramme öffentlich-rechtlicher Rundfunkanstalten mit ein (Urheberrechte beachten!),
- die Handhabung des Recorders oder des Fernsehapparats ist denkbar einfach. Sie entspricht im Gegensatz zum Filmprojektor unseren Alltagsgewohnheiten,
- die preiswertere Herstellung von Videos und ihre massenhafte Verbreitung erlauben aktuelleres Filmmaterial als der vergleichsweise teure 16-mm-Film (z.B. Kopierkosten),
- Videokassetten können auch für die häusliche Arbeit zur Verfügung gestellt werden. So war der Videorecorder 1996 in 61,5% aller Haushalte verbreitet (Media Perspektiven. Basisdaten 1996, S. 65).

Trotz dieser vielen Vorteile mangelt es dem Videofilm immer noch an einer vergleichbaren Qualität, die aber nicht unbedingt unterrichtsrelevant sein muss. Als Entscheidungskriterium gilt die Erkennbarkeit des Unterrichtsgegenstandes auf dem Bildschirm. Im Einzelnen lassen sich folgende Nachteile aufzählen:

Nachteile des Videofilms:

- Verzichtet man auf moderne Projektionsmethoden, so bleibt die Videovorführung auf die Bildschirmgröße beschränkt. Für den Filmeinsatz gilt die Idealforderung: maximaler Abstand der Betrachter zur Leinwand = 6-fache Leinwandbreite. Bei einem Monitor würde sich der größte Abstand auf knapp 3,5 m verkürzen!
- Die Videoqualität ist bei VHS für Texte und Grafiken meist ungeeignet. Verbesserung bringen S-VHS oder HI-8 Formate. Doch wird auch hier die Qualität vom 16-mm-Format nicht erreicht.
- Die Auflösung des 16-mm-Films ist nicht nur höher, sie bringt auch brillantere Bilder als die Videoaufzeichnung.
- Videos auf dem Fernsehschirm bleibt eben »Pantoffelkino«. Die Atmosphäre des Films verbreiten sie nicht.

Eine Entscheidung für den 16-mm-Film ist dann zu fällen, wenn

- kein anderes Angebot vorliegt,
- die Erlebnisstärke des Kinos simuliert werden soll (Spielfilme) oder
- die räumlichen (Klassenzimmer mit großer Distanz zum Bildschirm) und situativen Bedingungen (Klassengröße) einen Filmeinsatz auf Bildschirmgröße nicht zulassen.

2.6 Technik des Film- und Videoeinsatzes

Die Handhabung des Projektors erlernt man am schnellsten durch die Praxis am Gerät. Deshalb verzichte ich hier auf weitschweifende Erklärungen. Im Folgenden noch einige Tips zur Technik:

- rechtzeitig planen (in vielen Schulen herrscht »Mediendarwinismus«: wer zuerst kommt, projiziert zuerst),
- Projektor vor dem Unterricht auf Funktionstüchtigkeit überprüfen. Ein angekündigter Film, der wegen der Technik nicht läuft, verstimmt die Klasse und kratzt an der Kompetenz des Filmvorführers,
- die Qualität des Filmmaterials kontrollieren. Zerkratzte Bilder mögen noch angehen, eine defekte Tonspur im Fremdsprachenunterricht gleicht einer didaktischen Katastrophe,
- die Verdunklung im Klassenzimmer oder Filmraum und die elektrischen Anschlüsse abchecken (ein zu kurzes Kabel ist schlimmer als ein zu langer Film),
- die Bestuhlung so anordnen, dass Bewegungsfreiheit und Zugänglichkeit zum Projektor, Lichtschalter und zur Leinwand besteht (ein umherirrender und stolpernder Lehrerkörper mag den Schüler belustigen, zum Unterrichtserfolg leistet er keinen Beitrag).

Der Projektionsabstand hängt vom verwendeten Objektiv oder seiner Verstellbarkeit (Zoom-Objektiv) ab. Als Richtgrößen kann die Tabelle 21 (S. 98) verwendet werden: Dabei erweist sich ein möglichst großer Abstand zur Leinwand als günstig. Störende Projektionsgeräusche vermindern sich und die Sicht bleibt frei, wenn der Projektor im Hintergrund des Klassenzimmers steht. Der Lautsprecher sollte, um einen realistischen Eindruck zu vermitteln, in der Nähe der Projektionsfläche stehen.

Videoeinsatz

- Für den Standort des Monitors gilt: Schräg zur Klasse an der Fensterseite des Klassenzimmers aufgestellt und aus dem Lichteinfall gedreht, umgeht man störende Reflexe auf der Glasfläche.
- Bei der Anschaffung des Videogestells auf Stabilität und großvolumige Räder achten. Kleine Bodenunebenheiten werden bei »Rädchen« schnell zum unüberwindbaren Hindernis.
- Die Monitordiagonale hat mit 70 cm ihre unterste Grenze erreicht. Allerdings sind Großbildfernseher im Preis fast vergleichbar mit Videoprojektoren.[1]
- Die Bedienungselemente des Videorecorders waren weitgehend standardisiert. Zusatzfunktionen kann man meist getrost vergessen. Leider sind diese Steuerungselemente wie auch bei Fernsehgeräten zwischenzeitlich der De-

1 Die Anschaffungskosten von Filmprojektoren entsprechen inzwischen den Geräten zur Projektion von Videos.

Tabelle 21 **16-mm-Filmprojektor: Projektionsabstand und Bildbreite bei verwendetem Objektiv** (realistische Werte wurden hervorgehoben)

Entfernung: Projektor – Wand	**Brennweite des Objektivs**		
	35 mm	**50 mm**	**65 mm**
	Bildbreite in cm		
1 m	27 cm	19 cm	15 cm
2 m	55 cm	38 cm	29 cm
3 m	**82 cm**	58 cm	44 cm
4 m	**110 cm**	77 cm	59 cm
5 m	**137 cm**	**96 cm**	74 cm
6 m	**164 cm**	**115 cm**	**89 cm**
8 m	219 cm	**153 cm**	**118 cm**
10 m	274 cm	192 cm	**148 cm**

Quelle: Nach Heinrichs 1972, S. 186

signwut einiger Produktgestalter zum Opfer gefallen. Deshalb sollte vor dem ersten Einsatz die Bedienung der Geräte erkundet werden.

Zusammenfassend einige wesentliche Handlungsindikatoren für den Film- und Videoeinsatz im Unterricht[1]:

H1 Geeignete Rahmenbedingungen schaffen,
H2 bei der Auswahl die Lernziele, die Schülervoraussetzungen und die Filmgestaltung beachten,
H3 auf die Filmdarbietung vorbereiten,
H4 Arbeitsaufträge oder Beobachtungsaufgaben stellen,
H5 Projektor und Videoset technisch kompetent einsetzen,
H6 eine zu lange Darbietungszeit vermeiden,
H7 gegebenenfalls die Filmvorführung unterbrechen und wichtige Sequenzen wiederholen,
H8 sich auf das Lernrelevante konzentrieren,
H9 notwendige Erläuterungen zum Film geben,
H10 die Filmwahrnehmung aufarbeiten.

Dabei sollte immer auch die Möglichkeit einer aktiven Filmarbeit zur Beobachtung, Erkundung und Dokumentation eines Unterrichtsthemas in Betracht gezogen werden. Einige Grundlagen zu einer Filmschule folgen im nächsten Kapitel.

1 H1, H2, H3, H5 vgl. Weidenmann 1986, S. 539.

3. Eine kleine Filmschule

Eine konsequente Filmerziehung über die Schulstufen hinweg ist an Deutschlands Schulen unbekannt. In Frankreich dagegen gibt es wenigstens für die gymnasiale Oberstufe das Fach Film in den Lehrplänen.[1] Eine unterrichtliche Umsetzung dieser hier aufgeführten curricularen Bausteine mag daher zunächst utopisch klingen. Trotzdem erscheint mir wenigstens eine orientierende Leitlinie für eine Filmerziehung notwendig. Selbstverständlich lassen sich für die Arbeit in der jeweiligen Klasse und Schulstufe auch einzelne Bausteine herauslösen. Außerdem soll dieses Modell auch keineswegs den Anspruch auf Endgültigkeit und Perfektion erheben. Dazu wären intensivere Erprobungen und mehr Vielfalt der Elemente erforderlich.

Zunächst einmal gilt es die Zielsetzung eines solchen Lehrgangs festzuhalten. Als Grundlage dienen die bereits mehrfach dargestellten Medienkompetenzen, hier spezifiziert für das Thema Film, genauer den Bereich Spielfilm, der ja im Alltag unserer Jugend eine so gewichtige Rolle einnimmt.

Für die jeweiligen Schülerkompetenzen werden in einem zweiten Schritt Projektideen vorgestellt (siehe S. 101ff.). Technische Grundlagen und Gestaltungsmittel des Films schließlich folgen in einem dritten und vierten Abschnitt.

3.1 Angestrebte Schülerkompetenzen

Die vertiefte Wahrnehmung als systematisches Beobachten und Erkennen von Inhalt und Gestaltung (gegen die verbreitete Oberflächlichkeit des Sehens) bildet die Grundlage des Umgangs mit dem Film wie auch mit allen anderen Medien (siehe S. 40). Wesentlich dabei ist die Versprachlichung optischer und akustischer Eindrücke, die zu einem bewussteren Umgang mit dem Medium, zu mehr Verständnis, einer höheren Erinnerungsleistung und einer Kompensation rein emotionaler Erinnerungsspuren führt. Bevorzugte Genres der Jugendlichen wie Action-Filme und Videoclips arbeiten mit sehr kurzen Einstellungen, die eine innere Verbalisierung, wie sie das bewusste Sehen voraussetzt, ausschließen. In der Erinnerung bleiben dann nur noch emotionale Eindrücke, die aber nach den Ausführungen von Hertha Sturm (1984, S. 61ff.) sehr zeitstabil sind, also lange im Gedächtnis bleiben.

Die *technische Kompetenz* schafft das Bewusstsein und Wissen um den Produktcharakter eines Filmes. Sie stärkt den Realitätssinn und macht bewusst, dass Film und Fernsehen kein »Fenster zur Welt« darstellen, sondern einem technischen Herstellungsprozess unterliegen.

1 Zur Filmarbeit in Frankreich vgl. Gagnier 1992, S. 68–71.

Zur technischen Kompetenz gehören im Einzelnen:

- Die Filmprojektion und ihre Wahrnehmung. Je nach Technik und Norm ergänzt unser Wahrnehmungsapparat die rasche Folge von Einzelbildern (25 Bilder je Sekunde beim PAL-Standard, 30 beim NTSC-Standard und 24 beim Kinofilm) zur Bewegungsillusion. Optisches Spielzeug aus der Filmgeschichte und der Trickfilm bieten hier Lernansätze, die Einsichten in die grundlegende Technik des Films vermitteln.
- Filmtechnik: Eine Einführung in die Bedienung einer Kamera, Beleuchtung, Tonaufnahmen und Schnitt verdeutlichen den technischen Herstellungsprozess, der bei der Rezeption in der Hingabe an die perfekte Illusion aus dem Bewusstsein verschwindet.
- Filmproduktion: Die Herstellung eines Spielfilms umfasst neben künstlerischen auch kommerzielle Aspekte. Entsprechend müssen zur Beurteilung der Qualität eines Films neben gestalterischen Kriterien auch wirtschaftliche Bedingungen herangezogen werden. Dies setzt Kenntnisse des Produktionsprozesses und seiner organisatorischen und technischen Grundlage voraus.
- Vertrieb: Distributionswege entscheiden nicht unwesentlich über Erfolg oder Misserfolg eines filmischen Produkts. Der Verleih und die Kinos, PR-Maßnahmen und Filmkritik in der Presse und den Rundfunkanstalten bilden hier ein filterndes Nadelöhr. Bei der Zweitverwertung im Fernsehen bestimmen private oder öffentliche Rundfunkanstalten über den Zugang durch das Publikum. Auch hier ist das Wissen um die Marktgesetze im Filmgeschäft Voraussetzung einer adäquaten Beurteilung.

Die *semantische Kompetenz* beschreibt die sinndeutende Erschließung und die Gestaltung nach ästhetischen und filmsprachlichen Kriterien. Sie schafft das grundlegende Bewusstsein um den illusionären Charakter des Mediums Film. Zu berücksichtigen sind dabei die Analyse der Bildgestaltung in einzelnen Einstellungen und die Verwendung filmsprachlicher Codes. Weiterhin gilt es die Absicht der Autoren und den jeweiligen zeitlichen und medialen Kontext (Fernsehen, Kino, Video) herauszuarbeiten. Gerade bei Fernsehfilmen erhält die historische Dimension eine besondere Bedeutung. Geschichtslos wird der Zuschauer mit Inhalten aus neuesten und aus Uraltproduktionen abgefüttert und damit z.B. auch mit Rollenklischees, die man eigentlich überwinden will (etwa die überkommene Frauenrolle als Hüterin von Haus und Herd).

Die Filminterpretation entgleitet jedoch rasch ins Akademische und sperrt sich dem Zugang weiter Schülerkreise. Deshalb sollte bei der unterrichtlichen Behandlung von Filmen immer das persönliche Erleben und die individuelle Wirkung auf die Schüler berücksichtigt werden.

Eine Alternative bietet die aktive Filmarbeit. Schüler/innen erproben und diskutieren anhand kurzer Szenen die Wirkung unterschiedlicher Perspektiven, Einstellungsgrößen und Montageformen, um so in eigenen Versuchen filmische Codes zu entdecken und zu erproben.

Die *pragmatische Kompetenz* schließlich beschreibt die Fähigkeit, Filme im Kommunikationsprozess verantwortlich, bewusst und zielgerichtet zu produzieren und einzusetzen. Sie erweitert die mediale Kommunikationsfähigkeit und bewahrt eine Handlungsfähigkeit in einer auf Konsum ausgerichteten und medienbestimmten Alltagswelt. Sie setzt aber auch eine technische und semantische Kompetenz voraus. Schüler/innen produzieren für ein Publikum eigene Filme, erforschen ein Thema, planen, organisieren, filmen und stellen so in bescheidenem Umfang Öffentlichkeit her, wenn sie ihr Werk einem Publikum vorstellen. Das erfordert folgende Schritte:

- Die Zielsetzung orientiert sich am Adressatenkreis und an den zu vermittelnden Inhalten. Was soll für wen (Mitschüler, Eltern usw.) gefilmt werden?
- Zur Planung gehören geeignete schriftliche Vorbereitungen, sei es in Form eines Drehbuchs, eines Treatments, Storyboards oder Exposees (siehe S. 117f.).
- Filmprojekte können nur in arbeitsteiligem Verfahren erstellt werden. Das setzt Eigenverantwortlichkeit des Einzelnen und der Gruppen voraus, unterstützt diese aber auch in ihrer Entwicklung.
- Bei der Präsentation schließlich gilt es, geeignete Räume und Projektionsmöglichkeiten zu finden, Einladungen an das Zielpublikum zu gestalten und eine Beteiligung an Videowettbewerben zu erwägen.

Eine tabellarische Zusammenfassung (s. Tabelle 22, S. 102) gibt einen ersten Überblick über die zu erwerbenden Medienkompetenzen und ihre Umsetzung in einzelnen Maßnahmen und Projekten.

3.2 Hans Hitchcock Klasse 6b. Medienkompetenz in Unterrichtsbeispielen

Projekte zur technischen Kompetenz

Die wesentliche technische Leistung des Films besteht darin, dass er mit unserer Wahrnehmung so spielt, dass die Illusion von Bewegung entsteht. Einsicht in das Funktionieren und die Wahrnehmung der Filmprojektion vermitteln optische Spielzeuge, wie sie vor allem im letzten Jahrhundert vor der Erfindung des Films beliebt und verbreitet waren. Auch damals kannte man bereits die Bewegungsillusion durch eine rasche Abfolge von Einzelbildern. Im Unterricht führt zunächst die Analyse eines kurzen Trickfilms und seine Wiederholung mit Einzelbildschaltung zur Problematik des Einzelbilds und der Bewegungsillusion. Anhand ausgewählter Beispiele aus den nachfolgend aufgeführten kinooptischen Spielzeugen wird diese Einsicht vertieft und erweitert. Der Vorteil dieser Verfahren besteht darin, dass die Technik und die Funktionsweise sich unmittelbar offenbart und nicht in der Mechanik von Projektoren oder der Elektronik von Bildschirmen verschwindet.

Die *Zwirbelscheibe* (Thaumathrop) wurde 1825 von John Ayrton Paris in England erfunden. Es veranschaulicht die Augenträgheit, das so genannte Phi-Phänomen.[1]

1 Wertheimer gilt als Entdecker dieses Wahrnehmungsphänomens. Nach Hofstätter 1957, S. 145.

Tabelle 22 **Film: Angestrebte Kompetenzen und unterrichtliche Umsetzung**

Medienkompetenz	**Unterrichtliche Umsetzung**
Vertiefte Wahrnehmung Durchgängiges Prinzip für jeden Umgang mit Filmen im Unterricht	Sensibilisierung der Wahrnehmung, Versprachlichung visueller Zeichen
Technische Kompetenz – Filmprojektion und Wahrnehmung – Bedienung der Geräte – Produktionsprozess – Vertrieb (Verleih, private – öffentliche Rundfunkanstalten)	Projekte zur technischen Kompetenz Optisches Spielzeug; Trickfilm: Blankfilm; Filmtechnik: Kamera, Beleuchtung, Ton, Standbild, Minispielfilm, Auf-Schnitt-Produktion, visuelle Notizen, Informieren, Dokumentieren, Explorieren; Filmproduktion: Studiobesuch; Filmverleih: Kinobesuch, Festival.
Semantische Kompetenz – Gestaltung – Wirkung – Analyse	Projekte zur semantischen Kompetenz Analytischer Filmschnitt; Zaubereien mit der Kamera; Film und Illusion; Kameraperspektive und Beleuchtung, Tricks mit dem Ton; Spiel zum Film: Kinder- und Jugendkino.
Pragmatische Kompetenz – Zielsetzung (Adressaten) – Planung (Drehbuch) – Organisation – Produktion – Präsentation	Projekte zur pragmatischen Kompetenz Eigenproduktionen: Kurzfilme, Trickfilme, Film und Text, Werbung; Dokumentieren: Schulfernsehmagazin mit Beiträgen zu Verkehrsbedingungen, Schulalltag, SMV, Schüler-, Lehrerportraits, Schülergemeinderat, Veranstaltungen, Satire, Lokalpolitik.

Danach entsteht der Eindruck einer Folge (erst A dann B), wenn zwischen der Darbietung ein Zeitabstand von 0,2 Sekunden besteht. Verkürzt sich diese Darbietungszeit auf 0,02 Sekunden, so entsteht ein Simultaneindruck (A und B gleichzeitig). Die in der raschen Drehung der Pappscheibe bereits entschwundene Rückseite ist in unserem Wahrnehmungsapparat immer noch präsent, während bereits die zweite Seite gesehen wird. So verschmelzen Vorder- und Rückseite des Wendebilds zu einer Einheit, der Vogel sitzt im Käfig, unvollständige Buchstabenreihen ergänzen sich zu Namen oder Sätzen, eine Ente schwimmt im Teich, usw.

Bewegungseindrücke entstehen, wenn zwischen dem Sehen zweier Bilder ein Zeitabstand von 0,06 Sekunden vorliegt. Diese Erscheinung veranschaulichen *Rollbilder* (Pedamoskop). Zwei Darstellungen mit minimalem Unterschied werden übereinander an einer Kante fixiert. Rollt man das obere Bild und schiebt es mit einem Stift in rascher Folge über das untere, so entsteht zwischen den zwei Bildern eine Bewegungsillusion. Ein Ball springt auf und ab, eine Hand hebt und senkt sich, Augen in einem Gesicht bewegen sich von links nach rechts, die Schere geht auf und zu, usw.

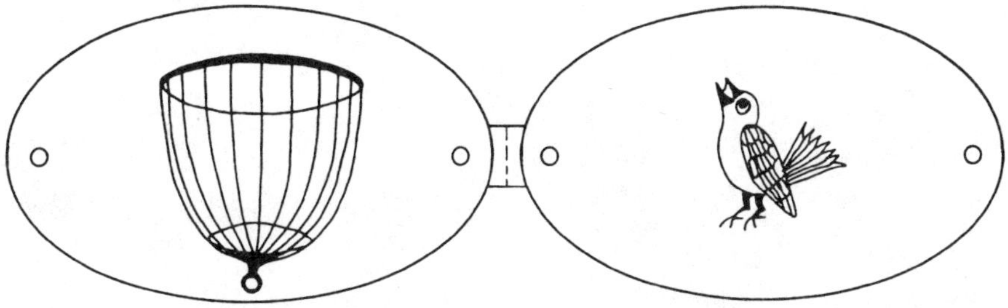

Abbildung 15 **Das Thaumatrop veranschaulicht das Phi-Phänomen** (Giera, Praxis Grundschule 4/91, S. 17)

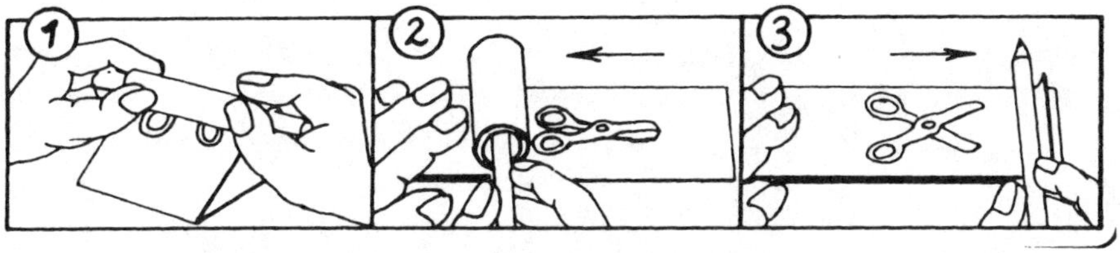

Abbildung 16 **Das Rollbild** (Giera, Praxis Grundschule 4/91, S. 7)

Beim *Lebensrad* (Phänakistiskop; Abb. 17, S. 104), 1832 von Plateau und Stampfer erfunden, schaut der Betrachter von hinten durch am Rand der Scheibe angebrachten Schlitze und sieht die Bewegung in einem gegenüberliegenden Spiegel. Als Rotationsachse verwendet man eine Nadel, die in einen Weinkorken gesteckt wird. Erfahrungsgemäß erzielt man mit dem Lebensrad im Unterricht die besten Ergebnisse.[1]

Die *Wundertrommel* (Zoetrope; Abb. 18, S. 104), 1834 von Horner in England entwickelt, zeigt die Animation ebenfalls durch Sehschlitze. Die Bilder auf der Innenseite der Trommel lassen sich austauschen. Das Praxisnoskop (1877 von Reynaud in Frankreich) verwendet anstatt der Sehschlitze Spiegel im Innern der Trommel. Das Daumenkino schließlich stellt zwar das bekannteste kinooptische Spielzeug dar, seine Herstellung im Unterricht scheitert jedoch oft an technischen Mängeln.[2]

Der *Blankfilm* mit belichtetem Bildstrich im 16-mm-Format wird mit Folienstiften bemalt. Senkrechte und waagrechte Linien ergeben dann bei der Projektion ein Kreuz. Striche, die schrittweise von der Senkrechten in die Waagerechte übergehen, bewegen sich, fallen um; Punkte werden größer und kleiner usf. Auch vorhandenes

1 Bastelbögen nach historischen Vorbildern liefert das deutsche Filmmuseum in Frankfurt, Schaumainkai 41.

2 Weitere Informationen zu kinooptischen Spielzeugen findet sich in: Klinner/Lange-Fuchs 1993, S. 152–180; Praxis Grundschule 4/91. Bastelbögen gibt es ebenfalls beim Filmmuseum Frankfurt.

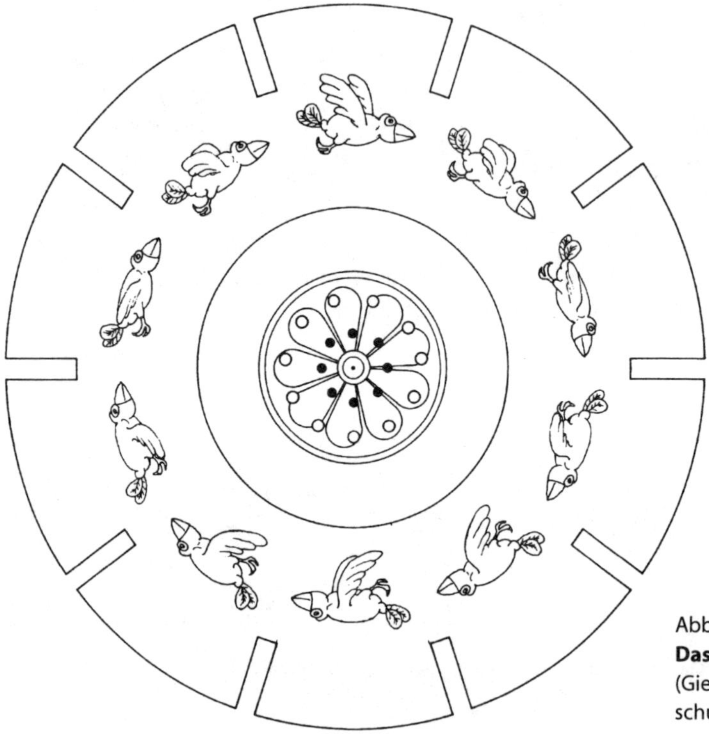

Abbildung 17
Das Phänakistikop
(Giera, Praxis Grundschule 4/91, S. 20)

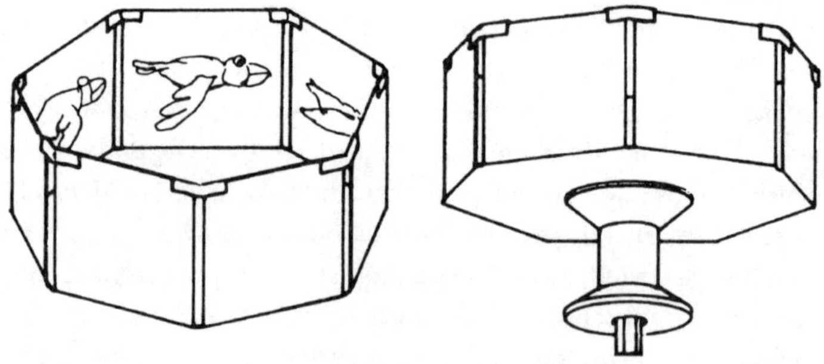

Abbildung 18 **Das Zoetrope** (Giera, Praxis Grundschule 4/91, S. 8)

Filmmaterial lässt sich durch Kratzen und Übermalen tricktechnisch verändern. In der Unterscheidung zwischen ihrem Tun und ihrer Wahrnehmung auf der Leinwand wird den Schülern die Wahrnehmungsproblematik deutlich.[1]

1 Eine ausgezeichnete Projektbeschreibung zum Blankfilm findet sich in: Jud-Krepper 1996, S. 106–115.

In der Herstellung kurzer und einfacher Trickfilme lassen sich die gewonnenen Erkenntnisse vertiefen. Auch hier eignet sich zunächst der Blankfilm als einfache und billige Lösung (vgl. Jud-Krepper 1996, S. 109).

Ein weiterer Schritt zur technischen Kompetenz liegt im Umgang mit der Kamera. Anhand einfacher Aufnahmen (Schwenk als Überblick, Perspektive, Einstellungsgröße usw.) lernen und üben Schüler/innen den Umgang mit der Kameratechnik.

Eine bislang kaum beachtete Anwendungsform der Videokamera liegt im *Standbild*. Fest montiert auf dem Stativ kann die Kamera als Fotoapparat verwendet werden. Die Kamera hält Objekte beliebig lange und ohne Bewegung fest (Stativ!) und gibt sie über den Monitor als »Standbild« wieder. Einige Videokameras bieten auch das Standbild als Funktion an. Für die Bildgestaltung im Fotokurs, in der Kunsterziehung oder zur Veranschaulichung von Einstellungsgrößen im Film ergeben sich einfach zu produzierende und sofort kontrollierbare »Fotos«.

Minispielfilme bestehen aus nur einer Einstellung und beinhalten Rollenspiele, Sketche oder dokumentieren Szenen und Dialoge aus der behandelten Literatur. Sie dienen zur Kontrolle der schauspielerischen Leistung bei Proben zu einem Theaterstück oder der medialen Umsetzung literarischer Texte. Da hierzu kaum technische Voraussetzungen erforderlich sind, erlaubt diese Aufzeichnung auch selbstständiges Arbeiten zu Hause. Ungehemmt durch die Großgruppe studiert man einen Dialog oder eine Szene ein und führt diese am nächsten Tag der Klasse als Aufzeichnung vor. Eine verblüffende Idee sind »Upsite-Downs«. Man filmt mit einer auf dem Kopf stehenden Kamera nur Mund- und Kinnpartie. Die fehlenden Gesichtsteile, Augen und Nase werden auf das Kinn gemalt.[1] Eine Vertonung mit Sprache ergibt zusätzliche überraschende Effekte.

Auf-Schnitt-Produktionen ersparen Zeit und Arbeit. Die Mühe des nachträglichen Schneidens entfällt, der Film entsteht in allen Einstellungen direkt in der Kamera. Durch Ein- und Ausschalten bestimmt man Anfangs- und Endpunkt einer Einstellung, die zuvor genau festgelegt wird. Auch hier eignen sich Szenen nach literarischen Vorlagen, Sketche oder einfache Dokumentationen. Wichtig dabei ist, dass die Akteure ihre Darstellung genau geplant und einstudiert haben. Eine Wiederholung eines Takes (Einstellung) ist zwar möglich, muss aber in der Kamera durch die Wiedergabefunktion genau überprüft werden. Diese Filmversuche zeigen die Notwendigkeit einer genauen Planung und ständigen Kontrolle des bereits aufgezeichneten Materials.

Bei *Beobachtungen* und *visuellen Notizen* dient die Kamera als Beobachtungs- und Merkhilfe. Auf Lerngängen, Schulausflügen und Exkursionen konserviert die Kamera dabei wesentliche Eindrücke in einzelnen Einstellungen und bewahrt sie so für die weitere Unterrichtsarbeit. Fragen der Gestaltung spielen hier nur eine nebengeordnete Rolle, so dass Schüler/innen auch selbstständig Erkundigungen einholen, die Arbeit beim betrieblichen Praktikum dokumentieren, Anschauungsmaterial für ein Referat über Haustiere erstellen oder Vögel am Futterhäuschen beobachten können.

1 Diese Idee entstammt den BDK-Mitteilungen, Heft1/88.

Eine *Dokumentation* der Unterrichtsarbeit lässt den Arbeitsprozess nachvollziehen. So bleibt ein Projekt nicht nur in seinem Ergebnis, etwa der gelungenen Schulhofgestaltung, sondern auch in seinen Entstehungsphasen erhalten.

Bei der *Exploration* erweitert sich der Kameraeinsatz vom einfachen Beobachten hin zum Erkunden. Der Blick durch den Sucher zwingt dabei zu einer intensiveren Auseinandersetzung mit dem Lerngegenstand und schafft eine breitere motivationale Basis. Als Themenbeispiele können »Unsere Gemeinde«, »Mein Schulweg« oder »Lebewesen im Garten« genannt werden.

Bei all diesen einfachen Filmversuchen sind semantische oder pragmatische Kompetenzen kaum erforderlich. Sie bieten jedoch Anlass zur Übung und Perfektion im Umgang mit der Kamera.

Die Filmproduktion im großen Studio kann im Klassenzimmer nur unzureichend veranschaulicht werden. Die eigene Erfahrung vor Ort lässt sich nicht ersetzen. Fernsehsender bieten meist bei rechtzeitiger Voranmeldung Besuchsmöglichkeiten. Auch die Bavaria Filmstudios in München und die UfA in Berlin-Babelsberg geben einen, wenn auch stark kommerzialisierten Eindruck in die Filmproduktion, bei denen aber eher das Modell Micky-Mouse-Erlebniswelt als die didaktisch aufbereitete Einführung in die große Welt des Films Pate stand.

Um einen Eindruck in den Filmverleih anschaulich zu vermitteln, eignet sich ein Besuch mit Gespräch in einem örtlichen Filmtheater. Ein Blick in den Vorführraum verschafft gleichzeitig einen Einblick in die Technik der Filmprojektion.

Projekte zur semantischen Kompetenz

Der *analytische Filmschnitt* verzichtet auf eine rein verbale Auseinandersetzung mit dem Film. Einzelne Schülergruppen analysieren Spielfilme, indem sie diese nach Themen oder Handlungssträngen neu ordnen, d.h. am Schnittplatz oder mit zwei Recordern neu zusammenfügen. Damit lässt sich der Inhalt in Form eines Trailers[1] zusammenfassen. Schüler/innen analysieren Rollenklischees (Darstellung von Helden, die Rolle von Minderheiten, von Frauen oder Männern), Handlungsformen (z.B. Action-Szenen), die Vertonung (welche Musik erscheint an welcher Stelle?) und Einzelthemen (Freundschaft, Lösung von Konflikten usw.), indem sie die Szenen auswählen und neu schneiden. So können Schüler/innen Handlungen aber auch Klischees, Vorurteile und Manipulationen kritisch erfassen und beurteilen.

Gestaltungsmittel des Films werden bei eigenen Aufnahmen einsichtig und ihre Wirkung verständlicher. Erste Erfahrungen mit der Filmgestaltung vermittelt das Projekt: *Zaubereien mit der Kamera*. Mit Stopptrick[2] und Schnitt wird die Kamera zum magischen Apparat. Gegenstände und Personen erscheinen und verschwinden nach Belieben (die Klasse steigt nacheinander in den Schrank und kommt genauso

1 Trailer = kurzer Werbestreifen für einen Spielfilm.

2 Beim Stopptrick unterbricht die Kamera eine Handlung, um sie an anderer Stelle wieder aufzunehmen

wieder heraus). Die filmhistorischen Experimente von Kuleschow[1] geben weitere Anregungen. Im Wechsel von Halbnah und Detail geschnitten, entsteht aus der Nase von Berta, den Füßen von Christa und den Händen von Dora unbemerkt die Kunstfigur Eva. Der Stopptrick erlaubt auch Zaubereien mit Zeit und Raum. Peter geht durch die Klassenzimmertür und betritt einen Raum, der eigentlich weit entfernt liegt (ein Kino, eine Kirche, seine Wohnung usw.).

Analytische Einstellungsfolgen sind kurze Sequenzen, die filmische Gestaltungsmittel mit einfachen Inhalten verbinden. Sie erlauben ein Experimentieren mit der Einstellungsgröße, der Montage, der Perspektive, usw. So lassen sich wichtige Wirkungsfaktoren des Films in eigenen Versuchen erarbeiten. Dazu einige Ideen als Anregung: Der Boss der 7b, beim Einkaufen, Peter kommt zu spät, der Taschendieb, Anna beim Abschreiben, die Pokerrunde. Wichtig dabei ist zunächst der Zeitfaktor. Mit welchen Einstellungslängen ist der jeweilige Vorgang noch verständlich und wie schafft andererseits eine Verkürzung Dramatik und Action. Weiterhin gilt es, den Bildausschnitt zu wählen, der die Handlung eindrucksvoller darstellt. Groß- bzw. Detailaufnahmen lenken den Blick und das Verständnis auf Wesentliches (z.B. der Geldbeutel als Diebesgut beim Taschendieb). In der Perspektive lassen sich soziale Unterschiede hervorheben. Aus der Froschperspektive gefilmt erscheint das Bürschchen als Boss. Die Vogelperspektive dagegen verkürzt die Person auf ein Kleinformat.

Am Beispiel des Projekts »*Film und Illusion*« soll dies veranschaulicht werden. Das Projekt wurde mit Schülern der 5.–9. Klasse einer Schwäbisch Gmünder Realschule in einer Arbeitsgemeinschaft durchgeführt. Dabei sollte vor allem der Umgang des Films mit Raum und Zeit erprobt und kreativ umgesetzt werden. Zunächst erhielt jede Gruppe den Auftrag, Zaubereien zu entwickeln, im Film umzusetzen und durch den Schnitt zu verbessern. Weitere filmische Ideen wurden in Einzelgruppen entwickelt und umgesetzt.

»Viele Jahre später« – so einfach gestaltet der literarische Text einen Zeitsprung, aber wie lässt er sich filmisch umsetzen? Die Gruppe löste diese Aufgabe, indem sie sich als Jugendliche, die ihre Schule betreten und als Erwachsene, die sie wieder verlassen, darstellten. Den Zeitsprung markiert eine Schwarzblende (allmähliches Abdunkeln des Bildes), Accessoires kennzeichnen den raschen Reifungsprozess (Kleidung, Auto usf.) und die Perspektive ersetzt das fehlende Längenwachstum. Die Vertonung unterstreicht im Wechsel von Rockmusik zur klassischen Musik den Alterungsprozess.

Der Ansatzpunkt, mit einfachen Mitteln im Film Illusion durch Veränderung des Raumes und der Zeit zu erzeugen, zeigte sich als überaus fruchtbar. Der Ideenreichtum der Schüler war fast unerschöpflich. Dazu kurz noch einige Beispiele:

Ein Ball treibt sein Unwesen im Schulgebäude. Er bewegt sich wider aller physikalischer Gesetzmäßigkeit, verfolgt Schüler, landet in einer Kaffeetasse, setzt sich plötzlich in Bewegung, bis ihn schließlich ein Autoreifen stoppt. Als Engel am unsichtbaren Faden entschwindet er im Jenseits.

1 Eine Darstellung der Kuleschow-Experimente findet sich in Beller 1993, S. 20–23.

»Der Schnelle Olli« wirft einen Tennisball über das Schulgebäude, eilt die Treppen bis ins obere Stockwerk hinauf, wobei die Anzahl der Etagen beliebig erhöht wurde, hastet zurück und fängt eben diesen Ball auf der anderen Seite des Gebäudes.

Im Parallelschnitt begegnen sich ein Radfahrer und ein Schüler, der eben Reißnägel einkauft. In wechselnden Einstellungen verflechten sich beide Handlungsstränge bis das Rad auf den Reißnagel trifft.

Das Projekt erwies sich insofern als sehr praxisnah, da die einzelnen Ideen in einer Doppelstunde gefilmt und in einer weiteren geschnitten werden konnten. Auch erlaubte der Umfang der Projektbeiträge eine Arbeit in Kleingruppen. Organisatorische Verrenkungen, wie sie Videoprojekten größeren Umfangs mit der gesamten Klasse erfordern, blieben erspart.

Im Projekt *»Der Zauberlehrling«* gestalteten Schüler/innen den Ton zum Film. Walt Disneys Verfilmung der Ballade von Johann Wolfgang von Goethe wurde mit dem Originaltext, passender Musik und einer Geräuschkulisse unterlegt.[1]

Im Vordergrund dieser Projekte stand die Auseinandersetzung mit gestalterischen Elementen des Films und damit der Aufbau einer semantischen Kompetenz. Die Weitervermittlung der fertigen Produkte an ein Publikum spielte nur eine untergeordnete Rolle.

Experimente an der Schnittanlage vermitteln wichtige Einsichten in die Wirkung des *Filmtons*. Unterlegt man die selbe Sequenz mit rhythmischer, ruhiger, spannungsgeladener oder stimmungsvoller Musik, so verändern sich die Atmosphäre und der Inhalt des Films u.U. völlig. Aus der ruhigen Abendstimmung wird ein spannungsgeladener Vorspann zu einem Krimi usw. Musik (mit Insertschnitt auf die Tonspur gebracht) lässt sich bebildern und so zu einem Videoclip ergänzen. Die Schulband erhält so ihr eigenes Video.

Neben dieser praktisch orientierten Behandlung des Themas Films, bietet das *Kinder- und Jugendkino* einen weiteren Ansatzpunkt zur Erweiterung der semantischen Kompetenz. Die Filmvorführungen lassen sich in Folge (wöchentliche, monatlich) oder kompakt als Minifestival organisieren. Dabei orientiert sich das Vorhaben an folgenden Zielsetzungen:

- Kinder und Jugendliche werden an den sozialen Ort Kino herangeführt.
- Sie erleben den Film als Höhepunkt und nicht mehr als tägliches Einerlei des Fernsehkonsums, der das Filmerlebnis nur noch bruchstückhaft wiedergibt. Man denke nur an das beliebte Zapping oder an die häufigen Unterbrechungen durch Werbeeinblendungen.
- Das Kinoprojekt bringt unseren Kabelkindern Kinokultur. Dies ist deshalb so wichtig, weil neben dem Bedürfnis nach Unterhaltung, Entspannung und Stimmungsmanagement die Ausdifferenzierung eines Qualitätsbewusstseins oft hoffnungslos auf der Strecke bleibt. Gute und anerkannte Filmproduktio-

1 Ein Unterrichtsprojekt von Frau Marianne Bieler an der Schiller Realschule Schwäbisch Gmünd 1996.

nen für Kinder und Jugendliche haben es da schwer, ihr angestrebtes Publikum zu erreichen.[1]

- Ein weiterer wesentlicher Aspekt des Projekts liegt in der begleitenden Auseinandersetzung mit dem Filmerlebnis. Dabei stehen Aktivitäten wie Basteln, Spielen, Malen, Erkundungen des Mediums Film usw. im Vordergrund.
- Besonders das Kinderkino hebt die durch Jugendschutzbestimmungen und elterliche Medienerziehung entstandene Zwangslage wenigstens teilweise auf. »Für diesen Film bist du noch zu klein, der Kinozutritt ist erst für Kinder ab... zugelassen« usw. Kinder erfahren sich ständig als mediale Mängelwesen. Beim Kinderkino kehrt sich diese Prämisse um. In diesen Film dürfen nur sie rein. Sie fühlen sich als Person ernst genommen.
- Wichtig für den Aufbau einer semantischen Kompetenz beim Kinder- und Jugendkino ist die Begegnung mit einem alternativen Angebot. Die Beschäftigung im Rahmen des Begleitprogramms bietet eine Auseinandersetzung mit Inhalt und Machart des Films.

Projekte zur pragmatischen Kompetenz

Projekte zur pragmatischen Kompetenz umspannen die gesamte Bandbreite der Filmproduktion. Sie umfassen die Planung, die schriftliche Vorbereitung mit Treatment, Exposee und Drehbuch (siehe S. 117), die Dreharbeiten und die Vorführung vor einem Publikum. Aus diesem weiten Feld der Eigenproduktionen, die »sendereif« für ein Publikum gestaltet werden, hier nur einige Projektideen.

Mühsam aber überaus reizvoll und auch für die Primarstufe geeignet ist der *Trickfilm*. Eine Super-8-Kamera mit Einzelbildschaltung findet sich noch leicht in vielen Haushalten oder in den Sammlungsräumen der Schule. Mit 18 Bildern in der Sekunde werden Gegenstände, Personen, Knetfiguren oder Gezeichnetes bewegt. Kopiert man den fertigen Film mit einer Videokamera auf Band, so lässt sich das Werk nachträglich leicht schneiden und vertonen. Zuweilen ist auch eine Rückwärtsprojektion sinnvoll. Soll etwa aus einer Knetkugel eine Gestalt im Trick wachsen, ist es filmtechnisch einfacher, die fertige Figur allmählich in eine Kugel zu verwandeln und diese Metamorphose dann rückwärts projiziert dem Publikum vorzustellen. Der Aufwand beschränkt die Handlung auf wenige Minuten, die Dauer der Filmentwicklung strapaziert etwas die Geduld der Filmemacher, doch lohnt der Erfolg die Mühen.

Kurzfilme erfordern eine gute Portion Kreativität. Fernsehvorbilder in den Köpfen unserer Jugend können dies aber eher behindern. Ein Blick hinter die Kulissen der Serienproduzenten bietet hier Hilfestellung. Fernsehserien[2] werden zunächst durch

1 Empfehlungen für den Kinderfilm finden sich in der Zeitschrift Kinderkino Illustrierte. Der Bundesverband Jugend und Film gibt in regelmäßiger Folge Empfehlungen für Kinder- und Jugendfilme heraus.

2 Zur Einführung in das Thema Fernsehserien vgl. Heidtmann 1993.

die Schaffung von Hauptfiguren bzw. Figurenensembles vom Drehbuchautor festgelegt. Typisierungen können dabei den Anfang eines Handlungsfadens bilden. Figuren wie beispielsweise die Skateboard-Oma, die starke Susi, Robert mit dem Röntgenblick, der sprechende Hund Speaky usw. ergeben bereits ein Gerüst für mögliche assoziativ gereihte Handlungsabläufe. In einem ersten Schritt lassen sich in szenischer Improvisation spontan und ohne Belastung durch die Technik Einzelszenen proben, Rollen erkunden und Anregungen für weitere Handlungsverläufe ausprobieren, die im folgenden dann durch ein Treatment, eine Kurzform des Drehbuchs, für die Verfilmung festgehalten werden. Für das Rollenspiel bieten die Vorbilder aus der Commedia dell'Arte viele Anregungen. Auch hier wurde auf spontanes Spiel viel Wert gelegt, man passte Handlungen den örtlichen Gegebenheiten des Spielorts an, ironisierte Personen und Verhältnisse. Das vorgegebene Rollen- und Typenset (Harlekin usw.) bildete auch hier das Grundgerüst für die Aktionen. Für Schüler ist die Commedia dell'Arte[1] auch noch aus einem anderen Grund eine hilfreiche Stütze. Die dort verwendeten Halbmasken bieten Schutz und helfen Hemmungen überwinden.

Das Projekt »*Film und Text*« illustriert die Videoarbeit im Deutschunterricht. Drei literarische Kurzformen aus der laufenden Unterrichtsarbeit galt es filmisch in Gruppen umzusetzen. »Der Geldbriefträger« von Thomas Bernhard, »Liebeskummer« von Christine Nöstlinger und »Vorkommnisse« von Max Frisch bildeten die literarischen Vorlagen. Nach einer technischen Einweisung in die Kamerabedienung, die einige Spezialisten in der Klasse nur mühsam belächelten, einer Einführung in die Gestaltung des Films mit praktischen Versuchen und einer schriftlichen Merkhilfe, erfolgte die eigentliche Dreharbeit in drei Gruppen an zwei Vormittagen. Videoprojekte erfordern Zeit und lassen sich zunächst nur schwer kalkulieren. Deshalb soll die nachfolgende Aufstellung einen Einblick in die zeitliche Belastung vermitteln.

Vorbereitung des Projekts:

- Übungen zum Gestalten eines Drehbuchs: 1 Stunde.
- Wie das Fernsehen funktioniert: 1 Stunde.
- Textauswahl und Organisation der Gruppen: 2 Stunden.
- Drehbuch und Storyboard ca. 5 Stunden als Gruppenarbeit zu Hause.
- Übungen mit der Kamera: 1 Stunde.

Verlauf:

- Dreharbeiten an zwei Vormittagen 8.00–13.00 Uhr
- Schneiden und Vertonen: jede Gruppe ca. 3 Stunden an einem Nachmittag.

So konnte das gesamte Projekt in zwei Wochen durchgeführt werden. Allerdings setzte es viel Begeisterung bei der Lehrerin und den Schülern voraus. Der Erfolg dieser Arbeit spiegelt sich am besten in einzelnen Schüleraussagen:

1 Commedia dell'Arte, ein Stegreifspiel meist mit Masken aufgeführt, entstand um die Mitte des 16. Jh. in Italien. Sie beeinflusste die Theatergeschichte nachhaltig.

»Beim Drehen habe ich sehr viel Neues dazugelernt, was ich noch nicht wußte z.B. daß es verschiedene Kameraperspektiven gibt und wie sie benannt werden und wie man eine große Kamera bedient. Von der Kameraeinstellung wußte ich bisher auch nicht viel. Jetzt weiß ich, was eine Totale und was eine Halbtotale ist. Ich wußte nichts von einem 180°-Prinzip und hätte den Begriff wahrscheinlich in die Geometrie eingeordnet« (G.G. 15 Jahre).

»Die Vorbereitung des Films hat mir echt gefallen, Drehbuchschreiben, Rollen in der Gruppe einteilen usw. Gut hat mir auch die Zusammenarbeit in der Gruppe gefallen, alle haben etwas gemacht. Gut fand ich auch die Art der Geschichte. Sie war gut zu verfilmen und nicht langweilig, weil man etwas Action in die Geschichte bringen konnte.... Spaß machte auch das Improvisieren, das notwendig war, um die Probleme (am Drehort Anm. d. Verf.) zu lösen. Das Spielen einer Polizistenrolle fand ich ebenso toll wie das anschließende Nachbearbeiten des Films, zum Beispiel Szenen zusammenschneiden und den Film mit Musik zu unterlegen. Gut gefallen hat mir weiterhin die Eigenverantwortung, die wir hatten, wir konnten viele Dinge selbst entscheiden« (M.S., 15 Jahre).[1]

Das Projekt *Werbung* erlaubt neben filmischer Kreativität auch eine kritische Reflexion manipulativer ästhetischer Wirkungszusammenhänge. Denn die Aufgabenstellung, selbst einen Werbespot zu gestalten, zwingt zu genauer Analyse professioneller Werbung.[2]

Im Projekt *Film interkulturell* stellen Schüler/innen unterschiedlicher Ethnien, deren Alltag und Probleme in Szenen vor. Die Gestaltung und Darstellung der Lebenswelt mit der Kamera macht die eigenen kulturellen Bedingungen bewusst und schafft einen Zugang zu fremden Kulturen.

Analog zur Schülerzeitung oder zum Schulradio lassen sich auch einzelne Magazinbeiträge zu einem eigenen *Schulfernsehprogramm* zusammenfassen. Beiträge zu Verkehrsbedingungen auf dem Schulweg, Aspekte des Schulalltags, Schüler- und Lehrerportraits, Berichte aus der SMV, dem Schülergemeinderat oder Schulveranstaltungen, Interviews mit Lokalgrößen zu aktuellen Ereignissen, wie auch Scherz, Satire und Ironie können beispielhaft genannt werden. Lehrer/innen, die diesen Aufwand nicht scheuen und vielleicht eine der wenigen frei verfügbaren Unterrichtsstunden für Arbeitsgemeinschaften dazu verwenden möchten, bietet sich ein reiches Betätigungsfeld für eine interessante Filmarbeit.

Die hier dargestellten Projektskizzen sollen lediglich als Anregung dienen. Ein Curriculum »Filmerziehung« kann nur in Zusammenhang mit der jeweiligen Schulstufe und Schulart und den technischen Voraussetzungen vor Ort erstellt werden.

1 Projektidee und Durchführung: Marianne Bieler, Realschule Schwäbisch Gmünd. Dokumentation beim Medienpädagogischen Zentrum, Päd. Hochschule Schwäbisch Gmünd.

2 In Stipp-Hagmann 1996, S. 49–64, findet sich ein gut dokumentiertes Projekt zur Werbung einschließlich einer Einführung in die filmische Gestaltung.

Eine Einordnung der jeweiligen Projekte in die Schulstufen zeigt Tabelle 23.

Tabelle 23 **Film: Schülerkompetenzen und Schulstufen**

	Technische Kompetenz	**Semantische Kompetenz**	**Pragmatische Kompetenz**
Primarstufe	Filmprojektion und Wahrnehmung, kinooptisches Spielzeug, Blankfilm	Kinderkino	Trickfilm mit S-8-Kamera, Minispielfilme
Sekundarstufe I	Montage, Ton, Beleuchtung, Filmproduktion, Filmverleih	Zaubereien mit der Kamera, Film und Illusion, Film und Ton, semantischer Filmschnitt, Filmanalyse	Kurzfilm, Film interkulturell, Text und Film, Werbung, Schulfernsehen
Sekundarstufe II		Filmanalyse, Filmgeschichte	Filmexperimente

Doch vor dem Jugendvideopreis steht auch hier der Schweiß, und es sind Grundlagen zu erarbeiten. Hier sollen deshalb nun die wichtigsten technischen Voraussetzungen für die Videoarbeit skizziert werden.

3.3 Technische Voraussetzungen

Die Kamera

Medieneinsatz scheitert wie bereits häufig erwähnt an technischen Unzulänglichkeiten. Es fehlen wichtige Geräte oder das Zubehör wie Kabel, Batterien usf. Andererseits erstickt die Angst vor Pannen, die Medienphobie, allzu oft ein Projekt bereits im Vorfeld.

Welche Geräte sind erforderlich und empfehlenswert?

Zunächst zur Kamera. Über eine Neuanschaffung ist derzeit auf Grund der vielen Neuerungen auf dem Markt schwer zu entscheiden. Die Entwicklung digitaler Technik eröffnet viele Möglichkeiten. So umfasst das Leistungsspektrum neuer Kameras in Digitaltechnik ein Qualitätsniveau, das bislang professionellem Gerät vorbehalten blieb. Auch der digitale Schnitt am Computer erreicht bald Maßstäbe, die zu gleichem Preis in analoger Technik nicht zu bekommen sind. Wer also bereits im fortgeschrittenen Stadium der Computerisierung in seiner Schule steht, sollte sich mit dieser Technik vertraut machen. Im konventionellen Bereich kommen für Schulen eigentlich nur Kameras im S-VHS Standard in Frage. Damit lassen sich zur Wiedergabe alle vorhandenen Recorder einsetzen, gegebenenfalls nach einer Kopie auf VHS-Band. Das einfachere VHS-Format genügt den Ansprüchen an die Bildqualität bei weitem nicht mehr. Kommt dazu noch ein elektronischer Schnitt und damit ein Kopiervorgang, so sinkt die Aufnahmequalität aufs Unerträgliche. Das Format Video 8 bzw. Video-8-Highband (HI8) stellt zwar durchaus eine Konkurrenz dar, erscheint aber für den Schuleinsatz wegen mangelnder Kompatibilität – Recorder sind hierfür kaum vorhanden – nicht empfehlenswert. Des weiteren gehört ein Stativ der oberen Preisklasse unbedingt zur Grundausstattung. Einem Prospekt oder Verkäufer ist nicht zu trauen. Um sicher zu gehen, sollte man die Kamera auf das gewählte Dreibein schrauben und selbst mögliche Schwingungen sowie die Beweglichkeit des Schwenkkopfes kontrollieren. Der größte Fehler aller Videoamateure liegt im Verzicht auf eine optimale Stütze. Wackelige Bilder sind die unschöne Folge. Die Handkamera gehört zwar zum filmischen Gestaltungsrepertoire, doch verwenden Profis dazu oft aufwändige Körperstützen (*Steadycam*) oder sind im ruhigen Halt einer Videokamera weit besser geübt als Schüler/innen. Geht es dann an die Dreharbeit, so verhindern vielleicht nachstehende Tips technische und organisatorische Pannen.

Einführende Tips zur Arbeit mit der Kamera

Kameraeinstellungen überprüfen (in der Sucheranzeige sind einige Anzeigen zu beachten):

- *Datumsanzeige* ausschalten. Diese Zusatzfunktion mag zwar die Vielfalt der Ausstattung beim Kauf unterstreichen, in der Praxis wird die Datums- und Zeitanzeige am Bildrand kaum benötigt. Dagegen macht sie, taucht sie bei einem Take plötzlich auf, jeden Gestaltungswillen gegenstandslos.
- *Einstellung auf SP* (Shortplay) nicht *LP* (Longplay). Die LP-Einstellung ist in der Praxis bedeutungslos, es sei denn, man will seine Haustür überwachen und ein 4-Stunden-Band reicht nicht aus. Die LP-Einstellung verdoppelt die Bandlaufzeit – die Qualität dagegen wird nahezu halbiert.
- Bei *Super-VHS* erscheint ein S im Sucher. Normalerweise stellt sich eine S-VHS-Kamera automatisch auf das S-VHS-Band um. Trotzdem können Spielereien an der unübersichtlichen Fülle der Knöpfchen am Gehäuse ein versehentliches Verstellen auf VHS bewirken. Beim späteren Schnitt erhält man dann Einstellungen in unterschiedlichen Formaten.

Bedienung:

- Bei älteren Kameras ist ein *Weißabgleich* erforderlich, der unliebsame Farbverschiebungen (Kunst-, Tageslicht) verhindert (Betriebsanleitung beachten).
- Ein *Stativ* verwenden.
- Bei Interviews *externes Mikrofon* einsetzen. Die eingebauten Mikrofone erreichen inzwischen einen hohen Standard. Trotzdem ist der Ton, vor allem bei

Außenaufnahmen mit Nebengeräuschen, immer noch der Schwachpunkt in der Videotechnik. Interviews oder der Text der Schauspieler können mit dieser Technik kaum verständlich aufgezeichnet werden.
- Ladezustand des *Akkus* überprüfen. Eigentlich ein überflüssiger Rat, doch in der Praxis taucht dieser Fehler allzu oft auf. Anfahrtswege, Kulissenaufbau usf. waren dann umsonst. Ältere Batterietypen leiden häufig unter dem Memory-Effekt: Sie verlieren nach einer Teilladung an Speicherkapazität und die gewohnte Energiemenge reicht plötzlich nicht mehr aus. Ein Zweitakku ist also in jedem Falle eine wichtige Anschaffung.

Aufnahme:
- *Einstellungsgröße* und *Perspektive* vor der Aufnahme evtl. mit einem Monitor überprüfen. Das trainiert nicht nur die Wahrnehmungsfähigkeit der Schüler. Auch hier gilt: gefilmt ist gefilmt – und nachträgliche Änderungen sind kaum mehr möglich.
- *Kamerabewegung* genau planen und sparsam einsetzen. Die bewegte Kamera setzt einiges Können voraus, denn nicht jedes Wedeln macht schon einen Schwenk.

Schwenk:
- Jeder Schwenk hat einen Anfangs- und Endpunkt. Diese Eckpunkte suchen und die Geschwindigkeit des Schwenks mehrmals ohne Aufnahme proben.
- Schwenks, die einer Bewegung folgen, sind angenehmer.
- Schwenks machen oft Schwierigkeiten bei der Montage, da sie nicht beliebig beschnitten werden können. Daher sind mögliche Schnittfolgen vorzuplanen.
- Schwenks nur mit Stativ durchführen. Den senkrechten Stand kontrollieren, da sonst bei der Drehung das Bild kippt.

Zoom:
- Didaktisch ein interessantes Gestaltungsmittel, da es eine übergangslose Einstellung von Gesamtobjekt zum Detail zulässt, aber filmisch gilt die Zoomfahrt als vermeidbares Übel – statt dessen eine Kamerafahrt probieren.
- Ein Zoom wird angenehmer, wenn es mit einem Schwenk verbunden wird.
- Bei Schülerarbeiten: Zunächst Schwenk und Zoom ausschließen. Der Filmnachwuchs sollte sich früh an die Einstellungsgrößen und ihre Wirkung gewöhnen.

Hier nochmals einige Übungsformen zum Umgang mit der Kameratechnik:
- Kartenspieler an einem Tisch (Wechsel der Einstellungsgrößen).
- A geht durch eine Tür (einfache Schnittfolge).
- B betritt ein Haus und geht eine Treppe hinauf zu seiner Wohnung (Erzählzeit und erzählte Zeit – Reduktion von realen Abläufen bei Erhalt der Verständlichkeit).
- C fällt über einen Gegenstand: die Spannung erhöht sich durch einen Hinweis (Suspense) auf das Hindernis. Alfred Hitchcock war der große Meister des

Suspense, sein erklärendes Beispiel: Eine Bombe, die plötzlich hochgeht, erschreckt den Zuschauer nur wenige Sekunden. Hat er sie jedoch schon erkannt, so steigt seine Spannung über eine lange Zeit. Er fragt sich: Wird sie wohl explodieren?

- E und F stoßen an der Ecke eines Ganges zusammen (parallele Handlungsführung).
- Der Taschendieb (Charakterisierung – Dramaturgie, Suspense, Verständlichkeit).

Aufgabenspezifizierung:

- 3–4 Einstellungen vorher überlegen, skizzieren (Storyboard) und mit der Kamera kontrollieren.
- Szene zunächst beschreiben und visualisieren, d.h. geeignete, ausdrucksstarke Bilder suchen. Jemand geht einen Gang entlang, A gewinnt das Kartenspiel: Wie werden diese Aussagen eindrucksvoll umgesetzt?
- *Suspense*: Wie wecke ich Erwartungshaltungen beim Zuschauer?

Der elektronische Schnitt

Schnitt meint schneiden mit der Schere. Dies trifft den Vorgang beim herkömmlichen Film. Beim Videoschnitt handelt es sich dagegen um ein Kopierverfahren. Die Originalaufnahmen werden von einem Videorecorder auf das so genannte Masterband im zweiten Recorder kopiert, wobei die ursprüngliche Länge der Einstellung auf den gewünschten Abschnitt gekürzt, eben beschnitten wird. Diesen Vorgang wiederholt man meist. Man fertigt zunächst einen ersten Schnitt, den Rohschnitt und verbessert diesen Schnitt in einem zweiten Durchgang im so genannten Feinschnitt. Das heißt zunächst doppelte Arbeitszeit und erfordert ein genaues Protokoll des ersten Schnitts, da sonst die gewünschten Bildstellen wieder neu und langwierig gesucht werden müssen. Beim Schnitt am Computer entfällt diese Doppelbelastung, da ein digitalisierter Filmstreifen jederzeit am Monitor gekürzt und wieder verlängert werden kann.

Je nach Ausstattung ist mit den folgenden drei Gerätekonfigurationen ein elektronischer Schnitt möglich:

A: Videokamera + Videorecorder + Monitor. Man verkabelt die Kamera (*Video Out, Audio Out*) mit dem Recorder (*Video In, Audio In*) und diesen mit einem Fernsehgerät (über *Video Out, Audio Out* oder das Antennenkabel) zur Kontrolle der Aufzeichnung.

B: Recorder + Recorder + Monitor. Mit einem zweiten Videorecorder lässt sich die Kamera als Zuspielrecorder ersetzen. Die Zusammenstellung und Verkabelung der Geräte bleiben gleich.

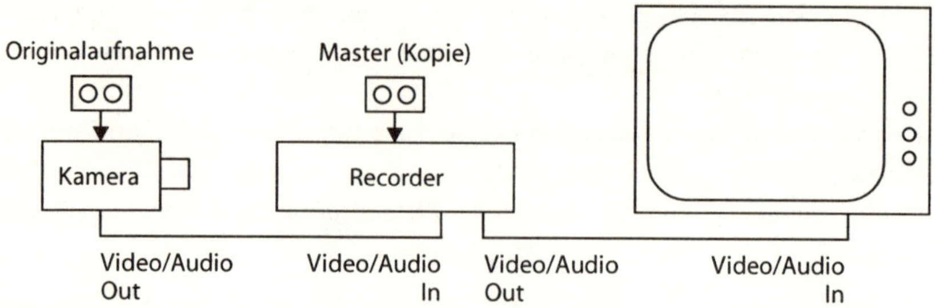

Abbildung 19 **Schnittanlage mit Kamera und Recorder**

C: Monitor + Recorder + Schnittsteuergerät + Recorder + Monitor (Abb. 20). Die teuerste aber auch sicherste Methode ist der Einsatz eines Schnittsteuergeräts. Zwei Recorder werden über dieses Schnittsteuergerät verbunden, das den genauen Ablauf- und die Aufnahmefunktion der Recorder bildgenau steuert. Zur Kontrolle setzt man zwei Fernsehgeräte oder Monitore ein, mit denen man exakt das Aufnahmematerial und die geschnittene Kopie kontrolliert.

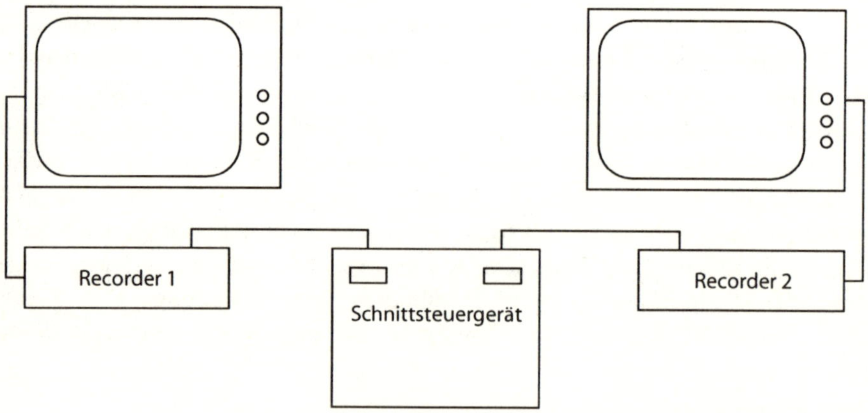

Abbildung 20 **Schnittplatz mit zwei Recordern, zwei Monitoren und Schnittsteuergerät**

Der Schnitt/die Montage

Man unterscheidet zwei Formen: den Assemble- und den Insert-Schnitt. Beim Assemble-Schnitt kopiert man Ton und Bild gleichzeitig und bildgenau auf das Master Band. Die Schnittfolgen addieren sich. Beim Insert-Verfahren lassen sich Bild und

Ton getrennt aufzeichnen. Ein besonderer Vorteil dieses Systems liegt darin, dass man bereits vorhandene Filmabschnitte neu überspielen kann. Das erlaubt der Assemble-Schnitt nicht, da er beim Löschen hässliche Löschstreifen am Ende der Aufzeichnung produziert. Bei Recordern, die den Insert-Schnitt anbieten, lassen sich zwei Tonspuren getrennt mit und ohne Bild aufzeichnen, so dass z.B. eine Sequenz mit Originalton auf der einen Spur nachträglich noch mit Musik, Kommentaren oder Geräuschen auf der zweiten Spur nachvertont werden kann.

Der Ton

Für Tonaufnahmen empfiehlt sich immer ein externes Mikrofon. Die Tonqualität überprüft man mit einem Kopfhörer (Anschlussbuchse an der Kamera). Da Mikrofone unterschiedliche Charakteristika aufweisen (Kugel-, Nieren-, Richtcharakteristik), sollten vor der Aufnahme einige Testversuche gemacht werden: z.B. Interviews mit Nebengeräuschen aus unterschiedlicher Richtung, im Freien mit und ohne Windschutz (einem Schaumstoffüberzug für das Mikrofon), Gespräche in Gruppen mit unterschiedlicher Entfernung usw. Nur so wird die Tonaufnahme kalkulierbar. Für Tonaufzeichnungen aus einer bestimmten Entfernung kann man auch einen Galgen, einen längeren Stab, an dem das Mikrofon hängt, basteln. Wichtig bei jedem Einsatz mit dem externen Mikrofon ist, dass das Anschlusskabel weder am Mikrofon, noch an der Kamera zerrt. Sonst entstehen leicht Störgeräusche oder der Kontakt unterbricht vollständig.

3.4 Drehbücher und andere Textvorlagen

Schriftliche Vorarbeiten zum Film sind nicht nur für das Endprodukt wertvoll, sie lassen auch wichtige Vergleiche von Text und Film zu. Insofern ergibt sich hier eine Nahtstelle oder auch Integrationsmöglichkeit zum Fachunterricht Deutsch (s.o. Projekt Text und Film), zur Politik, den Fremdsprachen und den Sachfächern. Nach ihrer Länge geordnet ergeben sich folgende schriftliche Planungsvarianten (vgl. Anfang et al. 1994):

Das *Exposee* stellt lediglich die Filmidee, den Plot, dar und umfasst die Figuren, das Handlungsgerüst und die Absichten auf wenigen Seiten.

Etwas ausführlicher behandelt das *Treatment* die Filmgeschichte. Es deutet bereits Dialoge an, beschreibt die Atmosphäre der Szenen, ihre Dekoration und die wesentlichen Requisiten. Im Dokumentarfilm stellt das Treatment die letzte Stufe der textgebundenen Planung dar.

Im *Storyboard* werden die einzelnen Szenen zur Überprüfung von Einstellungen kurz und vereinfacht gezeichnet. Es entsteht eine Bildergeschichte. Sie hilft beim Umsetzen der Story in Bilder und legt Kamerastandort, Einstellungsgröße und Perspektive fest.

Ausführlich stellt das *Drehbuch* schließlich alle zu beachtenden Faktoren der Filmproduktion dar. Es zwingt zu einer genauen Planung und bewussten Gestaltung. In der schulischen Videoarbeit bedeutet das Drehbuch aber auch einen nicht zu unterschätzenden Zeitfaktor. Außerdem schränkt es die spontane Arbeit am Drehort ein. Schüler/innen sind oft eher in der Lage, eine Szene und vor allem Dialoge nach einer Probe spontan zu spielen. Es gilt daher bei jeder schriftlichen Vorbereitung einer Videoproduktion den Aufwand und den Nutzen im Einzelfall gegeneinander abzuwägen. Soll ein brauchbares Drehbuch für den geplanten Film verfasst werden, so eignet sich eine Darstellung in Tabellen. Dazu ein Beispiel.

Tabelle 24 **Drehbuch**

Einstell. Nr.	Drehort	Requisiten	Handlung	Kamera	Ton/Text

Nach Jud-Krepper 1996, S. 103

3.5 Filmgestaltung

Das Erlebnis Spielfilm beruht vor allem auf der Illusion, im Augenblick der Wahrnehmung Realität zu erfahren. Der Schauspieler, der distanziert und mit Hilfe der Verfremdung seine Rolle vorstellt, gehört ins Theater oder in den experimentellen Film. Im kommerziellen Kino findet er sich nicht. Gleiches gilt für die Kulisse. Roland Emmerich und Volker Engel verstanden es hervorragend, das Modell des Weißen Hauses so in die Luft zu sprengen, dass uns als Zuschauer dieselbe fast wegbleibt. Wesentlicher Bestandteil filmischer Illusion ist der spezifische Umgang mit Raum und Zeit. Anhand dieser Kriterien sollen einige wesentliche Elemente filmischer Gestaltung dargestellt werden.

Tabelle 25 **Gestaltung von Raum und Zeit im Film**

Raum	Zeit
Bildausschnitt (Cadrage) Einstellungsgröße Perspektive Kulisse Beleuchtung	Ablaufgeschwindigkeit Zeitraffer / Zeitlupe Bewegung vor / mit der Kamera Einstellung Schnitt / Montage
Ton, Musik, Dialog	

Der Film gestaltet Wirklichkeit hauptsächlich durch Veränderung von Raum und Zeit. Dabei spielt er mit unseren realen Erfahrungen, indem er einerseits wirklichkeitsgetreue Abbildungen von Personen und Gegenständen liefert oder sie uns als wirklichkeitsgetreu in Erscheinung treten lässt (Modelle von Städten oder Landschaften z.B. in der unendlichen Geschichte; Kulissen von Straßen z.B. in Wildwestfilmen; Animationen z.B. die Saurier in Jurassic Park). Andererseits lässt er uns diese filmische Wirklichkeit durch Kamerapositionen, deren Wechsel im Schnitt oder ihre Bewegung in Fahrten auf eine Art erleben, die real nicht möglich ist. So entsteht in unserem Bewusstsein die ständige Illusion, Zeitzeugen von Ereignissen zu sein. Wir erleben ein »fluides Universum« (Morin 1958, S. 75), ein flüssiges Weltall und verlieren unsere Gebundenheit an einen Standort. Wie mit magischen Kräften überwindet man beliebig Zeit und Raum und erweitert seine Raum- und Zeitwahrnehmung durch den Film. Das macht die Faszination und Illusion von Kino und Film aus. Doch wie geschieht dies im Einzelnen:

Illusion durch Veränderung der Realzeit

Der Film verändert das physikalische Zeitkontinuum, d.h. die messbare Zeit. Ein realer Vorgang wird nur noch durch einige Einstellungen (Takes) erfasst. Durch die Montage der Einstellungen verbinden sich gedanklich diese Bruchstücke zu einem Ganzen, ohne dass uns die verschwundene Zeit bewusst wird. Entscheidende Momente verlängern sich durch Dehnungen der realen Ablaufgeschwindigkeit. Aktionsreiche Szenen, etwa Explosionen, erhalten mehr Dramatik, wenn sie in Zeitlupe durch Spezialkameras mit hoher Bildfrequenz aufgenommen werden. Eine Verzögerung lässt dem Zuschauer mehr Zeit, den Ablauf in seinen Details zu verfolgen und erhöht so die Wirkung. Dasselbe gilt für rasche Bewegungen in Stunts, die in Realzeit viel zu schnell ablaufen würden.

Diese Metamorphose von zeitlichen Abläufen lässt sich noch steigern. Edgar Morin, ein wenig bekannter aber dennoch faszinierender Filmtheoretiker aus dem Frankreich der 50er Jahre, nannte dies die magische Zeit im Film. Dazu zwei Beispiele. Mit dem einfachen Stopptrick – die Kamera wird angehalten und nach einiger Zeit wieder eingeschaltet – verschwinden scheinbar beliebig Gegenstände aus dem Bild, neue erscheinen, denn der Betrachter sieht nicht mehr, wie sie entfernt oder hinzugefügt werden. Die Kamera schafft mühelos das, was der Magier auf der Bühne mit viel Aufwand und Geschicklichkeit dem Publikum illusionär darbietet. Mit dem Stopptrick arbeitete bereits George Méliès 1896. Sein Film verfing sich in der Kamera. Als er nach einer Minute Zwangspause weiterkurbelte, zeigte der fertige Film die zauberhafte Verwandlung eines Omnibusses in einen Leichenwagen, von Männern in Frauen usw. (Beller 1993, S. 13).

Dieser Stopptrick eignet sich hervorragend für die einführende Arbeit mit der Videokamera (Zaubereien). Noch zutreffender ist die Bezeichnung magische Zeit, wenn durch eine Umkehrung der Projektion der Film rückwärts läuft. Im Trickfilm wächst aus einer Knetkugel ein Männchen, während bei der Aufnahme im Studio schrittweise das Knetmännchen zur Kugel geformt wird.

Die Chronologie von Ereignissen lässt sich besonders durch Schnitte – besser als Montage bezeichnet – beeinflussen. So erreicht der Film eine Gleichzeitigkeit mehrerer Ereignisse durch die Parallelmontage. Zeitliche Abläufe werden durch Schnitte auf das Wesentliche gekürzt. In der Rückblende ordnet sich Gegenwart, Zukunft und Vergangenheit neu. Die nachstehende Grafik gibt einen Überblick über die Zeitstruktur des Films:

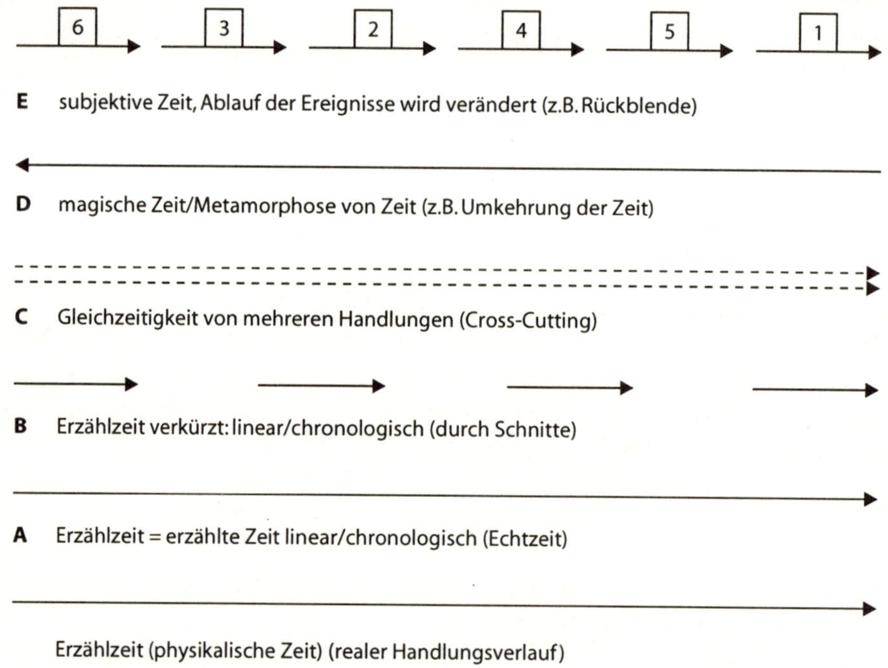

Abbildung 21: **Zeitstruktur im Film**

Am unteren Ende markiert der Pfeil das physikalisch messbare Zeitkontinuum, die Realzeit. Die Erzählzeit, der reale Ablauf und die erzählte Zeit, die im Film wiedergegebenen Zeitausschnitte sind gleich. Ein Vorgang, der z.B. 5 Minuten dauert, erscheint im Film genauso lang. Darüber bauen sich Zeitdarstellungen mit zunehmender Distanz zu dieser vollständigen Chronologie auf.

In *A* ist die Erzählzeit gleich der erzählten Zeit. Die Handlung läuft, die Kamera tut es auch. Diese zeitliche Darstellungsform ist abgesehen von einzelnen Sequenzen weitgehend dem Dokumentarfilm oder dem Experimentalfilm vorbehalten.

Wesentlich häufiger findet sich Modell *B*: Die in eine Sequenz gebundene Handlung wird in einzelne Einstellungen aufgelöst. In der Montage werden unbedeutende Film- und damit Handlungsteile weggeschnitten. Das Geschehen erscheint verkürzt aber dennoch verständlich. Folgende Szene verdeutlicht das: Eine Frau verlässt ihr Auto und geht zu ihrer Wohnung im dritten Stock eines Gebäudes. Wie lässt sich diese

Handlung in wenigen Einstellungen verständlich machen? Was in der Wirklichkeit mehrere Minuten dauert, »schafft« der Film in wenigen Sekunden, ohne dass der Zuschauer in seiner Vorstellungskraft überfordert wäre, es sei denn die Filmemacher haben schlecht gearbeitet.

Modell *C* stellt die Gleichzeitigkeit mehrerer Ereignisse durch eine alternierende Schnittfolge dar. Die Filmwissenschaft unterscheidet dabei Cross-Cutting und Parallelmontage. Erfolgen die Ereignisse gleichzeitig, so spricht man vom Cross-Cutting. Bei der Parallelmontage stehen die in wechselnden Einstellungen dargestellten Ereignisse in einem inneren Zusammenhang. Dazu ein Beispiel aus der Filmgeschichte: D. W. Griffith zeigte in »The lonely Villa« bereits 1909 Cross-Cutting. Ein Überfall mit Banditen, gefährdete Frauen und ihre Befreiung werden durch wechselnde Einstellungen dargestellt. In »A Corner in the Wheat« wird ein Zusammenhang zwischen reichen Weizenfarmern und den Armen in einer Bäckerei durch Parallelmontage hergestellt. Zwei Ereignisse, die nicht unbedingt gleichzeitig ablaufen (nach Beller 1993, S. 23). Aber durch die Schnittfolge wird eine Parallelität der Darbietung erreicht, welche die Ereignisse in unserer Vorstellung in einen inneren Zusammenhang stellen.

In Modell *D*, der magischen Zeit, vollzieht sich eine Metamorphose durch Ausdehnung der physikalischen Zeit in der Zeitlupe oder ihre Verkürzung im Zeitraffer. Eine Umkehrung des Handlungsablaufs erfolgt, wenn der Film rückwärts läuft.

Bei der subjektiven Zeit in *E* schließlich verschmelzen durch Montage Vergangenheit, Gegenwart und Zukunft in der Gegenwart des Betrachters. Der Film beginnt mit einem flash-back oder auch cut-back, einer Rückblende in die Vergangenheit. Dann folgen Handlungsstränge aus unterschiedlichen Zeitabschnitten. Der Film entwickelt so eine komplexe Zeitstruktur vergleichbar zum modernen Roman. Wer hier Details studieren möchte, der sei auf einen Vergleich des Romans Homo Faber von Max Frisch mit seiner Verfilmung durch Volker Schlöndorff verwiesen.

Ein weiteres wesentliches Moment, das den Zeitfaktor im Film bestimmt, ist die Bewegung. Abläufe, Handlungen, Ereignisse und Aktion sind an einen Zeitablauf gebunden. Objekte bewegen sich vor der Kamera oder die Kamera bewegt sich selbst. Damit vermittelt der Film je nach dem Ruhe und Geschwindigkeit und spricht so unser Zeitgefühl an. Bei der Kamerabewegung lassen sich folgende Erscheinungsformen unterscheiden:

Der *Schwenk* (pan) stellt den Raum, die Szene in einer Übersicht und im zeitlichen Ablauf dar. Die Kamera dreht sich waagrecht, zeigt einen Panoramaüberblick über die Landschaft oder verfolgt dabei ein bewegliches Objekt. Erfolgt der Schwenk sehr schnell, so spricht man auch von einem Reißschwenk. Anfang und Ende der Kamerabewegung sind deutlich erkennbar, der Schwenk selbst lässt dem Auge kaum Zeit zur genauen Wahrnehmung.

Der *vertikale Schwenk*. Das Neigen der Kamera (tilt) erlaubt einen übergangslosen Wechsel der verschiedenen Perspektiven von der Frosch- bis zur Vogelperspektive (Abb. 23, S. 125).

Eine dritte, selten verwendete Kamerabewegung stellt das *Rollen* dar. Ein in den Wellen bewegtes Schiff kann dabei als Vergleich herangezogen werden. Der Film spielt so mit unserem Gleichgewichtsgefühl und bringt die Senkrechte und die Waagrechte aus ihrer natürlichen Lage. In unserer Wahrnehmung entsprechen diese Kamerabewegungen der Augenbewegung, dem Drehen oder Neigen des Kopfes.

Die *Kamerafahrt* simuliert unsere Körperbewegung. Auf Schienen (tracks) oder mit einem luftbereiften Wagen (dolly) fährt sie in der Horizontalen, mit dem Kran in der Vertikalen und mit der Handkamera folgen die Zuschauer dem Gang des Kameramannes. So bewegt man sich mit der Kamera und sitzt doch ruhig im Kinosessel. Dieses Paradoxon kann sich in seiner Wirkung bis zur Bewegungsempfindung steigern, die von außen durch die visuellen Reize induziert sind. Eine rasante Fahrt auf der gefilmten Achterbahn vermittelt die Illusion der Eigenbewegung, trotz gegenteiliger Erfahrungen, fehlender Muskelanspannungen und gegenteiliger Meldungen unseres Gleichgewichtssinns.[1]

Weniger wirkungsvoll, aber mit der Fahrt vergleichbar, ist das *Zoom*. Kameraobjektive lassen im allgemeinen eine Veränderung ihrer Brennweite zu. Stellt man nun kontinuierlich vom Weitwinkel- in den Telebereich, so rückt man der Sache näher, ohne dass die Kamera ihren Standort ändert. Entsprechend wird man hier nicht durch die tatsächliche Bewegung angeregt. Wir treten nicht in das Geschehen ein, wie bei der Fahrt, sondern das Bild vergrößert sich lediglich. Trotzdem schafft das Zoom einen merkwürdigen Effekt: Wir nähern uns, ohne dem Eindruck auch physisch näher zu treten. In unserer Wahrnehmung gibt es hierfür keine Entsprechung (vgl. Monaco 1980, S. 188).

So beherrscht der Film unsere Zeitwahrnehmung und unterscheidet sich damit grundlegend vom Theatererlebnis.

Illusion durch Veränderung des Raumes

Andererseits schafft die filmische Montage auch Illusionen durch die Veränderung des Raumes. Der zunächst einmal durch die Einstellungsgröße, dem Bildausschnitt, auch Cadrage genannt, festgelegte Weltausschnitt legt die Nähe oder Distanz des Betrachters fest.

Man unterscheidet folgende Einstellungsgrößen:[2]

Die *Totale* (long shot) erfasst die Szenerie auf einen Blick. Umspannt das Bild dabei eine ganze Landschaft, so spricht man auch von der Panorama-Einstellung (extrem long shot) oder einer Weit-Einstellung. Damit schafft sie Atmosphäre und emotionale Bilder ohne wesentliche Handlungen. Als viel zitiertes Beispiel lässt sich

1 Zur filmisch induzierten Bewegung und ihrer Gestaltung vgl. Mikunda 1986, S. 149ff.

2 Nach Gast 1993, S. 16ff. Die Fachliteratur ist sich bei dieser Einteilung nicht einig. Neben diesem 8-stufigen Modell werden auch 6-stufige Schemas gehandelt.

der Western anführen. Endlose Wüste, ein Schienenstrang, der im Endlichen verschwindet oder monumentale Gebirge versetzen den Zuschauer in die Geografie des Geschehens. Einzelheiten spielen keine Rolle und Details sind nur auf der großen Kinoleinwand erkennbar. Ein Grund warum diese Einstellungsgröße im Fernsehfilm wenig genützt wird. Stärker auf die Handlung bezogen ermöglicht die Totale eine Orientierung über den Ort der Ereignisse. Handlungstragende Elemente wie Personen erkennt man jetzt ohne Anstrengung.

Halbtotale (full shot): Die Protagonisten stellen sich dem Betrachter in ihrer ganzen Stattlichkeit. Die Körpersprache steht im Vordergrund, während die Mimik keine Rolle spielt. Das Umfeld umgibt die Akteure und erlaubt eine lokale Einordnung.

Halbnah (medium shot): In der weiteren Annäherung erscheinen die Personen bereits unvollständig etwa bis zur Kniehöhe. Ihr Verhältnis zueinander ergibt sich aus Aktion und Bildgestaltung.

Rückt die Kamera noch näher, so dass der Bildausschnitt unterhalb der Hüfte einer zentralen Figur endet, so spricht man von der *Amerikanischen Einstellung*. Der Name verweist bereits auf das Genre, den Western. Das zentrale Utensil des Cowboys, sein Colt, sollte nie aus dem Blickfeld verschwinden. Verständlich, dass diese Einstellungsgröße auch im erotischen Film nicht bedeutungslos bleibt.

Bereits bei der *Naheinstellung* hat man die sozial übliche Distanz überschritten. Das Bild reduziert sich auf Kopf und Brust der Darsteller. Ihre Mimik, aber auch gestische Bewegungen stehen im Mittelpunkt.

Bei der *Großaufnahme* (closeup)erscheint uns nur noch der Kopf als übergroße Leinwanderscheinung. Auch feinste Nuancen innerer Vorgänge spiegeln sich im Gesicht des guten Schauspielers oder seiner weiblichen Kollegin, sollten sie nicht durch die Aufnahmetechnik zu sehr gesoftet sein, wider. Der Anflug eines Lächelns um die Mundwinkel, die gequetschte Träne im Auge, die unmerkliche Unmutsfalte auf der Stirn – nichts bleibt uns verborgen, alles wird unserer Teilnahme oder unserer Ablehnung angeboten. Die Protagonisten rücken in unsere persönliche Nähe

Das steigert sich bei der *Detailaufnahme* bis ins Intime. Die Kamera zeigt nur noch Gesichts- oder Körperteile sowie Accessoires: den Colt, die Kaffeetasse in der Hand des Helden, die verglimmende Kippe im Aschenbecher, die flackernde Kerze usf.

Für die Wirkung spielt auch das Bildformat eine entscheidende Rolle. So wirkt eine Nahaufnahme ins 3:4-Format des Bildschirms gedrängt eng und fast wie eine Großaufnahme. Dagegen lässt dieselbe Einstellungsgröße im Cinemascope-Format mit dem Seitenverhältnis 1:2,35 Raum für andere Personen und Handlungen und kommt damit der Halbnaheinstellung näher.[1]

Kann man die einzelne Einstellungsgröße noch als Bild, als Sicht aus einer bestimmten Entfernung interpretieren, so zeigt sie vor allem im Wechsel der Montage ihre besondere Wirkung auf die Raumillusion.

1 Monaco 1980, S. 186, verweist auf diesen wichtigen Unterschied.

Der wechselnde Abstand zum Geschehen katapultiert den Zuschauer aus der Distanz in eine unmittelbare Nähe oder gar Intimität, wie sie unsere sozialen Gepflogenheiten nicht zulassen. Räumliche Distanz muss nicht mehr überwunden werden und ewige, im Märchen oft dargestellte Menschheitsträume werden wahr. Als unbemerkter Voyeur nehme ich wie mit einer Tarnkappe an einem Geschehen teil oder überwinde mit Siebenmeilenstiefeln das Hindernis des Raumes in der Geschwindigkeit wechselnder Bilder. Das Universum verflüssigt sich in der Illusion des Zuschauers als Zeuge kleiner oder ungeheurer Vorgänge.

Die *Kameraperspektive* erfasst den Raum in unterschiedlichen Blickwinkeln. In horizontaler Richtung bestimmt die Handlungsachse die Perspektive. Bewegungen oder Gesprächspartner legen diese Linie fest. In vertikaler Richtung zeigt die Perspektive eine Sicht von oben, frontal oder von unten.

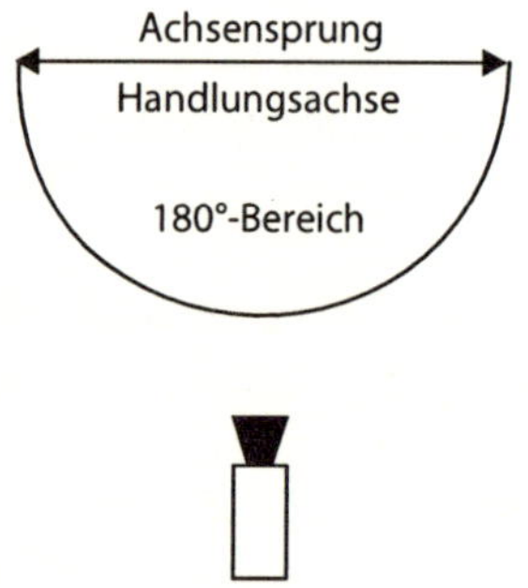

Abbildung 22 **Das 180°-Prinzip** (nach Beller 1993, S. 16)

Die Grafik zeigt die Handlungsachse, etwa zwei Personen im Gespräch, eine Bewegung oder Fahrt eines Objekts usw. Die Kamera kann sich nun im 180°-Bereich bewegen und damit die Handlung in unterschiedlichen Winkeln aufnehmen. Überschreitet sie den 180°-Bereich, so erfolgt ein Achsensprung und die ursprüngliche Bewegungsrichtung kehrt sich für den Betrachter um. Fuhr das Gefährt nämlich zunächst von rechts nach links, so wechselt es jetzt die Fahrtrichtung, fährt also für den Betrachter wieder zurück. Dies kann zu Irritationen beim Zuschauer führen.

Neben dieser vertikalen Bewegungsachse, kann sich die Kamera auch in einer horizontalen Achse drehen, sie kippt nach unten oder schwenkt nach oben (s.o. Schwenk, Neigen). Dabei lassen sich mehrere Stufen unterscheiden. Steil nach unten gerichtet nimmt die Filmkamera das Ereignis in der Vogelperspektive auf. Die Gegenstände und Personen erscheinen verkürzt und verkleinert, somit auch unbedeutender. Eine Sichtweise, mit der man keinen Politiker erfreuen kann. Verringert man diesen Winkel, so folgt zunächst die Obersicht, dann die Normalsicht in Augenhöhe, die Untersicht und schließlich die Froschperspektive, bei der die Objekte uns imposant und bedeutsam von oben anschauen. Ein Grund, warum die Großen dieser Welt so gerne auf Tribünen stehen. Das zwingt ihre Untertanen genau in diese Untersicht oder gar in die Froschperspektive. In F. W. Murnaus Klassiker »Der letzte Mann« (1925) unterstreicht die Kameraperspektive den sozialen Fall eines Hotelportiers. Stolz und goldlivriert steht dieser Portier vor seinem Hotel, dargestellt in der Untersicht. Doch seine Glanzzeiten gehen zu Ende. Am Schluss des Films putzt er kniend die Toiletten, gefilmt in der Vogelperspektive über eine Tür hinweg.

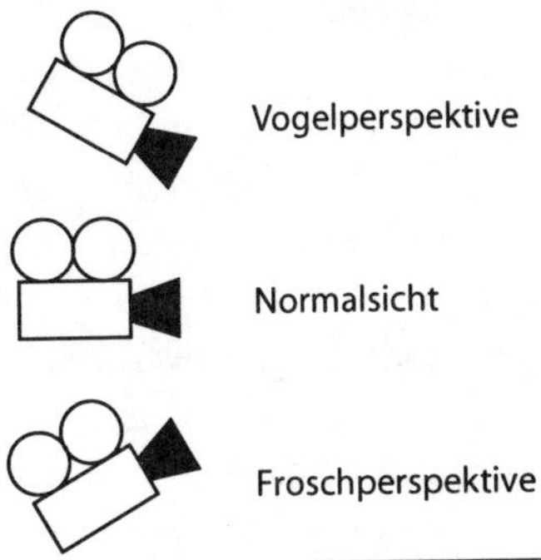

Abbildung 23 **Kameraperspektiven**

Kulissen stehen per se schon für Raumillusion. In der »Unendlichen Geschichte« arbeitete der Regisseur George Miller viel mit Landschaftsmodellen. Künstlerisch gestaltete Räume, viel verwendet im expressionistischen Film wie »Das Cabinett des Dr. Caligari« von Robert Wiene (1919), erlebt man real und ist sich der Täuschung meist nicht bewusst. Imposante Häuserfassaden erscheinen in ihrer Rückansicht als lächerliche Bretterwände.

Die *Beleuchtung* schafft neben der Atmosphäre: Tag – Nacht, freundlich oder düster, geheimnisvoll, bedrohlich, ebenso räumliche Tiefe oder reduziert sie auf eine Ebene. Die Beleuchtungseffekte entsprechen denen der Fotografie. So unterscheidet man Frontalbeleuchtung, welche die Gegenstände schattenlos und damit wenig plastisch wirken lässt, vom Oberlicht, das wiederum nicht nur die Glatze des Darstellers betont, sondern auch die Objekte niederdrückt. Beim Unterlicht ergibt sich ein unheimlicher Effekt. Man denke nur an die Taschenlampe am Kinn in einem dunklen Zimmer. Im Gegenlicht erscheinen Objekte dunkel und mit wenig Zeichnung wie ein Schattenriss, während das Seitenlicht die Silhouette und Plastizität der Gegenstände und Personen hervorhebt. Eine besondere Dramatik schaffen auch Schatten ohne die dazugehörigen Objekte. In »M« (Fritz Lang: M, 1931) fällt der Schatten des Kindermörders dramatisch auf seinen Steckbrief an der Litfaßsäule und auf sein nächstes kindliches Opfer. »Nosferatu« (Friedrich Wilhelm Murnau: »Nosferatu – Eine Sinfonie des Grauens«, 1922), der Vampir, wirft seinen Schatten auf das schlafende Opfer. Verzerrt erscheinen die Fingernägel als mörderische Dolche. So entsteht Spannung, welche die blutrünstigen Epigonen dieses großen Vampirfilms selten erreichten.

Geräusche, Dialoge, Musik im Film

Der *Ton* macht die Musik und auch den Film. Dialoge, Geräusche und Musik schaffen Atmosphäre, unterstützen die räumliche Vorstellung und geben auch wenig bewegten Bildern eine zeitliche Strukturierung. Sie intensivieren die Realismusillusion. Die Auseinandersetzung um die Einführung des Tonfilms zu Beginn der 30er-Jahre veranschaulicht dies. Die Gegner der Tonspur sahen die künstlerischen Gestaltungsmöglichkeiten des Films, zu denen eine tonlose Darstellung zwingt, gefährdet. Was bislang rein visuell zum Ausdruck gebracht wurde, konnte nun einfach durch Kommentare oder Dialoge erzählt werden. Die bislang expressive Gestik und Mimik der Mimen konnte einer normalen, aber dafür auch weniger künstlerischen Darstellungsform weichen. Doch das stoppte den Siegeszug des Tons, wie später auch des Farbfilms, der ähnliche Befürchtungen weckte, nicht.[1]

Doch zurück zu den Funktionen des Tons im Film: Er schafft gleichwohl Zeit und Raum. Selbst Standbilder, in denen kein zeitlicher Verlauf erkennbar ist, erhalten durch Kommentare, Musik oder Geräusche eine Kontinuität. Auditives kann eben nicht wie Visuelles angehalten werden, es verstummt schlichtweg. Ton schafft aber auch Räumlichkeit. Man spricht nicht umsonst von der Geräuschkulisse. Nähe oder Distanz von Sprechern oder Gegenständen (Fahrzeuge, Naturphänomene, usf.) erkennt man bereits an der Tonqualität oder der Lautstärke. Die Wahrnehmungsfähigkeit erweitert sich auch auf die von der Kameraeinstellung nicht mehr erfasste Welt. Der Ton ist allgegenwärtig. Dadurch entzieht er sich aber auch unserer bewussten Wahrnehmung. Hintergrundgeräusche entgleiten dem Bewusstsein nach einer gewissen Zeit. Bekannt ist auch das Phänomen, dass sich Filmbesucher nach Verlassen des Kinos nicht an die Filmmusik erinnern können. Die Attraktivität des Visuellen erfordert einen Großteil der Aufmerksamkeit.

Diese Allgegenwart des Tons hat zu der Unterscheidung von On- und Off-Ton geführt. Beim On erscheint die Geräuschquelle im Bild, beim Off dagegen bleibt sie unsichtbar. Neben dieser mehr formalen Unterscheidung der auditiven Erscheinungen nach ihrer räumlichen Anordnung im oder außerhalb des Bildes trifft Monaco (1990, S. 201f.) eine weitere wesentliche Differenzierung in parallel und kontrapunktisch eingesetzte Tongestaltung. Der parallele Ton unterstützt die Aussage des Bildes. Zur sommerlichen Wiese hört man das Summen der Bienen. Der kontrapunktische Ton läuft gegen den Bildinhalt. Die Romantik der Wiese zerstört das Geräusch eines Düsenjets. Damit sind den Machern große ästhetische Gestaltungsmittel gegeben und nicht umsonst wird dem Ton heute im Film große Aufmerksamkeit geschenkt. Dies sollte bei Analysen auch berücksichtigt werden. Christian Metz (1973), ein bedeutender Filmtheoretiker aus Frankreich, unterscheidet fünf Informationskanäle des Films: Bild, Schrift, Dialog, Musik, Geräusche, von denen nur zwei visuell erfasst werden, drei aber den Gehörsinn betreffen.

1 In den Schriften Rudolf Arnheims (1979, S. 58ff.) wird dieser Streit und die Argumente um den Ton- oder Stummfilm lebendig.

Dialoge erweitern den Film um ein Zeichensystem, die Sprache und damit um eine künstlerische Ausdrucksform. Die Sprache im Film ergänzt Handlungen und erläutert sie, bringt innere Zustände der Figuren zum Ausdruck oder erweitert die räumliche Information des Bildes. Kontrapunktisch eingesetzt, verfremdet und ironisiert sie platten Aktionismus. Bei unseren Kindern und Jugendlichen besonders beliebt ist der Action-Film, der sich mit witzigen und ironisierenden Dialogen der Filmkomödie annähert. Die Bedeutung des Dialogs zeigt sich schon in der Tatsache, dass viele Filme im Studio mühevoll nachsynchronisiert werden.

Musik ist ein wichtiges dramaturgisches Mittel. Sie gibt der Szene eine emotionale Tönung, erhöht die Spannung und rhythmisiert die Handlung. Damit gestaltet Musik die Zeitstruktur des Films mit und unterstützt die Atmosphäre der Räumlichkeiten durch ihre emotionale Wirkung. Dafür zwei Beispiele: Ein Spaziergang durch die belebten Straßen mit einem Walkman lässt uns das Geschehen, je nach gewählter Musik, in ganz unterschiedlichen Stimmungen erleben. Die klassischen Micky-Mouse-Filme setzten die Verbindung von musikalischem Rhythmus und der Bewegung im Film konsequent um. Micky, die Maus, ebenso wie auch beliebige Objekte bewegen sich in völliger Übereinstimmung mit dem Rhythmus der Musik. Deshalb wird diese Gestaltung von Film und Musik auch mickeymousing genannt (vgl. Mikunda 1986, S. 203ff.).

Zusammenfassung

Audiovisuelle Medien dominieren den Alltag von Kindern und Jugendlichen. Das Kino stellt einen wichtigen Ort sozialer Begegnung dar. Fernsehen und gelegentlich auch Video sind reiche Quellen der Information, bieten Gesprächsanlässe und dienen der Stimmungskontrolle. Die im Alltag erworbene Medienbiographie erhält auch eine Bedeutung beim Filmeinsatz im Unterricht. Sehgewohnheiten und Erwartungshaltungen prägen die Voraussetzungen einer schulischen Filmvorführung und bestimmen Erfolg oder Mißerfolg wesentlich mit.

Im Unterricht stellt der Film, zukünftig wohl vermehrt als Videofilm, ein unverzichtbares Medium der Motivation, zur Präsentation und Veranschaulichung, in Übungs- und Selbstlernphasen, zur Wiederholung und als Bereicherung unterrichtlicher Prozesse dar.

Er erfordert aber, soll sein Einsatz lernwirksam werden, wesentlich mehr Kompetenz der Lehrer, als gemeinhin verbreitete Vorurteile vermuten lassen. Die Wahl nach den Zielen, den Schülervoraussetzungen und dem Einsatz in einer konkreten Unterrichtsphase, sein Vorführung mit geeigneten Begleitmaßnahmen und eine angemessene Nachbearbeitung sind wesentliche Kriterien für eine gelungene unterrichtliche Filmdarbietung.

Noch wenig beachtet sind auch die erforderlichen Kompetenzen der Schüler. Hier treffen sich medienpädagogische und mediendidaktische Intentionen beim Aufbau einer technischen, semantischen und pragmatischen Kompetenz. Sie verhilft zu einem selbstbestimmten Umgang mit audiovisuellen Medien im Alltag und verbessert die Bedingungen schulischer Lernprozesse mit dem Unterrichtsfilm. Sie erlaubt aber auch eine aktive Filmarbeit, die weit über eine freizeitlich orientierte Arbeitsgemeinschaft »Film« hinausgeht. Schüler/innen beobachten, erkunden, dokumentieren und präsentieren mit der Kamera ihre Erfahrungen, vertiefen ihren Lernprozess und nutzen sinnvoll ein Medium zur Kommunikation.

Damit nährt sich aber auch die Hoffnung, im Gegensatz zur fatalistischen Bewertung vieler Eltern, Kinder und Jugendliche an eine Filmkultur heranzuführen, die auf diese nicht ohne langfristig positive Auswirkungen bleiben kann. Film stellt ein kulturelles Phänomen dar, das auch höchsten qualitativen Ansprüchen – jenseits von Kommerz und Manipulation – gerecht werden kann, wenn es sein kompetentes Publikum findet.

Tonmedien

1. Musik im Alltag von Kindern und Jugendlichen

1.1 Was Kinder hören

Zunächst einige Daten zur kindlichen Nutzung von Radio und Tonträgern:

Tabelle 26 **Nutzung von Hörmedien** (täglich/fast täglich 6- bis 13-Jährige)

	Hörfunk	**Tonträger**
Nutzung	46 %	46 %
Hördauer	23 Min.	19 Min.
Jungen	22 Min.	15 Min.
Mädchen	25 Min	23 Min.

Quelle: Klingler 1994, S. 15f.

Auf der Beliebtheitsskala der Medien unserer Kinder folgen Radio und Tonträger (Kassette, Schallplatte und CD) nach dem Fernsehen auf dem zweiten Platz mit einer jedoch wesentlich geringeren Nutzungsdauer (Fernsehen ca. 100 Min.). Dabei erscheint die Vorliebe der Mädchen für diese Medien wesentlich ausgeprägter zu sein als die der Jungen.

Beim Radio dominiert eindeutig die Musik, dagegen bestimmen bei den Tonträgern Geschichten die Inhalte. Daraus lässt sich allerdings keine medienspezifische Nutzungsweise ableiten, die Wahl entspricht dem Angebot. Kassetten für Kinder enthalten nun einmal im Wesentlichen Erzählerisches, während das Radio, das die Familien meist gemeinsam nutzen, hauptsächlich aus Musikangeboten besteht. Textbeiträge beschränken sich auf das Limit von 1:30 Minuten.

Tabelle 27 **Nutzung von Tonmedien im Vergleich** (6- bis 13-Jährige)

Hörfunk – Inhalte	**Tonträger – Inhalte**
57% Musiksendungen	41% Abenteuer
22% Werbung	37% Kindergeschichten
15% Wunschkonzerte	35% Märchen
14% Magazinsendungen	29% Musik
13% Sport	
12% Nachrichten	

Quelle: Klingler 1994, S. 18f.

Musik bestimmt die Radionutzung mit deutlichen Zuwachsraten im Altersverlauf. Weiterhin fällt im Altersverlauf eine deutliche Erhöhung der täglichen Nutzungszeiten auf. Entsprechend nehmen auch die Vorlieben für bestimmte Sendeformen zu. Nur bei der Werbung tritt rasch eine Stagnation ein.

Tabelle 28 **Bevorzugte Sendeformen**

Altersverlauf	**6/7 J.**	**8/9 J.**	**10/11 J.**	**12/13 J.**
Dauer täglich	13 Min.	20 Min.	26 Min.	36 Min.
Musiksendungen	34 %	52 %	62 %	76 %
Werbung	12 %	24 %	23 %	26 %
Wunschkonzerte	5 %	9 %	19 %	25 %
Magazinsendungen (Musik, Informationen, Plaudereien)	4 %	8 %	14 %	28 %
Sendungen mit Hörerbeteiligung	2 %	10 %	16 %	22 %
Sportberichte	3 %	8 %	15 %	24 %
Nachrichten	4 %	7 %	13 %	20 %

Quelle: Klingler 1994, S. 18f.

Abgesehen von den Musikkonserven verhält es sich mit den Angeboten auf Tonträgern im Altersverlauf gerade umgekehrt. Hier dominiert zunächst im frühen Alter von 6 bis 7 Jahren das gesprochene Wort. Danach schwindet die Begeisterung stetig, während das Interesse an Musikkassetten zunimmt.[1]

Tabelle 29 **Nutzung von Tonträgern im Altersverlauf**

Altersverlauf	**6/7 J.**	**8/9 J.**	**10/11 J.**	**12/13 J.**
Dauer täglich	15 Min.	18 Min.	19 Min.	25 Min.
Musikkassetten	13%	17%	28%	59%
Märchen	56%	45%	27%	8%
Kindergeschichten	60%	51%	30%	7%
Abenteuer	35%	52%	49%	29%

Quelle: Klingler 1994, S. 19f.

Als Mittel zur Stimmungsregulierung übernehmen die Tonmedien eine wichtige Funktion und übertreffen dabei auch das Fernsehen. In einem Vergleich stellen sich die Tätigkeiten der Kinder bei Langeweile, Ärger, Traurigkeit und bei guter Laune folgendermaßen dar:

1 Zur Nutzung von Hörspielkassetten vgl. Klaus/Schnatmeyer/Volkmer 1995.

Tabelle 30 **Mediennutzung nach Stimmungslagen**				
Tätigkeit bei	**Langeweile**	**Ärger**	**Traurigkeit**	**Guter Laune**
Fernsehen	38 %	6 %	6 %	17 %
Tonmedien	33 %	11 %	10 %	18 %
Nach Klingler/Groebel 1990, S. 63				

Angenehme oder auch unangenehme Stimmungslagen erhöhen demnach die Medienzuwendung und außer bei Langeweile vermehren sie die Nutzung von Tonmedien. Dies zeigt sich vor allem beim Bedürfnis nach Musik. Eine Tendenz, die sich zunehmend im Altersverlauf und besonders im Jugendalter verstärkt. Allerdings muss hier angemerkt werden, dass die Forschungslage zum kindlichen Umgang mit Tonmedien und ihren Funktionen im Alltag sehr dürftig ist. Breiteres Forschungsinteresse findet dagegen vor allem das Fernsehen.[1]

1.2 Was Jugendliche hören

Im Gegensatz zu landläufigen Vorstellungen gilt nicht das Fernsehen, sondern die auditiven Medien als jugendliches Leitmedium. Nutzungsdaten verdeutlichen dies:

Der Gebrauch des Hörfunks ist in dieser Altersgruppe in den letzten 20 Jahren nahezu konstant (von Eimeren/Klingler 1995, S. 210ff.). 1996 hörten Jugendliche zwischen 14 und 19 Jahren täglich 121 Minuten Radio und 41 Minuten andere Tonträger wie Schallplatte, Kassette oder CD (Media Perspektiven. Basisdaten 1996, S. 68). Insgesamt hört der Jugendliche also täglich 162 Minuten Tonmedien (121 + 41 Min.), während er Visuelles nur 155 Minuten (146 Min. Fernsehen, 9 Min. Video) nutzt (Media Perspektiven. Basisdaten 1996, S. 68). Jugendliche bevorzugen Sender nach deren Musikangebot und erst an zweiter Stelle nach der Moderation. Mit anderen Worten, wenn Tonträger genutzt werden, dann zum Musikhören. Die Gründe liegen zunächst in der Besonderheit der Tonmedien als so genannte Sekundärmedien. Sie beanspruchen nicht die ganze Aufmerksamkeit, sondern können auch neben anderen Tätigkeiten gehört werden. Bei unseren Jugendlichen mit meist zunehmendem Bedürfnis nach Mobilität heißt das, dass sie zu 71% zu Hause und zu 29% außer Haus genutzt werden. 56% entfallen auf die Zeit während des Essens, 41% auf eine Begleitung der Arbeit, 17% auf die Autofahrt und zu 16% liegt der Jugendliche bereits im Bett, wenn er Akustisches genießt (vgl. von Eimeren/Klingler 1995, S. 217).

1 In einer Auswertung der publizierten Forschung zum Thema Kinder und Medien fand Groebel (1994, S. 22) nur einen Anteil von 3%, der sich mit der Nutzung von Tonmedien durch Kinder beschäftigte.

Funktionen des Musikhörens[1]

Musik wird von Jugendlichen häufig zum Stimmungsausgleich eingesetzt. Sie lässt sich der jeweiligen Befindlichkeit anpassen, bzw. eine Musikauswahl nach aktueller Stimmungslage ist möglich und wird von 74% der befragten Jugendlichen so eingesetzt. Sie erfüllt Bedürfnisse nach Entspannen (77%), allein sein zu wollen (55%), wenn Traurigkeit das Gefühlsbarometer bestimmt (40%) oder nach Ärger (43%). So leistet Musik eine wichtige Funktion in der Regulierung des Gefühlshaushaltes.

Neben der Bewältigung unangenehmer Emotionen dient Musik ebenso zur Stimmungsverstärkung (62%). Man kann sich bewegen und tanzen (64%), seine Stimmungen und Gefühle verstärken (64%) und erst so richtig in Fahrt kommen (49%): »Let the beat control your body«.

Bedeutend für die Jugendlichen ist auch ihre soziale Funktion. Ist man mit Freunden zusammen, so gehört Musik dazu (61%). Sie bietet Gesprächsanlass und vermittelt ein Gefühl der Zusammengehörigkeit. Musik konstituiert jugendliche Gruppierungen, man erkennt sich bereits nach dem Musikgeschmack als Seelenverwandter, meist gepaart mit weiteren jugendkulturellen Accessoires wie Kleidung oder Frisur. Ergeben sich keine Kontakte mit Gleichaltrigen, so mindert die Musik als sozialer Ersatz (40%) das Gefühl der Einsamkeit.

Zum Ausgleich von unerträglichen Belastungen in Schule und Beruf (60%) wird Musik ebenfalls eingesetzt – wenn »einen alles ankotzt« (44%). Hierbei besteht die Gefahr, wie auch bei extremem Fernsehkonsum in Konfliktlagen, dass sich der Jugendliche seiner Realität verschließt und aus dieser Welt zu fliehen versucht (Eskapismus), ein wichtiges Alarmzeichen für alle Erzieher und Erzieherinnen.

Schließlich dient Musik als Möglichkeit zum Ausbruch und zur Provokation gegenüber der Bevormundung durch die Erwachsenen. Rumalbern (35%), ausflippen (33%) oder auf den Putz hauen (39%) gehören ebenso in diesen Funktionsbereich wie jugendlicher Protest, der sich nicht nur in den Inhalten der präferierten Musik, sondern auch bereits in ihrer Form manifestieren kann. Musik, der von den Erwachsenen kein Verständnis mehr entgegengebracht werden kann – jüngstes Beispiel etwa die Spielarten des Techno – funktioniert so als Ausdruck von Auflehnung und Verweigerung. Ein ähnliches Phänomen findet sich auch in der Gestaltung der Platten oder CD-Hüllen. Martialische Gestaltungen der Plattencover sind hier kaum als Ausdruck der Sympathie für satanische Kulte oder übergroßer Vorliebe für Gewalt zu deuten, sondern als Spiel mit Symbolen, bei denen man sicher mit dem Widerspruch der Erwachsenen rechnen darf.

Jugendlicher Musikkonsum erscheint in vielerlei Spielarten, die von Erwachsenen oft nur schwer oder gar nicht nachvollzogen werden können. So erscheint die Diskothek als kommunikationsloser, gesundheitsschädigender Ort, der Walkman als Ausdruck einer tiefgreifenden Beziehungslosigkeit und Videoclips stehen gar für eine »multimediale Kanonade« (Sieber 1984, S. 200). Betrachtet man diese Erscheinungs-

1 Diese Angaben orientieren sich an einer empirischen Studie von Bonfadelli et al. 1986, S. 183f.

formen unter einem funktionalen Aspekt, so erscheinen durchaus auch andere Deutungen sinnvoll. In der Diskothek kann der Jugendliche durch Tanz und Kleidung seine Authentizität, seine Einmaligkeit zum Ausdruck bringen. Tanz dient der körperlichen Selbsterfahrung und sorgt wie auch die Musik und die begleitende *Lightshow* für Stimmungsverstärkung. Der Walkman erscheint nicht mehr als hemmungslose Sucht nach noch mehr Lärm, sondern stützt das Bedürfnis allein zu sein und ordnet im Takt vertrauter Musik das Chaos von Lärm und visueller Wahrnehmung in den Straßen unserer Städte. Der Videoclip schließlich verstärkt die Wirkung der Musik durch schnelle oder emotional gefärbte Bilder und unterstützt ihre stimmungsverstärkende oder stimmungsregulierende Wirkung.

Bereits in der Kindheit spielen auditive Medien und besonders die Musik eine wichtige Rolle, die sich in der Jugendzeit zu einem Leitmedium steigert. So gestalten Jugendliche ihre Freizeit, ihren Alltag und ihre jeweilige Befindlichkeit, sammeln Wissen über Stars, musikalische Richtungen und Stilmerkmale. Die Frage: Berücksichtigt die Schule diese Bedeutung der Musik für die Kinder und besonders für die Jugendlichen auch nur annähernd oder wenigstens in einem angemessenen Umfang? stellt man sich leider viel zu selten. Denn die Behauptung scheint nicht übertrieben: In keiner Generation zuvor wurde täglich so viel Musik gehört!

2. Der Audioeinsatz im Unterricht

2.1 Eine Bestandsaufnahme

Der Einsatz auditiver Medien scheint sich wesentlich auf Vorlieben einzelner Kolleginnen oder Kollegen und auf die fachspezifischen Anforderungen zu beschränken. So fand Sacher in der breit angelegten empirischen Studie in Bayern, dass rein auditive Medien nur die Lehrer verwenden, die auch andere Medien häufig einsetzen. Tonträger finden vor allem in den Fächern Musik und moderne Fremdsprachen (Sacher 1994, S. 16) eine Verwendung. Die didaktische Verortung von Tonmedien in den Unterrichtsphasen kommentiert Sacher wie folgt:

> »*Rein auditive Medien führten eher ein Schattendasein neben visuellen und audiovisuellen. Lediglich im Zusammenhang von Einstimmungs-, Darbietungs- und Veranschaulichungsphasen hatten Tonkassetten und Schulfunksendungen eine gewisse Bedeutung. Andere Einsatzmöglichkeiten waren kaum erkennbar*« (Sacher 1994, S. 25).

Da der Audioeinsatz im Unterricht keine wesentlichen technischen Probleme aufwirft, die Anschaffungskosten für Wiedergabegeräte und Software vergleichsweise gering sind, stellt sich die Frage nach den Ursachen der geringen Verwendung. Zur Klärung dieser Frage soll zunächst einmal über die spezifischen Eigenschaften auditiver Medien, ihre Vor- und Nachteile, nachgedacht werden.

2.2 Eigenschaften auditiver Medien

Wahrnehmungsbedingungen beim Hören

Ähnlich wie beim Film sind auch auditive Medien zeitbezogen. Man entnimmt die Informationen einem Geräuschkontinuum, das man in bedeutungstragende Abschnitte beim Hörvorgang untergliedert und daraus Sinn konstituiert. Dies gilt vor allem für gesprochene Information, aber auch für Geräusche, die vertraut sind. In der Musik sind es dagegen Klangkompositionen und ihre Strukturierung in Rhythmus und Takt, die als angenehm empfunden werden. Mehr noch als bei Visuellem unterscheidet unser Hörsinn in angenehme oder unangenehme, ja schmerzhafte Eindrücke. Ein Bild kann nur durch die Gestaltung unsere Aufmerksamkeit erregen, Töne schaffen dies auch durch ihre Intensität. Steigt der Geräuschpegel über 130 Dezibel, so geht unsere Empfindung – eine normale, nicht geschädigte Hörleistung vorausgesetzt – in Schmerz über.

Im Gegensatz zu den visuellen Medien erfordern Tonmedien keine Zuwendung des Hörers zur Tonquelle, sprich zum Radio, Kassettenrecorder, CD-Player usf. Man kann den Gehörsinn aber auch nicht willkürlich beeinflussen, d.h. ein- und ausschalten, wie es beim Sehen durch Abwenden oder Verschließen der Augen geschieht. Das begründet auch die hauptsächliche Verwendung der auditiven Medien als Sekundärmedium. Ob beim Autofahren, bei häuslicher Tätigkeit oder in der Berufsausübung – Musiksendungen, Nachrichten, Werbung – die ganze Fülle des Angebots erreicht den Hörer auch ohne seine Hinwendung und – als wesentlicher Faktor – ohne seine volle Aufmerksamkeit zu beanspruchen. Aus dieser Rezeptionsgewohnheit ergibt sich aber auch eine Haltung, die eine bewusste Wissenserweiterung durch Tondokumente erschwert. Ähnlich wie die Bilderflut unsere Wahrnehmung zur Selektion zwingt und dabei oberflächliche Wahrnehmungsmuster erzeugt, so verführen Tonmedium zum oberflächlichen Hören. Beachtet man zusätzlich die Funktionen der Musik im Kindes- und vor allem im Jugendalter, so ergeben sich zusätzliche Probleme im unterrichtlichen Einsatz der Tonmedien. Musik dient der Stimmungskontrolle (mood management, vgl. Zillmann 1988, S. 147–172. Siehe auch S. 81f.), der Umgang ist emotional und nicht kognitiv bestimmt. Beim Einsatz von Tonmedien kann also ein konzentriertes Zuhören, eine vertiefte Wahrnehmung nicht als selbstverständlich vorausgesetzt werden. Verwendet man ein Tondokument im Unterricht, so muss man dies einkalkulieren. Eine Konsequenz daraus liegt in einer Schulung des Hörens (siehe S. 140f.).

Leistung von auditiven Medien als Informationsträger

Tonträger lassen sich in vier Funktionsbereiche einteilen:

- Sie sind in ihrer *Abbildungsfunktion*, der Wiedergabe von Realität in Form von Geräuschen, den visuellen Medien weit überlegen. Mit hochwertiger Hardware und digitaler Aufzeichnung fällt es dem Hörer bei geschlossenen Augen und durchschnittlich entwickeltem Gehörsinn schwer zu entscheiden, ob hier echte Musiker spielen, das Gackern des Huhns aus dem Lautsprecher oder von einem echten Federvieh stammt oder der vermeintliche Partner mit mir oder zu einem Mikrofon spricht. Auf den jeweiligen Sinneskanal bezogen leisten Tonmedien mehr als Bilder.
- *Dokumentarische Funktion.* Als Konserve bewahren Tonaufzeichnungen Ereignisse über viele Jahre und zur beliebig häufigen Verwendung. Sie bieten Informationen nicht nur inhaltlicher Art, sondern sind selbst eine Quelle für historische Betrachtungen. Die Nachrichtensendung aus dem dritten Reich oder die Fußballreportage aus den fünfziger Jahren vermittelt nicht nur Inhalte, sondern eröffnet in einer Analyse auch Techniken der Manipulation bzw. der Gestaltung von Wirklichkeit. Kurz gesagt, das Medium selbst ist Träger der Information.
- *Informations- oder deskriptive Funktion.* Soll mit einer Tonaufzeichnung ein Sachverhalt dargestellt (die Aufgaben eines Bundestagsabgeordneten), ein Vorgang

beschrieben (wir backen Apfelplätzchen) oder ein kontroverses Thema diskutiert werden (§ 218 – Abtreibung), so dominiert die Sprache das Medium. Die Möglichkeiten der Veranschaulichung sind stark eingeschränkt. Zwar kann die Bundestagsabgeordnete XY ihre Aufgaben in einem Interview selbst erläutern, das Geräusch eines Mixers die Tätigkeit beim Plätzchenbacken illustrieren, Fachleute ihren Standpunkt zur Abtreibung darstellen und Musikeinblendungen einen emotionalen Zugang erleichtern – bei der Veranschaulichung werden die vielfältigen Möglichkeiten visueller Medien nicht erreicht. Tonmedien sind bei der Informationsvermittlung wesentlich an Sprache gebunden.

- Eng verwandt mit der Abbildungsfunktion ist die *kulturelle Funktion* der Tonmedien. In der Wiedergabe ästhetischer Objekte wie Musik, der Sprache im Schauspiel oder dem Vortrag eines literarischen Textes, aber auch im Hörspiel vermitteln sie kulturelle Leistungen und kreative Arbeit.

Nach diesen Einschränkungen nun zu den Einsatzmöglichkeiten im Unterricht.

2.3 Eignung für den Unterricht

Aus der Analyse medienspezifischer Merkmale der Tonmedien lassen sich nachfolgende Vor- und Nachteile ableiten.

Vorteile liegen einmal in der Technik. Die Bedienung eines Kassettenrecorders ist den Schülern bereits in der Grundschule bestens vertraut. Etwa 70% aller Bewohner der Republik leben in einem Haushalt, in dem ein solches Gerät vorhanden ist. Der Einsatz bedarf aufgrund der weit entwickelten Technik keiner aufwändigen Installation. Wiedergabegeräte können leicht mitgeführt und rasch eingesetzt werden. Die Gefahr der Reizüberflutung besteht weniger als bei audiovisuellem Unterrichtsmaterial. Die Schüler/innen müssen sich nur auf ein Sinnesorgan konzentrieren, so dass eine Überlastung des Kurzzeitgedächtnisses (overload) weniger zu befürchten ist. Sie sind auch gezwungen, eigene Vorstellungsbilder zu den akustischen Informationen zu erzeugen. Damit kann eine größere Verarbeitungstiefe erreicht werden. Da das Medium stärker sprachgebunden ist, stören historische Reminiszenzen (Kleidung, Autos usw.) nicht beim Lernprozess. Dazu ein Beispiel: Bernward Wembers (»Wie informiert das Fernsehen«, 1976) Erscheinungsbild auf dem Fernsehmonitor löste bei Studierenden zunächst Heiterkeit aus. Das hippiemäßige Styling seiner Kleidung, lange Haare und Koteletten, verführten vorschnell zu der Beurteilung: Das ist doch völlig veraltetes Material! Tonmedien verlieren dagegen nicht so schnell ihre Aktualität.

In den *Nachteilen* liegen möglicherweise auch die Gründe, welche den geringen Einsatz von Tonmedien im Unterricht zwar nicht vollständig erklären, aber doch einige Hinweise nennen:

- Auditives erfordert die volle Konzentration und Vorstellungskraft der Zuhörer, wenn damit Wissen transportiert werden soll.

- Veranschaulichen lässt sich nur, was akustisch dargestellt werden kann: mit Sprache, Geräuschen oder Musik.
- Damit erreichen Tonmedien auch selten die Attraktivität des bewegten oder statischen Bildes.
- Der Zeitbezug von Tonaufzeichnungen bindet die Präsentation an einen bestimmten Ablauf. Unterrichtsbezogene Tonmedien (Schulfunk, Reportagen) nähern sich einem Leitmedium, übernehmen Lehrfunktionen mit allen bereits beschriebenen Nachteilen (siehe Leitmedien S. 25).
- Akustische Signale erfordern nicht nur ein aufmerksames Zuhören, sie sind auch störanfällig. Nebengeräusche im Klassenzimmer oder Lärm von außen, unerwartete Besucher oder das Öffnen der Fenster erschweren mehr als beim Bild die Informationsaufnahme. Deshalb müssen schon in der Vorbereitung Störungen ausgeschlossen oder Stilleübungen vorangestellt werden.

2.4 Der Einsatz in den Unterrichtsphasen

Wenn hier vom Einsatz der auditiven Medien im Unterricht gesprochen wird, so sind in dieser Betrachtung fachdidaktische Überlegungen zu den Fächern Musik und Fremdsprachen ausgeschlossen, da diese hier nicht in angemessenem Umfang berücksichtigt werden können.

Tabelle 31 **Tonmedien in den Unterrichtsphasen**

Unterrichtsphase	Medienfunktion	Leistung des Tonmediums
Motivation	motivieren	Emotionaler Zugang, Musik
Präsentation	informieren	Realitätsbezug als Tondokument, Wiedergabe akustischer Information: Sprache, Geräusche Musik, Nachrichten, Reportagen, Schulfunksendungen
Veranschaulichung	intensivieren	Interviews von Zeitzeugen, Meinungen von Betroffenen, Diskussionen, Übertragung von Stimmungen und Gefühlen in Geräusche oder Musik
Übungs-, Selbstlernphasen	aktivieren, individualisieren	Training des mündlichen Ausdrucks, Erstellen eigener Aufzeichnungen, Schulradio, Interview, Tierstimmen
Wiederholung, Vertiefung	memorieren	Präsentation des Stoffs in einem anderen Medium, Aufzeichnung von Diskussionen, Vorträgen
Kontrolle	rückmelden	Kontrolle des eigenen Sprechvermögens (Fremdsprache, Lesen, Theater)
Anreicherung, Enrichment	bereichern	Ergänzung des Themas durch Hörspiel, Kinderkassette, Musik

Die Beispiele in Spalte 3 illustrieren einige Einsatzformen. Sie zeigen aber, dass auch dieses Medium im unterrichtlichen Einsatz nicht auf wenige Unterrichtsphasen beschränkt bleiben muss.

Motivation. Zur Einstimmung dient Musik, welche die emotionale Grundstimmung des Themas anspricht. Geräusche wecken Neugier (Schiffssirenen beim Thema Hafen). Auch das Ausblenden des Bildes einer Videoaufzeichnung wirft Fragen nach der Geräuschquelle oder dem Sprecher auf.

Präsentation. Die Realitätstreue in der Wiedergabe akustischer Objekte machen Tondokumente zum unverzichtbaren Bestandteil von Unterricht. Das gilt aber nur, wenn das Unterrichtsthema auch auditive Bestandteile besitzt. In allen anderen Fällen ist die Stoffpräsentation wieder auf Sprache angewiesen und damit ist der Ton als Sekundärquelle nur eingeschränkt verwendbar. Die geringe Beliebtheit von Schulfunksendungen zeigt dies deutlich.

Veranschaulichung. Interviews von Zeitzeugen und Diskussionsaufzeichnungen veranschaulichen ein Thema durch persönliche Meinungen und Stellungnahmen. Die Übertragung von Stimmungen, Gefühlen oder Jahreszeiten in Klang- oder Geräuschbilder intensivieren die Arbeit mit lyrischen oder erzählenden Texten.

Übungs- und Selbstlernphase. Aufzeichnungen der eigenen Stimme dienen der Kontrolle, dem Training und der Verbesserung des mündlichen Ausdrucks beim Vorlesen, in der Fremdsprache, beim Gedichtvortrag oder im freien Erzählen bzw. Vortragen. Die Recherche für das Schul- oder Klassenradio vermittelt Einsichten in soziale und humanitäre Probleme oder in aktuelles Geschehen. Ein Interview mit dem Bürgermeister zur geplanten neuen Schulküche, dem Drogenberater zur Situation in der Szene usw. helfen bei der Orientierung in der eigenen Lebenswelt und verschaffen einen eigenen Standpunkt. Aber auch das Sammeln von Tierstimmen übt bereits Vertrautes und unterstützt auf vielfältige, anregende und abwechslungsreiche Art die Übungs- und Selbstlernphase.

Wiederholen und Vertiefen. Wird der bereits erarbeitete Stoff in einem anderen Medium präsentiert, so unterstützt dies die Erinnerungsleistung und erlaubt einen Transfer auf andere Anwendungen. Vorkenntnisse erleichtern das Verstehen von Interviews, Diskussionen oder Vorträgen, die so als Wiederholung neue Gesichtspunkte zulassen und im Standpunkt der jeweiligen Sprecher neue Aspekte des Themas verdeutlichen.

Kontrolle. Wie bereits bei der Selbstlernphase angedeutet, bieten Aufzeichnungen eine Kontrolle des eigenen Sprechvermögens in Fremdsprachen, beim Lesen, Vortragen und beim Einüben von Theaterszenen.

Enrichment. Eine Ergänzung und Bereicherung des Themas kann in Form von Hörspielen, Kinderkassetten oder Musik erfolgen.

2.5 Verbesserung der Hörleistung

Eine Hörerziehung verfolgt im wesentlichen vier Ziele:

- Sie sensibilisiert die Aufnahmefähigkeit durch aufmerksames, bewusstes und intensives Zuhören.
- Sie schult die Fähigkeit, aus einem Geräuschkontinuum einzelne Geräusche herauszufiltern (Diskriminierung) und ihrem Ursprung zuzuordnen.
- Sie erhöht die Fähigkeit zur Sinnentnahme aus verbalen und nonverbalen Informationen.
- Sie befähigt schließlich zu eigener Produktion, der Manipulation von Klangerscheinungen und deren Weitergabe in einem kommunikativen Prozess.

Zum Training der Hörleistung mit dem Ziel, genauer und mehr zu hören, eignet sich jeder Umgang mit Tondokumenten, der eine intensivere Wahrnehmung provoziert.

Die Übertragung von Stimmungen, Gefühlen oder Jahreszeiten in Klang- oder Geräuschbilder erschließen den emotionalen Gehalt von Tonfolgen. Im Literaturunterricht erleichtern sie den Zugang und die Analyse von lyrischen oder erzählenden Texten (Ziel 4). Sie eignen sich aber auch als Aufgaben zur eigenen Gestaltung. Suchen Schüler/innen selbst geeignete Klänge oder Musik, um ein Gedicht oder eine Textpassage zu vertonen, aktivieren sie ihr auditives Gedächtnis und machen sich die Wirkung von Tönen auf unsere Befindlichkeit bewusst (Ziel 3). Diese Aufgabenstellung hat darüber hinaus eine eminent medienpädagogische Bedeutung, indem sie die Musikrezeption im Alltag zu einem höheren Bewusstsein führt. Warum höre ich gerade diese Interpreten, wenn ich traurig oder wütend bin? Was im Stimmungsmanagement täglich unbewusst abläuft, wird so der Reflexion zugänglich. Einfacher gestalten sich selbst gefertigte oder zum Erzählen vorgefertigte Klanggeschichten. Beispielsweise lassen sich Wildwestgeschichten in ihren stereotypen Handlungsverläufen nur mit passenden Geräuschen erzählen (Ziel 2 und 3). Der Fremde steigt die Holzstufen empor: Schritte, Holz ächzt. Er betritt den Saloon: typische Geräusche wie Gläser, Piano, Stimmen, Stühlerücken etc. werden lauter. Dann Türenquietschen, er bleibt stehen: Schritte verstummen, die Geräuschkulisse in der Bar nimmt ab: Stimmen verstummen, das Klavier hört auf, Gläser werden abgestellt usw. Oder das Duell am Mittag, Gespenster um Mitternacht und viele andere Ideen lassen sich als Vorlage für die Klasse gestalten oder noch besser als Material von einzelnen Gruppen für die Klasse vorbereiten. Von der Klanggeschichte ist es nicht weit zum Vertonen von Filmmaterial. Beim Trickfilm sind besonders die künstlich erzeugten, aber realistisch klingenden Geräusche wie Schritte, Wind usw. gefragt (Ziel 2). Beim Vertonen von Filmsequenzen mit selbstgewählten Musikstücken werden die unterschiedlichen Stimmungen: fröhlich, dramatisch, gruselig, bewusst (Ziel 3). Dies führt zu Einsichten in die Wirkung der Filmmusik und lässt die eigenen musikalischen Vorlieben in einem neuen, nämlich bewussteren Licht erscheinen. So vertieft es die oberflächliche akustische Wahrnehmung. Noch einfacher und für die Primarstufe besonders geeignet lassen sich Tonrätsel gestalten und zur Schulung genauen und bewussten Zuhörens einsetzen (Ziel 1 und 2). Das Wiedererkennen von Alltagsgeräuschen (Mixer, Waschmaschine, Haarföhn usw.) ist gefordert, bestimmte Klangqualitäten müssen erkannt und zugeordnet werden (Ziel 1 und 2). In einer Fortführung lassen sich solche Alltagsgeräusche zu einem Klangportrait zusammenfügen. Als Themenbeispiel sei hier genannt: unsere Schule in Geräuschen, auf dem Bauernhof, auf dem Rummelplatz, der Wochenmarkt usf. Der kreative und bewusste Umgang mit Tönen zeigt bereits das Potenzial für eine aktive Medienverwendung, auf die im Folgenden noch näher eingegangen werden soll.

3. Ton ab! Eigenproduktion

Der fach- bzw. medienspezifisch eingeschränkten Verwendbarkeit von Tonmedien im Unterricht steht eine Fülle von Aktivitäten in der eigenen Gestaltung gegenüber. Weder mangelnde technische Kompetenz, noch die Belastung des Schulbudgets stehen dem im Wege. Tonaufzeichnungsgeräte wie der Kassettenrecorder sind technisch ausgereift und preiswert. Die Software, Tonbänder und Kassetten, bringt auch keine nennenswerte Belastung des Etats. So gilt es eigentlich nur noch einige Ideen zu entwickeln und den Reiz der Tongestaltung hervorzuheben. Dies soll hier mit zwei Beispielen erläutert werden.

3.1 Das Hörspiel

Das Hörspiel grenzt zunächst Visuelles aus, bietet aber mehr als eine Erzählung oder das Lesen einer Geschichte. Das bedeutet, Personen und Handlungen müssen akustisch in Erscheinung treten. Die Kulisse wird zur Geräuschkulisse.

Vorbereitende Übungen. Eine Geschichte nur mit Sprechern und Geräuschen erzählen, erfordert einen Umdenkungsprozess. Wir sind alle visuell fixiert, so dass uns zu einzelnen Szenen zunächst nur Bilder einfallen. Deshalb begünstigen einfache Vorgänge und Handlungsorte, akustisch dargeboten, die Kreativität beim eigentlichen Hörspiel und fördern die semantische Kompetenz als Grundvoraussetzung gestalterischer Arbeit mit dem Medium. Solche Kurzhörspiele sind beispielsweise:

- Räume wie ein Treppenhaus, einen Bahnhof, eine Tiefgarage, eine Kneipe usw. hörbar als Geräuschkulisse darstellen,
- Alltagsszenen wie Aufstehen, Waschen, Frühstücken, Telefonieren, Auto fahren akustisch umsetzen,
- kurze, witzige Dialogszenen entwerfen wie: zwei Stars der Medienwelt begegnen sich, werden erkannt ohne ihren Namen zu nennen. Tarzan trifft auf Pipi Langstrumpf, Micky Mouse bei der Hexe aus Hänsel und Gretel, u.v.a.m.

Darsteller. Neben der Geräuschkulisse, die Atmosphäre, Spannung und den Handlungsort vermittelt, lebt das Hörspiel von den Sprechqualitäten der Darsteller. Ehe sich also eine Schülergruppe auf die Suche nach Stories macht, muss die Erkennbarkeit von Personen erprobt werden. Das erste Medienspezifikum stellt die Unterscheidbarkeit von Stimmen und damit von Personen dar. Unsere Dialogwahrnehmung ist eingeschränkt und rasch stellt sich beim Hören die Frage: Wer spricht da eigentlich? Deshalb ist zunächst auf charakteristische Unterscheidungsmerkmale zu achten. Die Trennung in männliche oder weibliche Stimmen, in Kinder und Erwachsene unterstützt den Wahrnehmungsprozess. Die Dialogführung kann ein weiteres hinzufügen, wenn durch die Nennung der Namen oder persönlicher Merkmale die Identifizierung des Sprechers erleichtert wird. Für die Anzahl unterscheidbarer Stimmen im Tonmedium gibt Rupprecht (1965, S. 122) diese Richtwerte an:

Altersstufe 8–10 Jahre: 2–4 Mitwirkende, 10–12 Jahre: 4–5 Mitwirkende und 12–15 Jahre: 5–7 Mitwirkende. Man sollte diese Zahlen als Höchstgrenze betrachten und besonders auf die Dramaturgie und ihre Verständlichkeit Wert legen.

Hörspielidee. Diese Einschränkung der Darstellerzahl erschwert die Suche nach geeigneten Geschichten. Es geht nicht an, dass im Klassenverband wenige aktiv gestalten, während die Mehrheit lediglich als Störfaktor ihren Beitrag leistet. Einen Ausweg bilden Kettengeschichten. Ein Ereignis wird von verschiedenen Gruppen erlebt und von unterschiedlichen Schülergruppen entsprechend bearbeitet. »Aliens besuchen unsere Stadt« könnte ein solches Thema sein. Behandelt man die Story als Parodie und verzichtet auf eine Begegnung mit Außerirdischen in der Brachialgewalt des »Independence Day«, so gestaltet sich das Hörspiel an vielen Orten, zu Hause bei Familie Müller, beim Bürgermeister, dem Schulleiter usw. Und jede Gruppe der Klasse leistet ihren eigenen kreativen und akustischen Beitrag zum Hörspiel.

Technik. Die technischen Voraussetzungen sollten kein Hinderungsgrund darstellen. Mit einiger Geschicklichkeit sind auch schon interessante Hörbeispiele mit einem Kassettenrecorder, der mehrere Mikrofoneingänge besitzt, gelungen. Weitere Tips finden sich im Folgenden (siehe S. 147f.).[1]

3.2 Das Schulradio

Es gibt ausreichend Beispiele für Sendebeiträge Jugendlicher in den Rundfunkanstalten (vgl. Frahm 1996b, S. 123ff.; Seibold 1996, S. 143ff. und Schill 1992, S. 253ff.). Doch soll hier zunächst mit der einfacheren und praktikableren Form des Schulradios oder Klassenradios begonnen werden. Auch soll das Projekt nicht mit hehren Zielen wie sie frühe Kritiker, etwa Brecht (1967, S. 129), in ihren Forderungen nach einem »Radio von unten« aufstellten, überfordert werden.

Es geht einfach darum, dass Schüler/innen ein Medium in eigener Erfahrung kennen lernen, es gestalten und einer Öffentlichkeit vorstellen. Dass dabei nicht nur Einsichten und Erkenntnisse über den Rundfunk gewonnen, die technische, semantische und pragmatische Kompetenz erweitert, sondern auch inhaltlich gearbeitet und gelernt wird, erhöht den Reiz dieses Projekts. Damit zeigt das Schulradio ein

1 Weitere praktische Hinweise zum Hörspiel finden sich in »Das lesende Klassenzimmer 7«, Oldenburg 1993, S. 78ff.

weiteres Beispiel, wie sich in der aktiven Medienverwendung medienpädagogische (Wissen über Medien) und mediendidaktische (Wissen durch Medien) Intentionen vereinen. Darüber hinaus machen Schüler/innen Erfahrungen mit der Macht der Medien. Ein Interviewpartner vor dem Mikrofon als »Ohr der Welt« ändert meist seine Verhaltensweisen, zeigt sich aufgeschlossener und ernsthafter gegenüber dem Anliegen der Fragenden. Das Schulradio vermittelt auch wie kaum ein anderes Projekt Einsichten in die demokratische Funktion der Medien und die Verantwortung der Macher als unabdingbare Voraussetzung für eine funktionierende Öffentlichkeit.

Handlungsschema

Beim Radioprojekt ist pragmatische Kompetenz gefordert, die sich in nachfolgende Handlungsbereiche aufgliedert:

- Recherche
- Aufnahme/Durchführung der Interviews
- Anhören und Diskutieren des aufgezeichneten Materials
- Schnitt und Bearbeitung der Aufnahmen
- Schreiben der Zwischentexte
- Abhören des Beitrags und eventuell seine Kürzung oder Veränderung (vgl. Frahm 1996b, S. 131)

Schüler/innen wählen ein Thema, strukturieren es selbstständig und sammeln Fakten und Materialien, die verständlich und medienspezifisch für das Radio aufgearbeitet werden müssen.

Die Bandbreite der Darstellungsformen von Inhalten bewegt sich beim Radio zwischen Originalton (O-Ton) und Kommentar. Als Originalton nimmt das Interview eine zentrale Stellung ein. Es vermittelt die Stimme einer Persönlichkeit und inhaltlich deren Meinung und Sachkompetenz. Es liegt aber auch am Können des Interviewers, dem Partner bedeutsame Aussagen zu entlocken. Diese Fragetechniken müssen zuerst trainiert werden. Interviews müssen aber auch so gestaltet sein, dass der Zuhörer, beschränkt auf sein Gehör und seine Vorstellungskraft, das Frage-Antwort-Spiel in einen Gesamtzusammenhang einordnen kann. Wie für alle journalistische Arbeit gelten für das Radio die fünf W-Fragen des Journalismus: »Wer, Was, Wo, Wann, Warum?«. Beim Fernsehinterview vermitteln Bilder oft schon das Wer und Wo. Beim Radio muss diese Information zusätzlich gegeben werden.

Zum vorbereitenden Training gehört aber auch die Technik. Beschränkt auf vorhandenes Aufnahmematerial (Recorder, Mikrofon) sollte diese Hardware in verschiedenen Situationen und Räumen erprobt werden. Folgende Fragen gilt es dabei experimentell zu beantworten: Welche Nebengeräusche erhalte ich im Freien? Muss in größeren Räumen mit einem Raumklang (Hall) gerechnet werden? Welcher Abstand zwischen Sprecher und Mikrofon erweist sich als günstig? Ist mit technisch bedingten Störungen wie Knacksen, Rauschen usw. zu rechnen? Neben der Sprache vermittelt das Mikrofon auch Atmosphäre und Authentizität. Dies kann mit anderen Formen des O-Tons erweitert und ergänzt werden. Die Radiomacher sollten sich immer fragen, welche Geräusche vermitteln Zusatzinformationen zu meinem Thema, geben ihnen Farbe und erleichtern es, die Vorstellungskraft des Hörers zu aktivieren.

Auch bei der Kontrolle der Aufzeichnung zeigt sich der Vorteil des Mediums. Das Material kann unmittelbar nach der Aufnahme angehört und diskutiert werden. Allerdings erspart man sich damit keine gute Vorplanung. Der Oberbürgermeister der Stadt wird sich kaum die Zeit nehmen, Fragen der Jugendlichen nach der fehlenden Halfpipe erneut zu beantworten, weil das Mikrofon beim ersten Interview nicht eingeschaltet war.

Der Schnitt und die Bearbeitung der Aufnahmen hängen zunächst von der technischen Ausstattung ab. Vieles ist auch mit einfachen Mitteln realisierbar. Doch sollte ein Mischpult, das den Mix von O-Ton, Musik, Kommentar usw. zulässt, ganz oben auf der Wunschliste stehen.

Kommentare als Zwischentexte und die Anmoderation eines Themas bereiten den Schülern erfahrungsgemäß größere Schwierigkeiten als die Interviewtechnik. Kurze und prägnante, auf das Wesentliche zielende, ein bisschen unterhaltende und gut gegliederte Beiträge unterstützen die Verständlichkeit und den Erfolg bei den Hörern. Die Umsetzung der Kommentare erfordern ebenso einen geübten Sprecher. Mangelhafte Artikulation entdeckt auch der ungeübte Hörer viel schneller als etwa visuelle Mängel beim Schnitt oder der Kameraführung. Das trainiert aber auch die selbstkritische Überprüfung der eigenen Sprechgewohnheiten und des persönlichen Ausdrucks. Wer seine Stimme erstmalig vom Band abhört, ist meist erschrocken, ja erkennt sich kaum wieder.

Den Abschluss bildet die Produktion des Beitrags. Einzelne Themen müssen geordnet, mit Musik umrahmt und auf die gewünschte Gesamtlänge gebracht werden.

Ein erneutes Abhören der Sendung erlaubt noch hier und da Korrekturen, Kürzungen oder Umstellungen der Einzelbeiträge, bis das Produkt nach den eigenen Qualitätsstandards »sendereif« ist.

Präsentation der Sendung

Als Sender des Schulradios eignet sich eingeschränkt die Schulsprechanlage. Eine Alternative stellt das Pausenradio dar. Geräte mit optimaler Leistung übertragen das Schulradioprogramm in geeignete Orte wie Aufenthaltsräume oder Pausenhalle.

Ideen und Anregungen zur Programmgestaltung

Zunächst stellt sich die Frage: Was wollen wir in unserem Schul- oder Klassenradio senden. Das Schülerradio findet seine Themen in der Lebenswelt der unmittelbar Betroffenen. Geeignet sind Magazine mit Musikeinblendung, ein Sammelsurium an unterschiedlichen Beiträgen, wie aktuelle Nachrichten aus der Schule, der Gemeinde, der Region, etwa Neues aus dem Schülergemeinderat, der SMV, usw. Weiterhin finden Termine für Veranstaltungen allgemein Interesse, wobei natürlich auch Buch-, Film- und Fernsehempfehlungen aufgenommen werden können. Ein Flohmarkt vermittelt Nützliches und Unsinniges an potenzielle Tausch- oder Geschäftspartner. Die monatliche Hitparade beteiligt die schulische Hörerschaft am Programm, wie auch Anfragen, Kummerkasten usw. Das Schulradio als Magazin sollte dabei eine feste Sendestruktur entwickeln, die über einen Gewöhnungseffekt die Akzeptanz bei den Mitschülern festigt. Eine weitere Form sind Features als themenbezogene Formen, die sich ausführlicher mit Aktuellem oder Bedeutsamen beschäftigen. Das Thema Rauchen an unserer Schule erschöpft sich nicht in einem Magazinbeitrag. Musikeinblendungen sorgen auch hier für Abwechslung und fördern die Hörbereitschaft. Selbstverständlich können auch Erzählungen als Hörspiel das Interesse der Öffentlichkeit finden. Vor allem lassen sich Kurzhörspiele in den vorgegebenen zeitlichen Rahmen der Sendung einbinden. Zusätzliche Nuancen ergeben sich aus satirischen Beiträgen, die ebenfalls im fiktionalen Bereich des Hörspiels die erforderliche dichterische Freiheit zulassen.

Massenmedien und auch das Radio tendieren zum Allgemeinen, den Alltag dieser Schule und seiner Schüler kann es nicht abbilden. Hier füllt das Schulradio eine Lücke und stellt sich als ernsthaftes Angebot den Hörern.

Aber alle Programmideen bedürfen der Zustimmung der Macher. Verzichtet man auf eine vorbereitende, inhaltliche Diskussion und Konsensbildung mit der Schülergruppe, riskiert man das Scheitern des Vorhabens. Nur wenn die Schüler/innen hinter dem Projekt stehen, kann auch erwartet werden, dass sie über die gesamte Distanz der Produktion motiviert durchhalten.

Organisation

Zur Umsetzung eines Radioprojekts in Kooperation bieten sich die Fächer Deutsch und Musik an. Jedoch sind bei Sachthemen auch weitere Fächer in ihrer Kompetenz gefragt. Entsteht ein Hörbeitrag im Unterricht, so ist natürlich eine lehrplanmäßige Verankerung unumgänglich. Als geeignete Altersstufe bieten sich die Klassen 8 und 9 an. Eine klassenbezogene Einführung und Produktion einer Erstsendung, die dann in AGs weitergeführt wird, scheint in acht Stunden mit einer 8. oder 9. Klasse machbar.[1]

1 Wolfgang Seibold (1996, S. 143–169) stellt einige Projekte vor.

Anmerkungen zur Technik

Der verhältnismäßig geringe technische Aufwand und die einfache Bedienung der Geräte wurden bereits als Vorteil des Schul- und Klassenradios hervorgehoben. Eine technische Kompetenz, die zur Bedienung eines Kassettenrecorders erforderlich ist, kann bereits bei der Mehrheit unserer Grundschüler vorausgesetzt werden. Wer sein Equipment jedoch noch ausbauen möchte, dem seien hier einige Tips geboten.

Für studioähnliche Aufnahmen ist nach wie vor ein Tonbandgerät mit 38 cm/sec und Stereospur angesagt. Kopfhörer und Boxen zur Kontrolle ergänzen das Ministudio.

Als Zuspielgeräte werden Kassettenrecorder, CD-Player und neuerdings auch wieder Plattenspieler benötigt.

Mikrofone bilden den Schwachpunkt in der Aufnahmekette. Hier sollte möglichst nicht gespart werden. Für das eigene Studio sind außerdem Stative für die Mikrofone notwendig.

Ein Mischpult mit zwei bis drei Mikrofoneingängen und weitere für andere Zuspielquellen wie Musik ist durchaus ausreichend. Ungeeignet erscheinen jedoch billige Diskomischpulte. Für Reportagen und vor allem Interviews genügt ein gutes Kassettengerät mit externem Mikrofon. Im Freien verhindert ein Windschutz, eine aufsteckbare Schaumstoffhülle, lästige Nebengeräusche.

Aber auch die Tonbearbeitung auf dem Computer sollte rechtzeitig bedacht werden. Die grafische Darstellung einer Tonspur auf dem Monitor erlaubt exaktes Schneiden. Toneffekte lassen sich leicht einfügen und Aufzeichnungen können kontrolliert am Bildschirm gemischt werden. Die Ausrüstung für die digitale Tonbearbeitung hält sich finanziell in zumutbaren Grenzen. Die Software zur Soundkarte erlaubt bereits vielseitiges Arbeiten. Als besonders geeignet für den Schnitt und das Mischen erwiesen sich Bearbeitungsprogramme für den digitalen Videoschnitt. Hier lassen sich auf mehreren Tonspuren exakt und ohne allzu große Computerkenntnisse Aufzeichnungen bearbeiten, mischen und schneiden.

Zusammenfassung

Der aktive Gebrauch von Hörmedien sollte nicht isoliert betrachtet werden. Unsere vermittelte Umwelt gestaltet sich meist als Medienmix. Musik wird im Videoclip sehbar, via Merchandising verkauft sich Mediales in mancherlei Kanälen. Wir leben nicht erst seit Internet und Pay-TV multimedial. In diesem Kontext erhält der Medienmix jedoch eine neue Bedeutung. Erarbeiten und erstellen Schüler/innen ihr eigenes Radioprogramm, so bieten sich analytische Vergleiche mit Nachrichten in Tageszeitung, Rundfunk und Fernsehen an. Die Umsetzung dramatischer Texte im Film, Theater und Hörspiel vermitteln Einsichten in medienspezifische Gestaltungsformen. Kompetenzen, die bei der aktiven Tonmediengestaltung gewonnen wurden, lassen sich fruchtbar bei der Vertonung von Videos einsetzen. Der schulische Umgang mit Medien ist keine Spielerei, sondern eine Grundbedingung zum Verständnis unserer Welt und Mittel zur Gestaltung von Schule und Unterricht. So zeigt sich auch bei den Tonmedien, dass erst ein aktiver und kreativer Gebrauch durch die Schüler die ganze Bandbreite der didaktischen Möglichkeiten erschließt und gleichzeitig medienpädagogische Anliegen wie der Aufbau von Kompetenzen gefördert werden.

Der Computer

1. Von Multimedia und anderen Worthülsen

Zu Recht als Unwort gebrandmarkt, fasst der Begriff Multimedia alles in eine Worthülse, was die jüngste Vergangenheit und die nahe Zukunft im Bereich Computertechnik, Vernetzung und Kommunikation anbietet. Zunächst gibt der Begriff lediglich Auskunft über die Einbindung verschiedenster Medien auf einer Plattform. Das hatten wir bereits in den 60er Jahren in den Multimediaperformances. Neu ist lediglich der technische Hintergrund, die Einbindung von Text, Ton, Grafik, Fotografie, Animation und Film auf digitaler Basis im Rechner. Neu ist auch, dass sich hier zwei bislang getrennte Produktionswelten treffen und eine Allianz eingehen. Film- und Fotoindustrie und die Computerhersteller entdeckten ihre Gemeinsamkeit. Noch vor kurzem löste die Nachfrage nach den neuentwickelten digitalen Fotoapparaten im Fotohandel nur Verwunderung und im Computerfachgeschäft nur Kopfschütteln der Verkäufer aus: »Nein, das führen wir nicht!« Inzwischen bieten aber beide für die Videonachbearbeitung analoges und digitales Equipment an. Die Urlaubsdias lassen sich im Rähmchen oder auf der CD-ROM[1] verpacken und konventionell oder auf dem Monitor den hoffentlich erstaunten Gästen anbieten. Der Medienmix alleine aber würde die Verbreitung der Multimediaeuphorie kaum erklären. Wesentlicher erscheint die Integration der Medien in einem Gerät. Bilder, Filme und Animationen lassen sich mit Tondaten verbinden und da alles auf der gemeinsamen digitalen Basis beruht auch leicht in andere Formate verwandeln. So können Audiodaten grafisch in Kurven dargestellt und in dieser Form auch bearbeitet werden. Dass all diese Daten sich auch standortunabhängig über Netze verbreiten lassen, verbindet sich zwar nicht direkt mit dem Wortsinn Multimedia, wird aber oft in diesen Zusammenhang gebracht. Multimediales gibt es demnach Online (über Netz) und Offline (vom Rechner).

Interaktivität ist ein weiteres Schlagwort im Dunstkreis der Wortblähung Multimedia. Der Anwender tritt in den »Dialog« mit dem Computer oder den weltweit verstreuten Rechnern der Netzdienste. Er steuert den Ablauf, wählt für ihn interessante Daten aus den Datenbanken, bearbeitet Vorlagen wie Bilder, Videos, Ton oder Text, bewegt sich in virtuellen d.h. künstlichen Welten mit spielerischem oder erkenntnisleitendem Interesse, simuliert gefahrlos Vorgänge wie die Fortbewegung in Auto, Bahn oder Flugzeug und, wenn es denn sein soll, den Supergau im Kernkraftwerk. Damit verspricht Multimedia eine neue Dimension in der Medienentwicklung:

1 CD steht für Compact Disc, verwandt mit der Musik-CD, und ROM für Read Only Memory, einem Speicher, der einmal gebrannt wird und mit einem Laserstrahl beliebig oft gelesen werden kann.

Die bislang vorherrschende Einwegkommunikation der Massenmedien sei damit überwunden!

Für alle diejenigen, denen der Begriff Multimedia immer noch nebulös erscheint, hier der Versuch mit einigen Kategorien wesentliches zusammenzufassen:

- *Medienintegration.* Multimedia verbindet mindestens drei Medien, ist also mehr als die Text- und Bildgestaltung beim Desktop-Publishing (DTP).[1]
- *Digitalisierung.* Daten, egal ob Bild, Text oder Ton, werden digital erfasst und gespeichert. Dies erlaubt die Erfassung, den Abruf und die Bearbeitung auf einer Plattform – dem Computer.
- *Offline.* Alle Daten werden im lokalen Rechner gespeichert. Wichtigste Speichermedien sind die Diskette, die Festplatte und aufgrund ihrer Kapazität (ca. 650 Megabyte) vor allem die CD-ROM.
- *Online.* Über die klassische Telefonleitung oder ihre digitalisierte Variante, dem ISDN vernetzte Rechner erlauben eine weltweite Kommunikation. Aktuellstes Beispiel stellt das Internet dar. Hier chatten (Netzvariante des Telefonierens) und surfen (meist zielloses Springen von einer Internetadresse zur nächsten) bislang weltweit über 30 Millionen Teilnehmer. Erahnte Marshall MacLuhan noch dumpf das »global village« – bitte schön, im Netz der Netze liegt es gleich um die Ecke.
- *Interaktiv* schließlich meint den »Dialog« mit dem Rechner. Das umfasst den flexiblen Zugriff auf die Daten im eigenen Rechner oder im Netz, die Bearbeitung eigener Produkte (Text, Bild, Video), die Simulation von Vorgängen, das Spiel sowie die Gestaltung von Lernprozessen durch den »Dialog« von Lerner und Maschine.

Mit Multimedia muss das Phänomen Computer neu beschrieben werden. Ursprünglich in der Anwendung als Werkzeug am Arbeitsplatz isoliert, definiert es sich zunehmend als Medium. Mit der Medienintegration umfasst es nahezu alle Darstellungsformen (Bild, Text, Grafik, Film und Ton). Die Netzanbindung erlaubt einen weltweiten und umfassenden Informationszugriff und die Anbindung an Radio und Fernsehen. Erlebniswelten in Spielen oder virtuellen Räumen (Virtual Reality) erfüllen Unterhaltungs- und Entspannungsbedürfnisse. E-Mail, Fax, Foren oder Newsgroups (Gesprächskreise im Internet) dienen der raschen und unbegrenzten Kommunikation, welche die Briefzustellung abschätzig zur »snailmail« (Schneckenpost) verkommen lässt.

1 Erstellung von Publikationen aller Art auf dem Computer, einschließlich Satz und druckfertiger Grafik.

2. Tendenzen und Konsequenzen für die Schule

2.1 Veränderte Medienlandschaft und medienpädagogischer Handlungsbedarf

1996 lebten in der BRD 21,3% der Einwohner in Haushalten mit einem Personalcomputer (Media Perspektiven. Basisdaten 1996, S. 65). Damit ist der Computerzugang für viele Kinder und Jugendliche bereits Realität. Glaubt man den kritischen Stimmen, dass durch Multimedia sich unser medial bestimmter Alltag ausweitet, so wird unsere Jugend ohne Zweifel eine Vorreiterrolle spielen. Für sie sind die Medien bereits integrativer Bestandteil der Freizeit. Ihre Sozialisation wird durch das mediale Angebot wesentlich mitbestimmt und Berührungsängste, ausgelöst durch einen Technikschock, braucht man kaum erwarten. Kurzum, immer mehr Jugendliche werden Multimedia intensiv und selbstverständlich nutzen.

Daraus leiten sich für die Schule und ihren Bildungsauftrag weit reichende Konsequenzen ab, die bei einer Weiterführung der sträflichen Vernachlässigung medienpädagogischer Fragestellungen das bereits bestehende Defizit in diesem Bildungsbereich fulminant eskalieren lässt. Die Gefahr einer medienpädagogischen Katastrophe mit einem Kompetenzverlust weiter Kreise der Bevölkerung begründet sich wie folgt:

- Medienpädagogik im Bereich der klassischen Medien gilt nach wie vor als Orchideenfach mit dem Hauch exotischer Exklusivität.
- Technische Voraussetzungen, wie sie etwa im Bereich der konventionellen Audiovision einigermaßen zufriedenstellend vorhanden sind, fehlen an unseren Schulen (siehe »Technische Voraussetzungen« i.F.). Was im Kinderzimmer mit voller Farbenpracht und lautstark über den Monitor flimmert, lässt sich mit steinzeitlicher Technik in den Schulen derzeit schlicht nicht darstellen, geschweige denn unterrichtlich aufarbeiten. Darüber hinaus drängeln sich in deutschen Schulen 63 Schüler/innen vor einem PC.[1] Das multimediale Wunderland endet an der Schultür.
- Die allseits bekannte Überalterung der Lehrerkollegien erschwert den Zugang zu diesem gesellschaftlich innovativsten Bereich. Bei den Medienklassikern konnte man wenigstens noch auf die eigene Erfahrung zurückgreifen. Dieser natürliche Erfahrungsschatz fehlt bei den neuen Informations- und Kommunikationstechniken vollständig und muss erst mühsam erarbeitet werden.

1 Laut Fachverband Informationstechnik im VDMA und ZVEI 1996, Basis: IHAC u.a. Die Zahlen beziehen sich auf die alten Bundesländer.

- Multimedia lässt sich auch nicht mehr in den klassischen Fächerkanon eingliedern. Wer als fortschrittsfreudiger Mathematiklehrer die Zukunft im Programmieren mathematischer Algorithmen sucht, begeht vielleicht keine pädagogische Todsünde, er wird sie jedoch so nicht finden.

Die Entwicklung der Informationstechnik bleibt nicht ohne Folgen für unsere berufliche, soziale und politische Handlungsfähigkeit. Unkenntnis führt hier nicht nur zur Orientierungslosigkeit, sondern auch zu Entscheidungs- und Handlungsunfähigkeit.

Schließlich leitet sich ein medienpädagogischer Handlungsbedarf direkt von der Nutzung des Angebots durch die Jugendlichen selbst ab. Einschränkend muss vorausgeschickt werden, dass verlässliche, repräsentative und aktuelle statistische Erhebungen nur unzureichend vorliegen. Das geringe Zahlenmaterial erlaubt hier bestenfalls eine Tendenzabschätzung.

2.2 Medienkompetenz im Computerzeitalter

Ein fähiger, sozialverträglicher, humaner und selbstbestimmter Umgang mit den Medien wurde bislang mit einem dreistufigen Phasenmodell beschrieben. Dies gilt auch für den Computer:

Tabelle 32 **Medienkompetenz und Multimedia**

Angestrebte Fähigkeit	**Erläuterung**
1. Technische Kompetenz	Handhabung und Bedienung von Hard- und Software
2. Semantische Kompetenz	Analyse, Bewertung und Gestaltung von multimedialen Präsentationen
3. Pragmatische Kompetenz	Befähigung zur Kommunikation, der Computer als Medium

Die *technische Kompetenz* muss sich angesichts der Komplexität des Lerngegenstandes aus zeitökonomischen Gründen auf ein notwendiges Orientierungswissen mit wesentlichen Vertiefungen einschränken. Das betrifft die Hardwareseite und ebenso die Software. Der Umgang mit dem Lötkolben findet in dieser Hochtechnologie kaum Anwendungsbeispiele und auch die Konstruktion eines Rechners aus Modulen bleibt wenigen spezialisierten Unterrichtsformen vorbehalten. Ebenso erscheint die komplexe Programmierung der Software für eine grundlegende Einführung in eine informationstechnische Grundbildung als hoffnungslose Überforderung der Lernenden. Man mag es bedauern, dass hier Bildung auf Fundamentales verzichten muss – angesichts des Gegenstandes muss sich aber eine Zielsetzung am Bild des Anwenders und nicht an dem des Programmierers orientieren. Der Umgang mit Programmen, nicht ihre programmtechnische Erzeugung, steht also im Vordergrund. Angesichts der raschen und weit reichenden Entwicklung der Computertechnologie und ihrer erweiterten Anwendung als Medium kann der Informatikunterricht nicht mehr als Leitlinie begriffen werden.[1]

Daraus lassen sich folgende Einzelbereiche als notwendig und wünschenswert für die Unterrichtsinhalte anführen:

- Texterfassung: Gestaltung und Bearbeitung in Abhängigkeit von Adressatengruppen, Anlass und Plattform (gedruckt, als E-Mail usf.),
- Strukturierung und Umgang mit Daten sowie deren Organisation in Datenbanken,
- digitale Erfassung, Bearbeitung, Manipulation und Gestaltung von Bildern, möglichst auch in ihrer bewegten Fassung als Video,
- Tondaten, ihre Bearbeitung und Einbindung in kleine Multimediaeinheiten,
- Gestaltung kurzer, interaktiver Sequenzen wie die Kennzeichnung und Beschriftung eines Bildes auf Mausklick, das Springen in Textdokumenten über markierte Begriffe (Links), Frage-und-Antwort-Spiele, Puzzles und so weiter,
- Erstellung einfachster Animation und Tricksequenzen (siehe Trickfilm).

Erfreulicherweise schreitet die Standardisierung der Anwenderprogramme stetig fort, so dass zeitraubende Einführungen in einzelne Sparten wie Textverarbeitung und Grafikprogramme entfallen. Der Transfer vom Programm eines Herstellers zu dem seines Konkurrenten baut keine grundsätzlichen Hürden mehr auf. Wesentliches Ziel einer technischen Einführung in diese Anwendungen liegt in ihrer praktischen Verwendung, in einer Hinführung zur Stufe 3, der pragmatischen Kompetenz und nicht in ihrem Selbstzweck.

Semantische Kompetenz wird dann zunehmend gefordert, wenn sich der Rechner vom einfachen Werkzeug als Schreibmaschine, Datencontainer oder Zeichen- und Malhilfe zum Medium weiterentwickelt. Radio- und Fernsehempfang sind bereits heute mit dem Rechner durch zusätzliche Module möglich. Online ins Netz wächst seine Bedeutung als Kommunikationstechnik mit kaum absehbaren Anwendungen (siehe i.F.: »Das Internet«). Gestaltungsfragen von Software lassen sich zunächst mit dem Nutzen für den Anwender beantworten, nämlich der vereinfachten und verständlichen Bedienerführung. Die Gestaltung und vor allem die Veränderung von Informationen bedarf aber unbedingt einer kritischen unterrichtlichen Reflexion. Beispielhaft und für Schüler sehr anschaulich lässt sich dies zunächst in der Manipulation von Bildern darstellen (siehe »Die digitale Fotografie«). Aber auch die Medienfunktionen Unterhaltung, Entspannung, Kompensation und Eskapismus finden sich in Computerspielen wieder (siehe S. 21). Auch sie bedürfen einer unterrichtlichen Aufarbeitung.

1 Wesentlichster Inhalt einer »Informationstechnischen Grundbildung« in der Sekundarstufe II lag für die Bund-Länder-Kommission 1984 im Informatikunterricht mit den Bereichen Programmieren und Berechnen.

Der Computer eignet sich in vielfältiger Weise zur Kommunikation. Zwischenzeitlich lassen sich mit seiner Hilfe alle Medien bearbeiten. Will die Schule hier eine pragmatische Kompetenz vermitteln, so gilt es, die Kenntnisse über die Einzelmedien an diese Arbeitsplattform anzupassen und für neue Kommunikationsformen wie E-Mail, Foren usw. zu erweitern.

2.3 Computernutzung von Kindern und Jugendlichen

Zunächst verweist die Computernutzung im Altersvergleich auf eine deutliche Generationentrennung. 68% der 14- bis 19-Jährigen aber nur 45% der Gesamtpopulation nutzen zumindest gelegentlich einen Computer.[1]

Das breite Spektrum des Computereinsatzes schränkt sich auf konventionelle Anwendungen ein. So nutzen 85% der Anwender ihren PC für die Textverarbeitung: der Rechner als komfortable Schreibmaschine.

Aber schon an zweiter Stelle stehen die Computerspiele mit 60% (Südwestfunk a.a.O.). Bedenkt man dabei, dass dieser Anwendungsbereich vor allem die jüngere Bevölkerungsschicht umfasst, wird die Bedeutung der Computerspiele für unsere Jugendlichen deutlich. Ein anderes Umfrageergebnis ermittelt für die 6- bis 13-Jährigen, dass 92% des Computergebrauchs auf Spiele entfallen (Weiler 1995, S. 231). Die tägliche Nutzungsdauer der Jugendlichen mit Computerzugang liegt bei ein bis zwei Stunden (21%) und immerhin 55% spielen mehrmals die Woche (Weiler 1995, S. 230). Zur Einordnung dieses Phänomens jugendlicher Mediennutzung werden hier zunächst einmal einige Gedanken und Befunde zur Nutzung des Computers als Spielzeug dargestellt.

1 Südwestfunk (Hrsg.): SWF-Trend. Repräsentativerhebung in Baden-Württemberg und Rheinland-Pfalz von Januar bis März 1996, Bevölkerung ab 14 Jahre.

3. Computerspiel bei Kindern und Jugendlichen

3.1 Jugendschutz und Computerspiele

Das leidige Thema Gewalt: Galt früher noch der Kinobesuch als Mutprobe und bedurfte der Anpassung der eigenen Äußerlichkeit an die vorgegebene Altersbeschränkung der FSK (Freiwillige Selbstkontrolle der Filmwirtschaft), so ist der Zugang zu nur bedingt oder gar nicht jugendfreien Videokassetten im Verleih wesentlich einfacher. Ältere Freunde oder Raubkopien sorgen für ihre Verbreitung und bringen die gesetzmäßigen Jugendschützer schon ins Grübeln. Das Fernsehen tat und tut immer noch das seinige, um Jugendlichen den Zugang zu nicht jugendfreien Filmen zu vereinfachen. Lapidar heißt es in den Rundfunkstaatsverträgen, dass Filme, die von der FSK für Jugendliche ab 16 geeignet sind, erst nach 22 Uhr, solche mit dem Alterszugang ab 18 erst nach 23 Uhr über den Äther rauschen dürfen. Die Erfindung der Videokonservierung auf Band und gar der jugendliche Tagesverlauf machen solche Beschränkungen lächerlich und scheinen die Verantwortlichen ungestreift passiert zu haben. Selbst indizierte Filme, also solche, die von der BPS (Bundesprüfstelle für jugendgefährdende Schriften) auf die Liste jugendgefährdender Schriften gesetzt wurden, könnten, wenn es die Anstalten denn wünschten, mit nur geringen Einschränkungen nach 23 Uhr ausgestrahlt werden[1] – so geschehen mit dem Beispiel »Freitag der 13.« im ORF1.[2]

Wer nun dennoch weiterhin das Problem der Gewalt in den Medien durch Verbote lösen möchte, wird beim Thema Computerspiele endgültig scheitern. Zwar werden neue Spiele auf CD-ROM seit dem 1.10.1995 geprüft und mit einer Alterskennzeichnung versehen, kopiert oder als Download vom Internet erreichen Schlächterspiele wie einst »Doom« oder neuerdings »Quake« ungeniert die jugendlichen Fans. Durchschnittlich ordnen sich 90% der im Besitz jugendlicher Computernutzer befindlichen Spiele in die Kategorie Raubkopien ein (Schindler 1992, S. 55). Auch eine Indizierung kann hier nur noch als Appell oder symbolischer Akt begriffen werden. Natürlich könnten Eltern rigide und rund um die Uhr ihre Sprösslinge überwachen, aber bei der zunehmenden Mobilität unserer Jugend scheint dies auch nicht durchgängig machbar. Es gibt ja schließlich noch den Freund, die Freundin in erreichbarer Nähe.

1 Eine ausführliche Darstellung der Jugendschutzbestimmungen für das Fernsehen findet sich in: von Gottberg 1995.

2 Nach einem Bericht der Süddeutschen Zeitung vom 16.1.1997.

Verfehlen also jene Kämpfer wider die »sozialethische Desorientierung« ihr Ziel, weil ihnen der Zugriff auf unerwünschtes Spielmaterial fehlt, so steht dem ein großes Interesse der Jugend für den spielerischen Umgang mit dem PC gegenüber. Über 90% der Computernutzung der Kinder fällt auf Spielangebote (Weiler 1995, S. 231). Der einfache Weg: verbieten und das Ganze vergessen, scheint demgegenüber wirkungslos, eine genauere Beschäftigung mit diesem Phänomen dagegen erforderlich. Dies soll hier in aller gebotenen Kürze zunächst mit der Frage erfolgen: Was ist an dem neuen Angebot Computerspiel so reizvoll und motivierend?

3.2 Der Reiz der digitalen Welten

Zunächst einmal geht ein Reiz von den Spielen selbst aus. Sie sind interessant, spannend und aufregend, machen Spaß, töten Unlust und Langeweile. Sie erzählen Geschichten wie Bücher und Filme, bieten ebenso Identifikation mit Personen, erlauben vielseitige Rollenspiele, das Erkunden fremder Welten und in der Übernahme der Spielklassiker wie Schach all das, was ihre Vorfahren mit Spielsteinen oder Karten bereits anziehend machte. Es ist ihre Vielseitigkeit, die sich unserer Vorstellungskraft entzieht und die jeden Versuch der Kategorisierung erschwert oder unmöglich macht. Aber Reize verschleißen mehr oder weniger schnell. Es muss also noch eine besondere innere oder intrinsische Motivation der Spieler und Spielerinnen – denn hier unterscheiden sich die Geschlechter anscheinend wenig[1] – vorliegen, welche die längere oder andauernde Beschäftigung mit diesem Freizeitangebot begründet.

Motivation

Melone/Lepper nennen vier entscheidende Merkmale, die die Spieler und Spielerinnen lang anhaltend am Computer fesseln: die Herausforderung, die Neugier, Kontrolle und Fantasie (Lepper/ Malone 1987, zitiert nach Hoelscher 1994, S. 31ff.).

Herausforderung. Spiele wirken für die Jugendlichen herausfordernd, wenn sie die zu lösenden Aufgaben in einen mittleren Schwierigkeitsgrad einstufen können. Zu leichte, aber auch zu schwierige Aufgabenstellungen bieten wenig Reizvolles. Im Spieleszenario kann diese Herausforderung in Form von Geschicklichkeit und Reaktionsgeschwindigkeit liegen, wie etwa bei Flug- und Fahrsimulatoren, aber auch in Adventure-Games, Jump-and-Run, Sport- oder den bekannten Ballerspielen. Selbst bei Lernspielen (Edutainment) lockern die Autorinnen und Autoren das Lernpensum durch herausfordernde Geschicklichkeitseinlagen auf. Aber auch die Art der Aufgabenstellung kann herausfordernd wirken. Der Spieler als Held eines Adventure-Sze-

1 Spielen bei Jungen 93%, bei Mädchen 92%, nach Weiler 1995, S. 231.

narios setzt seinen Weg nur fort, wenn er ein Hindernis beseitigt, einen neuen Weg findet und ihm dies durch Probieren oder den Einsatz kombinatorischer Fähigkeiten gelingt. Erfolg wirkt sich positiv auf das Selbstwertgefühl des Spielers aus und motiviert zu einer Fortsetzung des Spiels. Für das Spiel setzt es voraus, dass Ziele klar formuliert sind, die Schwierigkeitsstufen variabel die Voraussetzungen des Spielers und seinen erweiterten Kenntnis- oder Übungsstand berücksichtigt, er seinen Leistungsstand durch Rückmeldungen erkennbar vor sich sieht und zum Weiterspielen ermuntert wird. Sie müssen ihre Kompetenz erleben um das Selbstwertgefühl zu steigern und die Herausforderung anzunehmen (Lepper/Malone, zitiert nach Hoelscher, 1994, S. 32f.).

Neugier ist ein zweiter und sehr wichtiger Bestandteil der Motivation für anhaltendes Computerspiel. Neue Effekte, die unerwartet auftauchen, wirken überraschend, fesseln die Aufmerksamkeit und zwingen gerade bei Geschicklichkeitsspielen zu raschen Reaktionen. Geheimnisse, die sich hinter verschlossenen Türen, in Kisten und Schränken ohne Zugang verbergen, Dinge, die für den Fortgang des Spiels wichtig werden könnten, gilt es in den virtuellen Räumlichkeiten aufzuspüren und für eine spätere Verwendung mitzunehmen. So kann die Neugier sensorisch durch grafische oder auditive Effekte oder kognitiv durch die Suche und die Ergänzung von Informationen geweckt, erhalten und an das Spiel gebunden werden (a.a.O., S. 32f.).

Kontrolle. Das Spiel muss immer das Gefühl vermitteln, man sei Herr der Lage, kontrolliere oder beherrsche die Szene (a.a.O. S. 33f.). Nur so gewährleistet das Spiel eine Selbstaufwertung, die bei gewalttätigen Killerspielen bis zu Allmachtsgefühlen steigerbar ist. Verständlich wird so, dass gerade Jugendliche mit geringem Selbstvertrauen und erhöhtem Konfliktpotenzial in solchen Spielen eine wenigstens zeitweise Befriedigung sehen und, um diese Zeitspanne möglichst zu vergrößern, scheinbar mit suchtartigem Verhalten reagieren (siehe eskapistischer Mediengebrauch).

Fantasieanregende Gestaltung und Dramaturgie sind weitere Faktoren, welche die Beliebtheit einiger Computerspiele begründen. Sie erleichtern die Identifikation mit Rollen und schaffen Freiräume, die mit eigenen Fantasieinhalten gefüllt werden können.

»Interpersonelle Motive«

Neben dieser Spielebegeisterung aufgrund intrinsischer Motivation, die sich nach Lepper und Malone als »individuelle Motive« durchgängig bei allen Individuen nachweisen lassen, bekommen aber auch »interpersonelle Motive«, die von Sozialkontakten ausgehen, Bedeutsamkeit (nach Hoelscher 1994, S. 34ff.). Computerspiele bieten, wie auch andere Medien, Gesprächsanlässe. Soziale Anerkennung verbindet sich mit dem Besitz von Spielen, die andere nicht besitzen. So erklärt sich auch das Bedürfnis, über Verbotenes, von den erzieherischen Instanzen unerwünschtes Spielmaterial zu verfügen um damit im Freundeskreis Aufmerksamkeit zu erregen. Die eine Zeit lang heiß diskutierten Spiele mit nationalsozialistischen und fremdenfeindlichen Botschaften, ebenso wie stark gewalthaltige oder sexuell pointierte Darstellungen, erscheinen so in einem neuen Licht. Bestimmt soziale Anerkennung den Wunsch nach Besitz solcher Spiele, so erscheinen sie zwar weniger Besorgnis erregend, sollten aber dennoch nicht ganz verharmlost werden. Ein weiteres soziales Motiv findet sich in der Konkurrenz, dem Wettbewerb. PC-Spiele lassen immer mehr das gemeinsame Spiel an einem Gerät oder gar über Netze zu. Auch hier zollt die jugendliche Gruppe dem kompetenten Spieler Anerkennung. Beim gemeinsamen Spiel findet der Bessere genauso Selbstbestätigung wie beim konventionellen Spiel.

Das hier skizzierte Konzept der intrinsischen Motivation erscheint m.E. hilfreich beim Verständnis jugendlicher Spielleidenschaft. Darüber hinaus kann es als Hilfestellung bei der Beurteilung von Spielen – etwa solchen mit lernförderlichen Zielen – herangezogen werden. Spiele, die eine Herausforderung darstellen, Neugier wecken und auch langfristig aufrecht erhalten, dem weiblichen oder männlichen Nutzer das Gefühl vermitteln, das Arrangement zu beherrschen und auch noch seine Fantasie anregen, anstatt ihn oder sie zu gängeln, sind anderen Spiel- und Lernformen am Computer allemal überlegen.

Wirkungen

Wie bei allen Medienangeboten, die das schützende Interesse der Pädagogen weckten, gibt es auch im Dunstkreis der Computerspiele viele Vermutungen und Ängste, aber auch Untersuchungen, die auf Wirkungen hinweisen. Sacher (1993, S. 313–333) stellte diese Ergebnisse in einer Zusammenschau folgendermaßen dar:

- Das Bild vom bleichgesichtigen, sozial vereinsamten Spielefreak hat sich in keiner der vorliegenden Untersuchungen in Deutschland bzw. Amerika bestätigt. Im Freizeitverhalten unterscheiden sich die extensiven Spieler kaum von ihren Altersgenossen: Sie pflegen Sozialkontakte, treiben vergleichbar viel Sport, lesen oder nutzen auch andere Medien. Effekte aufgrund intensiven Spiels und geringeres Interesse für alternative Betätigungen in der Freizeit sind nur vorübergehend und auf den Neuigkeitseffekt zurückzuführen (a.a.O., S. 316).
- Die Korrelation von Computerspiel und Schulleistung ergibt konträre Ergebnisse. Von positiven, negativen und nicht erkennbaren Zusammenhängen berichten die Studien. Entscheidend zu klären wäre die Frage nach Ursache und Wirkung: Beeinflusst das Spiel die Schulleistung oder kompensiert der mäßige oder erfolglose Schüler seine Leistungen mit Spielen, in denen er erfolgreicher abschneidet als bei Klassenarbeiten (a.a.O., S. 317)?
- Eine mögliche Suchtgefahr bewertet Sacher als unangemessen, legt man gebräuchliche Suchtdefinitionen zu Grunde. Eine wirkliche Gefährdung könne höchstens für wenige jüngere und besonders männliche Jugendliche vermutet werden (a.a.O., S. 319f.).

- Eine Gefährdung durch die Inhalte der Spiele wurde – wie kaum anders zu erwarten – am Gewaltthema festgemacht. Entsprechend den Ergebnissen der Gewaltwirkungsforschung etwa bei Videos, sind die Ergebnisse auch hier widersprüchlich und lassen keine eindeutigen Schlussfolgerungen zu. Sacher neigt dabei in seinem Überblick der Untersuchungen auch eher zu einer These der relativen Wirkungslosigkeit (a.a.O., S. 323f.). Um der vorausschauenden Vorsicht Rechnung zu tragen, sei hier auf einen evtl. gefährdeten Personenkreis verwiesen. Er liegt bei jüngeren Kindern und bei Vielspielern – analog zu den Vielsehern, die bereits eine gewisse Gewaltbereitschaft aufgebaut haben (a.a.O., S. 320). Verstärkende Wirkungen aggressiver Inhalte sollten hier nicht bedenkenlos ausgeschlossen bleiben. Extreme Inhalte wie nationalsozialistisches Gedankengut und Pornografie dagegen können eine geringere Bedeutsamkeit zugeschrieben werden.[1] Hier wirken sich u.U. Marktmechanismen positiv aus. Mit der zunehmenden technischen Perfektion der Spiele steigt auch das Anspruchsniveau der Spieler und damit die Kosten der Produktion, die sich bereits den Produktionskosten für Spielfilme annähern. Marktwirtschaftliche Überlegungen fordern demnach auch hohe Stückzahlen und entsprechende Werbung[2]. Extremistisches Spielzeug erfüllt diese Voraussetzungen nicht.

Schließlich sollte festgehalten werden, dass das gesamte Angebot der PC-Spiele nicht nur aus der Sicht extremer Erscheinungsformen abgewertet werden darf. Motivierende Spielelemente können sehr wohl Eingang in Lernprogramme finden und bei entsprechenden Qualitätsmerkmalen stehen Computerspiele ihren traditionellen Vorläufern in nichts nach.

3.3 Bewertung von PC-Spielen

Bei der Frage nach der Qualität der Spiele fühlt sich jeder, der dieser jugendlichen Szene durch Alter oder Interessenlage entrückt ist, schnell hilflos und überfordert. Nur wenige möchten selbst die Spiele analysieren. Deshalb verweise ich hier nur auf bereits vorliegende Spielbeschreibungen und Bewertungen.

Die Bundeszentrale für politische Bildung veröffentlicht drei bis viermal im Jahr ihr kostenloses und grafisch aufwändiges Faltblatt: »Computerspiele auf dem Prüfstand« unter der Bezugsadresse: Bundeszentrale für politische Bildung, Referat Neue Medien, Postfach 2325, 53013 Bonn. Die Broschüren beurteilen Spiele für Computer oder Spielekonsolen nach den Kriterien:

1 Ihre relative Bedeutungslosigkeit ergab sich auch in einer Umfrage bei Jugendlichen. Vgl. Beierwaltes 1993, S. 28.

2 Der geschätzte Werbeaufwand der Firma Nintendo lag 1994 allein in Deutschland bei über 50 Millionen DM. Nach Informationsblatt der Bundeszentrale für politische Bildung: Computerspiele auf dem Prüfstand 42/1995.

- Allgemeine Angaben wie Erscheinungsform und Spielgegenstand, äußere Merkmale wie Grafik, Musik, Zahl der Spieler,
- Analyse der geforderten kognitiven oder motorischen Fähigkeiten,
- eine pädagogische Beurteilung mit der Einschätzung des Gewaltpotenzials, der Eignung für Mädchen sowie kurzen Hinweisen für eine kritische Betrachtung im Unterricht und
- Erfahrungen, die mit dem Spiel gesammelt wurden: Alterseignung und Anklang bei Kindern oder Jugendlichen.

Diese Informationen erhält man unter der selben Adresse auch als CD-ROM mit dem Titel: Interaktive Datenbank für Computerspiele: »Search & Play«.

Beratung in Sachen Computerspiele erhält man auch beim Sozial- und Jugendamt der Stadt Freiburg/Breisgau unter: »Informationen, Hinweise und Empfehlungen zu Computerspielen« (Tel.: 0761/ 2 01 37 81), sowie bei den Kontaktstellen der Aktion Jugendschutz.

4. Multimedia im Klassenzimmer

Ein Überblick über die Anwendung von Multimedia in den Unterrichtsphasen zeigt rasch die prinzipielle Vielseitigkeit.

Tabelle 33 **Multimedia in den Unterrichtsphasen**

Unterrichtsphase	Medienfunktion	Leistung von Multimedia
Motivation	motivieren	Attraktive Gestaltung, hohes Maß an Eigeninitiative, Bekräftigung durch Feedbacks
Präsentation	informieren	Wiedergabe von Stand-, Bewegtbild und Tondokumente als Ausdruck, Folie, auf dem Monitor oder als Projektion
Veranschaulichung	intensivieren	Durch vielfältige Darstellung in unterschiedlichen Medien
Übungs-, Selbstlernphasen	aktivieren, individualisieren	Selbstlernprogramme, besonders Tutorielle Programme
Wiederholung, Vertiefung	memorieren, erweitern	Übungs-, Lernprogramme, Simulationen, Datenbanken, Online-Recherche (siehe Internet)
Kontrolle	rückmelden	Bei Lernprogrammen durch Interaktion und sofortigem Feedback bei Tests und Übungen
Anreicherung, Enrichment	bereichern	Multimedia als Zusatzangebote, Edutainment, einige Spiele

Dazu einige Erläuterungen:

Motivational unterstützt Multimedia den Lernprozess durch Interaktionen, sofortige Rückmeldungen (Feedbacks), die attraktive Gestaltung und die Berücksichtigung individueller Bedürfnisse (Offenheit). Sie wecken Interesse und Neugier.

Die unterrichtliche *Präsentation* von Informationen kann Dank Multimedia alle traditionellen Medien wie Texte, Stand-, Bewegtbild und Ton berücksichtigen. Die Präsentation erreicht ein Höchstmaß an Flexibilität. Als Plattform der Darstellung bieten sich zunächst konventionelle Formen an. Computergenerierte Informationen können gedruckt als Arbeitsblatt oder Folie präsentiert werden. Um aber auch Bewegtes (Film, Simulation oder Animation) darzustellen, verwendet man den Bildschirm oder die Projektion. Hierfür werden immer leistungsfähigere Geräte entwickelt. LCD-Displays projizieren Computerdaten mit Hilfe eines starken Tageslichtprojektors. Aber auch datenfähige Videoprojektoren, die Bilder aus dem Rechner darstellen, erreichen allmählich eine Preisgrenze, die sie auch für den schulischen Einsatz interessant machen.

Das mehr an medialer Darstellung bedeutet auch ein Mehr an *Veranschaulichung* durch Multimedia. Während Konkretes auch mit konventionellen Bildern und Filmen sinnlich fassbar gemacht wird, eignen sich multimediale Formen – z.B. Animation oder Simulationen – besonders für Abläufe, Entwicklungen, abstrakte Prozesse und Zusammenhänge. So stellt der Wasserkreislauf bewegt als Animation tatsächlich einen Kreislauf dar. Im Wirtschafts- und Sozialkundeunterricht können die Arbeitsweise von Organisationen und Institutionen, soziale Prozesse usw. der Anschauung durch eine dynamische Präsentation zugänglich gemacht werden. Animationen oder Simulationen führen in die Handhabung technischer Geräte ein und machen unsichtbare Funktionsabläufe sichtbar. Interaktionen erlauben dabei den steuernden Zugriff durch Lehrer oder Schüler.

Übungs- und *Selbstlernphasen* werden besonders durch Lernprogramme unterstützt. Übungsprogramme (Drill&Practice) trainieren bereits eingeführte Inhalte individuell an den Schüler angepasst. Rückmeldungen sichern den Lernerfolg und bekräftigen den Lernvorgang. Ergänzend zum Stoff, als Wiederholung oder Neueinführung (z.B. bei Versäumnissen durch Krankheit), vermitteln so genannte »Tutorielle Programme« neue Lerninhalte. Zum Thema Freiarbeit könnten Lernprogramme hier ihren besonderen Beitrag leisten.

Eine *Wiederholung* und *Vertiefung* des Lernstoffs leisten besondere Übungsprogramme. Simulationen erlauben eine Anwendung des Gelernten und unterstützen das Lernen in Versuch und Irrtum, ohne dabei unerwünschte Konsequenzen befürchten zu müssen. Der Kurzschluss in der elektrischen Schaltung zerstört keine wertvollen Geräte, sondern leistet einen Beitrag zum Verständnis elektrischer Schaltpläne. Datenbanken im Rechner oder als Online-Recherche (siehe Internet) vertiefen und ergänzen das bereits erworbene Wissen. Auch zum fächerverbindenden Unterricht leisten die im Computer organisierten Wissensbestände einen Beitrag. Hier geht es besonders um die Vernetzung von Informationen, die der Computer besser als jedes andere Medium organisieren kann. Beim Thema Wetter lassen sich aktuelle Wetterkarten abrufen (siehe Internet), Niederschlagsmengen berechnen, physikalische Grundlagen animiert darstellen, biologische Zusammenhänge zwischen Wachstum und Bewässerung (Wüste, Regenwald) simulieren oder gar weltumspannende Projekte zwischen einzelnen Klassen verschiedener Erdteile über ökologische, soziale und politische Folgen von Wasserverbrauch und verfügbarer Wassermenge per Telekommunikation durchführen.

Die *Kontrolle* über den eigenen Wissensstand leisten Lernprogramme in unvergleichlicher Weise. Fast mühelos kann der Rechner richtig und falsch beurteilen, Fehler korrigieren, Hilfestellungen anbieten und die Leistung der Schüler statistisch quantifizieren. Einschränkungen gibt es lediglich dort, wo sich eine Leistungsbewertung der eindeutigen Einordnung in richtige und falsche Lösungen entzieht.

Anreicherungen bieten Lernspiele, so genanntes Edutainment, mit einer Mischung aus Erziehung (education) und Unterhaltung (entertainment). In dieser Unterrichtsphase erscheint das spielerische Lernen angebracht. Hier entzieht es sich der Kontroverse zwischen der Arbeit geistiger Anstrengung beim Lernen und der Entspannung beim Spiel.

Die soziale Isolation der Schüler ist dabei keine zwingende Folge des Computereinsatzes. So lässt sich Gruppen- und Partnerarbeit am Rechner organisieren. Dazu ein Beispiel: Die Unterrichtssoftware »Das grüne Klassenzimmer«[1] versteht sich als Basis und Werkzeug für projektorientiertes Lernen. Eine umfangreiche Datenbank stellt Informationen zur Ökologie bereit. Vereinfachte Schreib- und Kalkulationsprogramme erlauben die Berechnung und textliche Gestaltung im Arbeitsprozess einzelner Lerngruppen. Auf einem Einzelplatzrechner im Klassenzimmer stehen diese Informationen für Arbeitsgruppen, die Projektteile erarbeiten, zur Verfügung. Also nicht Isolation, sondern Kooperation der Schüler kennzeichnen das Konzept dieser Lern- und Informationshilfe. In Projekten erprobt wurden bislang die Themen Schulhofgestaltung, Schädlingsbekämpfung und Singvögel, die jeweils unter der gemeinsamen Fragestellung des richtigen ökologischen Handelns stehen.

4.1 Technische Voraussetzungen

Die Komplexität eines Netzwerks schulischer Rechner kann und soll hier nicht behandelt werden. Diese Beschreibung technischer Voraussetzungen richtet sich nach einem Einzelplatzrechner und beschreibt lediglich den derzeitigen Stand für den Einsatz von Multimedia:

- Rechner der Pentium-Baureihe mit mehr als 100 MHz Taktfrequenz
- Festplatte mit mindestens 1 Gigabyte (GB) Speicherkapazität
- Grafikkarte: 2 Megabyte (MB) Speicher, sonst erscheint jedes Realbild als traurige Grafik
- 16-Bit Soundkarte mit Kopfhörern und Lautsprechern
- CD-ROM-Laufwerk mit 10-facher Geschwindigkeit oder höher
- Hauptspeicher 16 MB
- Monitor 15 Zoll oder größer.

4.2 Individuelles Lernen mit Computerlernprogrammen»

»School's out«? – interaktive Bildungsmedien

»School's out« damit markiert Lewis J. Perelman (1995) in den USA nicht etwa die beginnenden Sommerferien. Sein Anspruch geht viel weiter. Er verkündet gar das Ende aller bislang gewohnten staatlichen Bildung im System der Schule. Den vollwer-

1 Weitergehende Informationen sind beim Landesinstitut für Schule und Weiterbildung, Paradieser Weg 64, Soest erhältlich. Im Schuljahr 1995/96 startete Baden-Württemberg einen Modellversuch mit dieser Unterrichtssoftware.

tigen Ersatz sieht er in den Möglichkeiten computerunterstützten Lernens, kurz CUL oder CBT (Computerbased Training). Mag man auch dieser Vision mit einer angebrachten Skepsis begegnen, die Möglichkeit des Lernens mit modernen Medien hat etwas Faszinierendes. Dafür kurz drei Gründe:

- CUL bietet ein Höchstmaß an individuellem Lernen. Jeder lernt nach seinen Bedürfnissen an dem bevorzugten Ort und zur gewünschten Zeit.
- CUL passt sich ideal an das Lerntempo und den Lernfortschritt der Schüler an. Es erlaubt ein Höchstmaß an Differenzierung.
- Multimedia ist heute schon in der Lage, Sachverhalte mit einem Höchstmaß an Veranschaulichung darzustellen.

Einige Schulbuchverlage beschreiten bereits diesen Weg der Wissensvermittlung. In der beruflichen Weiterbildung gehört CUL schon zum festen Repertoire der Großbetriebe. Die absehbare Konsequenz daraus lautet: Das Monopol der staatlich organisierten Bildung wird durch eine Vielfalt an Bildungsangeboten durch Medien ergänzt und erweitert.

Mit Ignoranz ist dem nicht beizukommen. Alle Hilfe suchenden Eltern wenden sich immer häufiger an die Lehrer mit Fragen und Bitten um Entscheidungshilfen. »Es gibt doch da ein Matheprogramm XY. Meinen Sie nicht, mein Kind könnte damit seine Fünf loswerden?« Aber einmal abgesehen von diesen alltäglichen Begegnungen der Schule mit dem neuen Lernmarkt, der Computer und seine vielfältigen Anwendungen werden unsere Vorstellungen von traditionellem Lernen gründlich verändern. Ansätze zeichnen sich bereits in der beruflichen und betrieblichen Bildung deutlich erkennbar ab. Sollten die Wogen der kommerzialisierten Bildung den Hort Schule nicht wie einen Fels in der Brandung der Neuerungen umspülen, sind Versuche der Integration unumgänglich. Dazu im Folgenden ein kleiner Beitrag, der sich zunächst mit den Formen computergestützten Lernens sowie dem Versuch beschäftigt, hierbei Qualität von Software-Ramsch zu trennen und zu einer Entscheidungshilfe beizutragen.

4.3 Formen computergestützten Lernens[1]

Drill&Practice-Programme trainieren vorhandenes Wissen. Sie ordnen sich in einen bereits bestehenden Lehrgang ein und finden ihren Einsatz in der Phase der Wiederholung, Vertiefung und Kontrolle. Beispiele finden sich im außerschulischen Bereich, etwa in der Vorbereitung auf die theoretische Fahrprüfung, schulbezogen verdeutlichen Vokabeltrainer diesen Programmtypus.

Tutorielle Programme, ursprünglich am Skinnerschen Modell des Bekräftigungslernens aufgebaut, haben vielerlei Weiterentwicklungen erfahren. Um der individuellen Lerngeschwindigkeit sowie dem jeweiligen Lernerniveau (Vorkenntnisse, kognitive Fähigkeiten usf.) zu entsprechen, bieten diese Programme meist Verzweigun-

1 Eine vergleichbare Übersicht über Lernprogrammtypen findet sich in Euler 1992, S. 17ff.

gen, die bei mangelhafter Lernleistung zu Wiederholungen (Lernniveau 1) führen, bei hoher Leistung in ein anderes Anspruchsniveau (Lernniveau 2) münden.

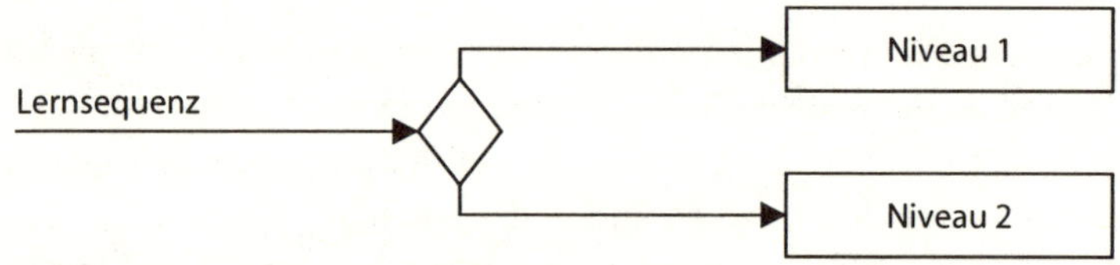

Abbildung 24 **Tutorielle Programme mit Verzweigung**

Intelligente tutorielle Systeme versprechen besondere Flexibilität bezogen auf Lerngeschwindigkeit, Lerninhalt, Lernmethode und Lernniveau. Hier stand der Versuch im Vordergrund eine höchstmögliche Differenzierung und Individualisierung des Lernvorgangs zu erreichen. Die Steuerung des Lernprozesses verbleibt dabei im Programm, das sich quasi intelligent verhält. Das Programm diagnostiziert das Lernverhalten und reagiert dabei in seiner Methode, seinem Niveau und seinen Inhalten flexibel auf die Lernenden, kontrolliert und perfektioniert so den Lernprozess. Das Modell vereint somit drei Personen: den Experten (Inhalte, Problemlösungsstrategien), den Lehrer (Methode, Lehrstrategie) und die Lernenden (individuelle Lernstrategie). Es ist einsichtig, dass solche Programme zum einen so aufwändig programmiert werden müssen, dass allein die Kosten für den Schuleinsatz bestehende Budgets weit übersteigen. Zum anderen stoßen diese Programme aber auch bereits durch die vorgesehene Komplexität rasch an ihre Grenzen. Negativ anmerken lässt sich ferner, dass gerade intelligente tutorielle Programme ein Höchstmaß an Gängelung des Schülers darstellen. Er kann letztlich nur das nachvollziehen, was ihm der Rechner anbietet oder den Prozess völlig abbrechen. Die Kontrolle bleibt in der Maschine.

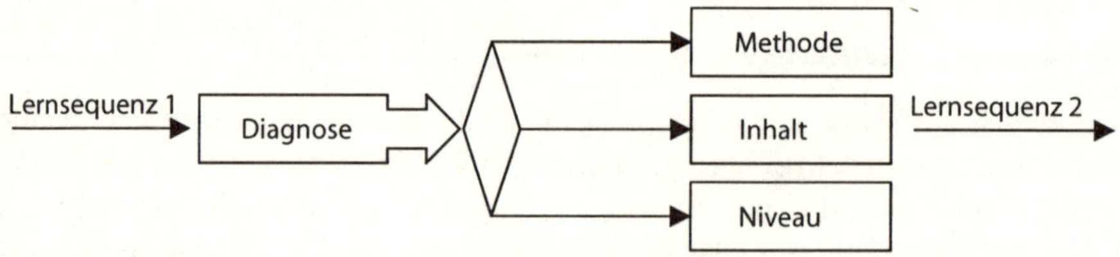

Abbildung 25 **Lernprozess-Strukturierung bei intelligenten tutoriellen Programmen**

Hypermedia-Systeme[1] und andere freie Lern- und Informationsangebote verpflichten sich jenen Lerntheorien, die Lernen als Erweiterung bereits vorhandener Grund-

1 Eine umfassenden Darstellung der hypermedialen Lernsysteme findet sich in Schulmeister 1996.

strukturen (Schemata) verstehen. Der Lernende knüpft an Bekanntes an und steuert von dort aus seinen Lernprozess frei durch vielfältige Verknüpfungen, auch Links genannt. Damit stellt diese Programmart die weiteste Form individualisierten und selbstbestimmten Lernens dar. Variationen finden sich in Programmen, die

- Lernstrukturen deutlich akzentuieren, also eine Kursform anbieten, darüber hinaus aber freien Zugriff auf weitere Informationen zulassen und den Lernprozess nicht linear mit einer vorgegebenen Sequenzierung bestimmen,
- sich als freies Informationsangebot, am Modell eines Lexikons, bzw. kommerziell am Katalog orientieren. Gut strukturierte und nutzerfreundliche Datenbanken bieten Informationen und Expertenwissen je nach persönlicher Ausgangslage des Schülers und seinen aktuellen Bedürfnissen nach Wissen und Problemlösungen. Eine Kontrolle des Lernvorgangs bleibt beim Schüler, der Rechner fungiert lediglich als Informationspool und stellt Werkzeuge und Funktionen zur Orientierung im Datendschungel bereit.

Eine besondere Fähigkeit des Rechners liegt in seiner Darstellung von *Simulationen* und *Experimentierumgebungen*. Sie bieten Modelle der Wirklichkeit, beschränkt auf wesentliche Variablen und ermöglichen so Versuche, bei denen der Irrtum ohne Folgen bleibt. Der wesentliche Lerneffekt gründet sich auf die Erweiterung von Erfahrungen. Angewand werden sie in naturwissenschaftlichen Versuchen und praktischen Anwendungen wie Fahrsimulatoren u.a.m. Damit bieten sie eine mit traditionellen Lehrmitteln nie erreichte Anschaulichkeit und Realitätsnähe.

Edutainment stellt eine Mischform aus Spiel (entertainment) und Lernangebot (education) dar. Lernspiele wecken zunächst hohe Erwartungen. Liegt hier gar der Weg aus dem Dilemma, das intensive Computerspielen von Hans und Hanna sinnvoll und von beiden unbemerkt in einen Lernprozess umzulenken? Doch davor sei gleich einleitend gewarnt. Spielen und Lernen müssen nicht unbedingt eine heilige Allianz eingehen. Wer gerne ballern will, wird durch eingeblendete Rechenaufgaben kaum sein Interesse am Mathematikunterricht vergrößern. Andererseits trennt eine weit verbreitete Bewusstseinslage die Bereiche Lernen als Arbeit vom Spiel als Freizeitbeschäftigung. Auf dem freien Markt aber bestimmen allein die Umsatzzahlen das Geschäft und Spiele lassen eben ein höheres Käuferinteresse erwarten. Demnach wird das Angebot dieser digitalen »Nürnberger Trichter« in immer neuen Varianten und lautstarken Versprechungen den Markt bald überschwemmen. Diskutiert man Lernspiele als anregende Angebote im Kontrast zum drögen Paukunterricht, so lassen sich gewiss auch einige Vorteile benennen, die aber an bestimmte Voraussetzungen geknüpft sind. An anderer Stelle wurde bereits auf die Bedeutung anregender Zusätze auf den Lernprozess verwiesen (vgl. S. 88). Sinngemäß übertragen auf Lernspiele müssten folgende Kriterien in der Kombination Lernen und Spiel erfüllt sein:

- Keine Dominanz der Spielelemente über die Lerninhalte: Wer Lernsequenzen nur nebenbei erledigt, um zum Spiel zurückzukehren, wird kaum die notwendige geistige Bereitschaft als Grundlage des Lernens investieren.
- Integration von Spiel und Lerninhalt: Spielelemente müssen den Lerninhalt unterstützen. Sie dürfen nicht als Zusatz beziehungslos daneben stehen oder gar mit den Lernzielen konkurrieren. Sonst lenken sie vom Wesentlichen ab. Dienen sie lediglich der Entspannung in einer Lernpause, so sollten sie deutlich vom Programm getrennt sein.
- Erhöhte Motivation: Spielerische Handlungen können die Neugier und das sachbezogene Interesse wecken und erhalten. Erfüllen sich die o.g. Punkte nicht, so wird eine Motivation für den Inhalt eher abgebaut, der Lernprozess als störende Unterbrechung des Spiels erlebt.

4.4 Beurteilungskriterien für Lernprogramme

Individualisiertes Lernen setzt zunächst ein hohes Maß an Motivation voraus. Frei von äußeren Zwängen wird die innere Bereitschaft, das Wollen und der Wunsch nach Wissen bestimmend für die Aufnahme und die Weiterführung von Lernprozessen.

Motivation

Bei Lernangeboten, die sich frei von den Pflichten und Zwängen eines institutionalisierten Unterrichts auf ein wirklich selbstinitiiertes und selbstgesteuertes Lernen gründen, stellt die Frage der Motivation ein zentrales Kriterium dar. Hierzu mögen die bereits vorgestellten Kategorien intrinsischer Motivation nützlich erscheinen. Daher kann bei einer Beurteilung zunächst dieser Fragenkatalog abgearbeitet werden:

- Erfüllt das Programm die Voraussetzungen einer intrinsischen Motivation?[1]
- Stellt es eine *Herausforderung* dar, die im Schwierigkeitsgrad dem Lernenden angemessen ist, also weder im Anspruch zu hoch, noch zu niedrig liegt? Wie passt es sich den Voraussetzungen der Schüler an?
- Vermittelt es dem Schüler den Eindruck, dass er das Programm beherrscht oder fühlt er sich von den Vorgaben gegängelt? Untersteht das Programm also seiner *Kontrolle*, indem es freie Wahlmöglichkeiten zulässt, den Lernerfolg als Selbstbestätigung vermittelt und Einflussmöglichkeiten auf das Geschehen, z.B. in Simulationen anbietet?
- Weckt es seine *Neugier* durch immer neue, reizvolle Aufgabenstellungen oder verbreitet es nur Langeweile, weil man den Fortgang bereits im Vorfeld erkennt?

1 Das Konzept der intrinsischen Motivation nach Lepper/Malone wurde bereits am Beispiel der Computerspiele dargestellt.

- Lässt es bei aller Sachbezogenheit auch noch Raum für die eigene *Fantasie* und Kreativität oder folgt es nur dem Prinzip der Einfallslosigkeit? Ein hohes kreatives Potenzial stellen z.B. Simulationen dar, die dem Schüler viel Spielraum für eigenes Probieren, Erkunden oder Gestalten lassen.

Konkrete Entscheidungshilfen für die Wahl von Lernprogrammen

Neben diesen allgemeinen Forderungen an digitale Lernmaterialien lassen sich aber auch einige konkrete Entscheidungshilfen für die Prüfung von Qualität und Eignung aufzeigen. Wesentlich dabei erscheint mir die Vorbemerkung, dass es bei der Vielfalt der Lernmöglichkeiten am Computer keine allgemein gültige Checkliste geben kann, die alles abdeckt und immer zu einem validen Ergebnis führt. Die unterschiedlichen Kriterien müssen als dynamische Matrix verstanden werden, die je nach Zielen und Voraussetzungen unterschiedlich zu gewichten sind und den Besonderheiten der Programmtypen gerecht werden. Im Überblick umfasst eine solche Matrix die Aspekte:

- Medienentscheidung: Neue Medien oder konventionelle Medien
- Programmbewertung:
  - Wirtschaftlichkeit: Preis-Leistungs-Verhältnis auch im Vergleich zu konventionellen Medien
  - Technische Handhabung: Installation, Deinstallation, fehlerfreie Programmierung
  - Didaktisch-methodische Struktur des Programms: Ziele / Inhalte / Methode / Adressaten
- Softwaregestaltung:
  - Präsentation
  - Interaktion
  - Programmsteuerung

Jeder *Medienentscheidung* geht zunächst die Frage nach Alternativen voraus. Damit muss zunächst eine Vorentscheidung getroffen werden, die nach eingehender Prüfung des jeweiligen Medienangebots gegebenenfalls revidiert werden muss. Steht dann die geeignete Technik, d.h. die Hardware zur Verfügung und die Entscheidung ist zu Gunsten einer bestimmten Lernsoftware ausgefallen, so erstreckt sich ihre Beurteilung nach den Dimensionen Wirtschaftlichkeit, technische Handhabung, Ziele/Inhalte/Methoden, Adressaten und Softwaregestaltung.

Wirtschaftlichkeit. Die Frage nach der Wirtschaftlichkeit eines Programms konzentriert sich rasch auf die Frage: Was bekomme ich für diesen Preis und was bietet die Konkurrenz? Eine absolute Kosten-Nutzen-Rechnung ist bei der Kalkulation von Lernprogrammen nicht zu leisten. Ist man also an ein geringes Budget gebunden, so können fehlende Programmleistungen auch nicht unbedingt dem Programm angelastet werden. Die Erstellung von Lernsoftware ist nun einmal aufwändig und teuer.

Technische Handhabung. Der Stand der Technik erlaubt heute eine Gestaltung von Programmen, die absturzsicher funktionieren, leicht zu installieren sind und bei einer Deinstallation (Entfernen des Programms) keinen Datenmüll auf dem Rechner hinterlassen. Ein Programm zeigt in den meisten Fällen bereits erhebliche Schwächen, wenn es auf breite PC-Kenntnisse aufbaut. Der Umfang der schriftlichen Handreichungen steht damit im umgekehrten Verhältnis zu seiner Qualität. Wer erst mühsam viele Seiten lesen muss um sich im Bruchrechnen zu üben, der sollte seine Zeit gewinnbringender mit Papier und Bleistift übenderweise verbringen. Eine technische Handhabung muss intuitiv erfolgen können.

Didaktisch-methodische Struktur des Programms: Ziele/Inhalte/Methoden bilden den fachdidaktischen Beurteilungsaspekt. Sie können nicht isoliert betrachtet werden, sondern bilden mit der Adressatengruppe eine dynamische Einheit, schließlich setzt das Niveau eines Programms entsprechende Kenntnisse bei der Zielgruppe voraus. Wesentlicher Gesichtspunkt sollte hier die Frage nach der möglichen Integration in den Unterricht sein. Ein Vokabeltrainer, der nicht den Wortschatz der vorhandenen Lehrbücher berücksichtigt, vermittelt zwar Wissen, das aber bei der schulischen Kontrolle nicht unbedingt notenförderlich sein muss. Als Fragen formuliert heißt das: Erfüllt das Programm seine vorgegebenen Ziele und Absichten? Sind diese mit meinen Unterrichtszielen vereinbar? Erscheinen die Inhalte angemessen, ist ihre Richtigkeit erwiesen und garantieren die Methoden ein erfolgreiches Lernen?

Adressaten. Die Zielgruppe und ihre Lernvoraussetzungen stellen hohe Anforderungen an die Flexibilität eines Programms, wenn diese leistungsheterogen sind. Beispielsweise treffen sich im Fahrschulunterricht nahezu alle Bevölkerungsgruppen mit allen erdenklichen Voraussetzungen und selbst unsere nach Altersstufen und Bildungsprofilen differenzierten Lerngruppen versprechen alles andere als Einheitlichkeit. Eine große Zielgruppe kommt den Produzenten entgegen, erweitert es doch den Adressatenkreis und damit die Auflage. Ob diese Forderung aber auch das Programm erfüllt, bedarf einer genaueren Prüfung.

Die *Software-Gestaltung* lässt sich in die Rubriken Präsentation, Interaktion und Programmsteuerung aufteilen.

Die *Präsentation* umschreibt die Frage: Was sehe oder höre ich? Eine rein textgebundene Informationsvermittlung erfüllt sicher nicht die Erwartungen in Multimedia. Durch die Dynamik der Darstellung und die gegenüber dem Buch und anderen Präsentationsformen erweiterten Gestaltungsmöglichkeiten stellt Multimedia ein geradezu ideales Werkzeug der Veranschaulichung dar. Andererseits bedeutet Medienflut noch kein Qualitätskriterium. Die Lösung liegt in der richtigen Verwendung des angemessenen Mediums für den zu veranschaulichenden Gegenstand. Filme, Fotografien, Grafiken, Animationen, Ton und Text sind auf ihre jeweilige Funktion in der Informationsvermittlung zu überprüfen.

Ein weiterer wesentlicher Punkt ist die Gestaltung der Benutzerführung im Programm. Steuer und Suchelemente, Hilfen und Werkzeuge sollten benutzerfreundlich, d.h. verständlich und intuitiv in ihrer Funktion erkennbar sein. Erinnert der Bildschirm an ein Cockpit mit zu vielen Schaltflächen, Hinweisen usf., so verliert der Lernende rasch den Überblick und die Orientierung. Besondere Gags der Gestaltung unterstützen vielleicht den Verkauf als werbewirksame Eye-Catcher, für den Lernprozess müssen sie aber nicht unbedingt förderlich sein.

Die *Interaktion* veranschaulicht die Frage: Was mache ich als Schüler mit dem Computer? Interaktionen dienen der Aktivierung des Schülers. Sie sind andererseits in der Programmierung aufwändig und teuer. Daher führt die Überprüfung dieses Programmbestandteils schnell zu wesentlichen Aussagen über die Programmqualität. Der freie Zugriff auf die verschiedenen Programmteile fördert die Selbstbestimmung der Lernenden. Übungs- und Trainingsformen unterstützen den Lernprozess durch Wiederholung, Vertiefung und Kontrolle. Simulationen dienen der Festigung aber auch dem Lernen durch Versuch und Irrtum. Zusätzliche aber nützliche Tools (Werkzeuge) sind auch Markierungsmöglichkeiten und eigene Notizen, die das Programm verwaltet.

Bei der *Programmsteuerung* stellt sich die Frage: Was macht der Computer mit mir? Erfolgt etwa eine Anpassung an den Lernenden nach seinem Lernniveau und seiner Lerngeschwindigkeit (Verzweigungen, Wiederholungen usw.)? Werden Lernergebnisse differenziert ausgewertet? D.h. erhält der Schüler ein genaues Bild seines Lernfortschritts, das sich nicht nur auf richtig oder falsch beschränkt, sondern Fehler erläutert, Zusatzinformationen bereitstellt und eine genaue Fehlerstatistik über das gesamte Programm berechnet. Zur Programmsteuerung gehört ebenfalls eine Aufzeichnung über den beschrittenen Lernweg. Dies ist vor allem bei offenen Lernplattformen notwendig, die sonst leicht zu einem »lost in hyperspace«, zu Verirrungen in einem breit angelegten Informationsangebot führen. Der Schüler muss auch bei einem erneuten Einstieg in das Programm feststellen können, was habe ich bereits

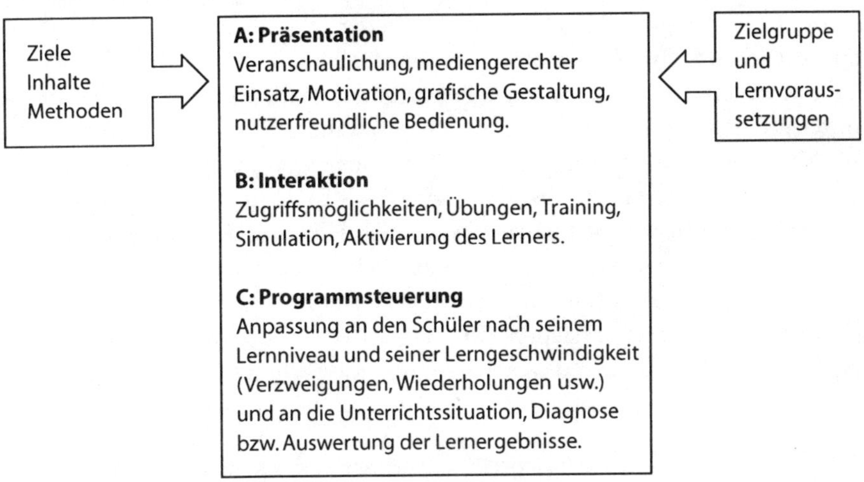

Abbildung 26 **Beurteilungsschema für Lernprogramme**

bearbeitet, wo liegen noch eigene Schwächen usw.? Für Lehrer dagegen stellt sich die Frage nach der Integration in den Unterricht. Kann ich eigene Sequenzen, Texte oder Wörter einfügen – etwa im Fremdsprachenunterricht? Erhalte ich detaillierte Rückmeldungen über den Leistungsstand einzelner Schüler, über ihren Lernfortschritt und ihre Fehler. Gerade die Belange von Unterricht in Lerngruppen berücksichtigen die meisten Lernprogramme bislang nicht. Sie beziehen sich ausschließlich auf das Lernen einer Einzelperson, so dass Lehrer/innen keinen Überblick über ihre Klasse erhalten.

Wem eine eigene Beurteilung zu aufwändig erscheint, der kann auf die inzwischen zunehmende Anzahl der Ratgeber bauen. So bietet das »Informationssystem SODIS«, eine Datenbank auf CD-ROM, eine umfassende Bewertung des Lernsoftware-Marktes in Deutschland.[1] Nahezu 4000 Unterrichtsprogramme erfasst diese Dokumentation, liefert Bewertungen und Erfahrungsberichte, die zweimal jährlich auf den neuesten Stand gebracht werden. In der BRD und in Österreich erhält man SODIS in den entsprechenden Landesinstituten und -beratungsstellen.

Ratgeber im Buchformat veralten meist schnell und sind deshalb nicht besonders ergiebig. Von Feibel (1996/1998) stammt der »Kindersoftware-Ratgeber«, der sich um Bewertungen neuer Softwareprodukte auf CD-ROM bemüht. Anschaulich, aber ohne die Beurteilungskriterien preiszugeben, beschreibt und bewertet der Autor 130 Produkte inhaltlich und in einer Bewertungsskala, welche die Qualität in der Anzahl von Mäusen misst.

4.5 Computer kreativ. Der Rechner als Werkzeug

Die Weiterentwicklung der Computerhardware schreitet eindeutig in Richtung verbesserter Grafikfähigkeit. Höhere Auflösungen der Bildschirme, die Darstellung von fotorealistischen Farben (genannt True-Color, das entspricht 16,7 Millionen Farben), höhere Rechnerleistungen, die auch Bewegtbilder ruckelfrei ablaufen lassen usw., kennzeichnen diesen technischen Entwicklungstrend. In der Anwendung kommen diese Neuerungen aber nicht nur Grafikern oder Computerspielern zugute, der Rechner offenbart damit kreatives Potenzial, das sich medienpädagogisch im Sinne einer aktiven Medienarbeit nützen lässt. Einige Hinweise auf Projekte zu diesem Thema mögen an dieser Stelle zur Veranschaulichung genügen:

Kreative Bildgestaltung bzw. -manipulationen. Dieses Thema wurde bereits bei den Bildmedien näher erläutert (siehe S. 72f.). Es gehört zur Grundproblematik medialer Abbildung von Wirklichkeit, dass sie diese verändert. Dieser Tatsache muss in einer

1 Software Dokumentations- und Informationssystem Sodis. Hrsg.: Beratungsstelle für Neue Technologien (BfNT) im Landesinstitut für Schule und Weiterbildung (LSW), Paradieser Weg 67, 59494 Soest. Eine Kurzinformation findet sich im Internet unter: http://www.labi.be.schule.de/bics/cif/cif-heft/memo.

verantwortungsvollen Medienpädagogik so thematisiert werden, dass sie das Bewusstsein der Jugendlichen erreicht. Bildgestaltung, Veränderung und Manipulation sind mit moderner Bildbearbeitungssoftware relativ leicht zu bewerkstelligen, erreichen aber in ihrer Wirkung eine hohe Effektivität.

Erstellen von Tricksequenzen. Liegen bereits die technischen Voraussetzungen für einen digitalen Videoschnitt vor, so lassen sich mit wenig Aufwand auch Tricksequenzen am Rechner erstellen. Der Vorteil gegenüber anderen Verfahren, die sich zwangsläufig mit älterer Technik begnügen müssen (z.B. S8-Film) liegt in der unmittelbaren Umsetzung und Wiedergabe des erstellten Materials.

Textgestaltung und Layout von Schul- und Klassenzeitungen. Kreatives Schreiben, die Auseinandersetzung mit dem Nachrichtenmedium Zeitung, einfache Bebilderung usw., das alles sind heute Grundlagen des Desktop-Publishing, die sich mit allen gängigen Schreibprogrammen schülergemäß verwirklichen lassen. Eine gut gestaltete Zeitungsseite, die auch den Vergleich mit dem professionellen Vorbild nicht zu scheuen braucht, wirkt motivierend auf die Schüler und bestätigt ihre eigene Leistungsfähigkeit.

Gestaltung von Werbeanzeigen als kritische Analyse intentionaler Medien. Eigengestaltung bedeutet hier wie in allen Projekten der aktiven Medienarbeit eine handelnde und analytische Auseinandersetzung mit der Medienerscheinung und dient somit der kritischen Auseinandersetzung mit ihrem manipulativen Charakter. Die Schüler/innen lernen Grundlagen des Lay-outs, kreativen Umgang mit Texten (Slogans) und die Gestaltung und die Bedeutung von Bildern und Grafiken als Ausdrucks- und Manipulationsmittel. So erhalten sie Grundlagen über den Einsatz des Computers im Bereich Grafikdesign. Für die besondere Gestaltungsform der Werbung in den Printmedien eignet sich der grafikfähige Computer ausgezeichnet, um die Bestandteile Text und Bild schnell leicht und relativ perfekt zu erstellen. Damit ist er herkömmlichen Unterrichtsprojekten zum Thema Werbung, die auf Plakatmalen oder Collagen setzen, überlegen und bildet die Thematik Werbung, die wesentlich auf ein professionelles Erscheinungsbild setzt, besser ab. Moderne Schreibprogramme stellen auch hier die notwendigen Voraussetzungen für ein vereinfachtes Desktop-Publishing zur Verfügung. Die notwendigen Bilder liefern eine digitale Kamera, der Scanner oder werden im Grafikprogramm selbst erstellt.

Digitale Fotografie (siehe S. 72). Sie erfüllt zwar nicht die Ansprüche eines Berufsfotografen, der mit herkömmlichem Film und Chemie arbeitet, sie liefert aber Bildmaterial, an dem gestalterische Grundlagen der Fotografie sehr wohl geübt und gelernt werden können. Darüber hinaus verursacht sie außer bei der Hardwarebeschaffung so gut wie keine Kosten.

Digitale Tonbearbeitung. Klangrätsel, Geräuschgeschichten, Hörspiele und das Schul- bzw. Klassenradio können qualifiziert auf dem Computer erstellt und bearbeitet werden. Voraussetzungen sind eine Soundkarte, Tonbearbeitungsprogramme und genügend Speicher auf der Festplatte.

Digitaler Videoschnitt. Komfortabel aber nicht ganz billig ist der digitale Videoschnitt. Sein besonderer Vorteil liegt in der nonlinearen Bearbeitung der Sequenzen. Muss man beim analogen Schnitt das Filmmaterial schrittweise auf ein neues Band kopieren, so lassen sich die digitalisierten Sequenzen hier beliebig anordnen und verschieben. Der fertige Film erscheint schließlich in analoger Technik auf dem Videoband

Zusammenfassung

Der Computer hat bereits unsere Bildungslandschaft verändert. Dies ist jedoch erst der Anfang eines anhaltenden Prozesses. Er schafft damit einen Bildungsbedarf, den es bislang nicht gab. Möglicherweise verändert er sogar das, was wir traditionell als unumgängliche Kulturtechniken (Schreiben, Rechnen) betrachtet haben. Zumindest wird es qualitative Verschiebungen geben. Im Zuge der Computerisierung unserer Gesellschaft werden sich auch zunehmend wirtschaftliche Interessen den Zugang zu unseren Klassenzimmern verschaffen. Der Absatz großer Mengen an Soft- und Hardware setzt eine breite Akzeptanz und Kompetenz in der Bevölkerung voraus. Trotz aller Bedenken, die bei allen Medieninnovationen grundsätzlich angebracht sind, besteht die Notwendigkeit, unsere Schüler auf ihre zukünftige Lebensrealität vorzubereiten und die ist ohne dieses Medium und Werkzeug nicht mehr denkbar. Schule würde demnach verantwortungslos handeln, reagierte sie auf diese Herausforderung nur mit beiläufiger Beachtung oder gar mit Ignoranz. Außerdem bieten die Neuen Medien auch die Lernangebote, die traditionellen, personalen Unterricht zwar nicht abschaffen, diesen aber ergänzen und hier und da auch effektiver machen können. Man kann davon ausgehen, dass sich das Monopol der staatlich organisierten Bildung durch eine Vielfalt von Bildungsangeboten per Medien ergänzt und erweitert.

5. Das Internet

5.1 Geschichtliches

Die Ursprünge

Sieht man das Internet heute, vermutet man kaum, dass seine Ursprünge im »Kalten Krieg« zu finden sind. In den 60er Jahren suchte die Rand Corporation, die Denkfabrik des »Kalten Krieges«, für das postnukleare Amerika nach einem Kommunikationssystem, das im Ernstfall nicht kontrollierbar oder gar ausschaltbar sein sollte. Die Lösung ist denkbar einfach.

Innerhalb des Netzes funktionieren alle Kommunikationspunkte voneinander unabhängig als Netzwerkknoten. Sie können Nachrichten senden, weiterleiten und empfangen. Jede Nachricht wird in einzelne kleine Pakete mit Adressat und Absender verpackt und auf unterschiedlichen Wegen durch das Netz geschickt (packet-switching Technologie). Welche Wege dabei genutzt werden, hängt von den zur Verfügung stehenden Leitungen ab und geschieht automatisch (vom Rechner gesteuert), so dass es unmöglich ist, durch Anzapfen einer Leitung eine verständliche Nachricht zu erhalten. Dabei ist völlig irrelevant, ob eine oder mehrere Leitungen oder Knotenpunkte fehlen.

Auf dieser Idee aufbauend entwickelte ARPA (Advanced Research Project Agency), eine Abteilung des US Verteidigungsministeriums, ARPANET (Netzwerk von ARPA), ein Netzwerk, das heute als »Mutter des Internet« gilt. ARPANET war gedacht für Militärs, Forscher und Techniker und wurde von ihnen auch genutzt.[1]

Wie entwickelte es sich weiter

Die Entwicklung verlief jedoch anders als geplant. ARPANET wurde von seinen Nutzern zum Kommunikationsmittel umfunktioniert. Es wurden Nachrichten und persönliche Mitteilungen statt strategischer Planungen ausgetauscht.

Das Netz wuchs, bis sich Anfang der 80er Jahre das MILNET, ein Netzwerk des US-Verteidigungsministeriums, als eigenständiges Netzwerk vom ARPANET abspaltete, ohne dabei allerdings die Verbindungen zu trennen. Diese Verbindung nannte

1 Vgl. ProNet, !Frauen ins Internet, CD-ROM. Die verwendete CD-ROM entstand 1995 in einem Projekt im Rahmen der Weiterbildungsoffensive des Bundes (WBO) in der Schweiz und wurde dankenswerterweise frühzeitig von Projekt 51 bereitgestellt. Seit Juni 1996 ist die CD-ROM in Deutschland über den Klett-Verlag erhältlich.

sich DARPA Internet. Es entstanden weitere öffentliche Netzwerke wie UUCP (Unix-to-Unix-Copy-Protocol), USENET (Users Network), CSNET (Computer and Science Network), BITNET (Because it's Time Network) und viele weitere Universitäts- und Firmennetze. 1986 schlossen sich 5 Hochleistungszentren innerhalb der USA im NSFNET (National Science Foundation Network) zusammen. 1989 wurde, zumindest formal, ARPANET beendet. Das heutige Internet übernahm die alten Funktionen und baute sie weiter aus. In den späten 80er Jahren entwickelte CERN (Conseil Européen pour la Recherche Nucléaire), dem europäischen Labor für Teilchenphysik in Genf, die HTML, ein Datenformat, das die Grundlage des World Wide Web bildet.

Das entscheidend Neue am World Wide Web ist die grafische, benutzerfreundliche Oberfläche. Die Links in einem Dokument heben sich farblich ab und lassen einen Sprung per Mausklick auf das so gekennzeichnete Dokument zu. Dieses Springen von Datei zu Datei und von Server zu Server bildet die Grundlage des Surfens im WWW. Der Erfolg zeigte sich bald, die Anzahl an WWW-Servern nahm rapide zu. Und es ist kein Ende dieser Entwicklung in Sicht.

Was war wann

50er Jahre	Situation des »Kalten Krieges«
60er Jahre	Entwicklung der »packet-switching« Technologie
1969	Geburtsstunde des ARPANET
70er Jahre	Entwicklung lokaler Netzwerke (LAN) durch Xerox PARC
1972	Einigung auf die Entwicklung einheitlicher Protokolle
1978	Erste Mailboxen entstehen in den USA
1979	Das USENET entwickelt sich
1981	Das BITNET entsteht
1983	ARPANET wird in einen wissenschaftlichen und einen militärischen Zweig geteilt
1984	FidoNet, ein Netzwerk von Mailboxen, entwickelt sich
1986	NSFNET verbindet Supercomputer-Zentren in den USA
1990	ARPANET wird aufgelöst und von der National Science Foundation übernommen (NSF)
1991	Der »High Performance Computing Act of 1991« (Information Highway) wird in den USA als Gesetz beschlossen
90er Jahre	Zusammenschluss bestehender Netze im National Research and Education Network (NREN) und Einbindung in den Datenhighway Kommerzialisierung und Privatisierung des Internet
1994	Teile der Verwaltung des Internet in den USA werden an kommerzielle Betreiber vergeben.

(nach ProNet, !Frauen ins Internet, CD-ROM)

5.2 Technisches: Wie funktioniert das Internet?

»Das Internet ist kein einzelnes Netzwerk. Es besteht aus Tausenden von kleineren Netzwerken, die miteinander verbunden sind und den ganzen Globus umspannen« (Pusch 1996, S. 15). Die Landesgrenzen sind aufgehoben und ob eine Information aus Deutschland, den USA, China oder aus Australien kommt, spielt für den Netzbesucher meist keine Rolle. Um am Internet teilnehmen zu können muss man einen Zugang über einen »Provider« (Vermittler) zu einem Internet-Server haben. Dieser Server funktioniert als Netzwerkknoten, der eigene Zugang wird Client genannt. Auf einem Server können Daten der Allgemeinheit zur Verfügung gestellt werden. Verschiedene Netze verbinden so genannte Gateways, Rechner, die hauptsächlich für den Transport der Daten von einem Netz zum anderen zuständig sind. Das Internet arbeitet mit so genannten TCP/IP-Protokollen (Transmission Control Protocol/Internet Protocol)). Sie regeln die Verständigung zwischen den Rechnern. Das IP in TCP/IP ist eine Adresse, die durch einen bestimmten Zahlencode einen Server identifiziert. Leichter verständlich und einfacher zu merken als IP-Adressen sind die Domain-Adressen, die nicht mit Zahlencodes, sondern mit Buchstaben arbeiten. Sie setzen sich i.d.R. aus Art.Name.Land zusammen, wobei der Name mehrere Punkte enthalten kann. Unterverzeichnisse können nach dem Land mit »/« getrennt angefügt werden. So ist z.B. die Domain »www.lycos.com« ein Suchserver mit dem Namen Lycos, der mit World Wide Web arbeitet und in den USA sitzt. Die USA weisen beim Länderkürzel eine gewisse Besonderheit auf. Normalerweise gibt es für jedes Land ein Kürzel (de für Deutschland). Die USA besitzen 7 verschiedene Kürzel.

Findet nun zwischen dem Client und dem Server ein Datenaustausch statt, werden die Daten in kleine Pakete verpackt, mit dem Protokoll, der Adresse und dem Absender versehen und abgeschickt (packet-switching). Dabei interessiert den Server nur der nächste Knotenpunkt. Dort angekommen, wird das Paket automatisch weitergeleitet. Ist die direkte Leitung nicht frei, wird eine andere genommen. Auf diese Weise ist es nicht nachvollziehbar, welchen Weg ein solches Paket durchlaufen hat, wenn es an seinem Zielpunkt ankommt. Man bedenke, der Weg von Mannheim über Rom nach Heidelberg ist nur um Millisekunden länger, als der direkte. Knotenpunkte und die Kapazität der Leitungen bremsen dabei die Geschwindigkeit. Je größer die Anzahl der Benutzer, desto größer wird auch die Menge der Daten. Parallel dazu wächst auch die Datenmenge durch den Umfang der gesendeten Information. Hieraus resultiert der Wunsch nach so genannten Datenhighways, bei denen Glasfaserkabel ein Vielfaches an Daten übertragen als herkömmliche Kupferkabel. Ist das Paket nun beim Client angekommen, wird es automatisch mit Hilfe des Protokolls mit den anderen Paketen verknüpft und die Datei Stück für Stück wieder aufgebaut.

Innerhalb eines Textes sind häufig Textstellen farbig markiert. Hinter diesen Markierungen verstecken sich so genannte Links, das heißt, dass es zu diesem Text irgendwo auf diesem Globus ein weiteres Dokument gibt, dessen Adresse einfach gleich mit eingetragen wurde, so dass man mit einem Mausklick automatisch dorthin gelangt. Dieses Springen, von einem Server auf den anderen, nennt man Surfen.

5.3 Chancen und Risiken – Aufgaben einer Medienpädagogik im Zeitalter der globalen Vernetzung

Die Internetnutzung unserer Jugendlichen bleibt derzeit noch spekulativ. Deshalb soll an dieser Stelle ein Ausblick auf mögliche Entwicklungen gegeben und der medienpädagogische Handlungsbedarf daran abgeleitet werden.

Achtung Zukunft – die Gefahren

Pessimistisch beurteilt Neil Postman die Gefahren der technischen Entwicklung in seinem neusten Buch: »Keine Götter mehr. Das Ende der Erziehung«

> »*Aber wie alle wichtigen Techniken der Vergangenheit sind sie ein faustischer Pakt, sie geben und sie nehmen, manchmal in gleichen Anteilen, manchmal das eine mehr als das andere*« (Postman 1995, S. 7).

Jede technische Neuerung bedarf der kritischen Begleitung. Dies um so mehr, wenn sie gesellschaftliche Belange berührt. Dies trifft zweifellos für die globale Vernetzung zu. Deshalb soll die unübersehbare Flut der Bedenken aus den Federn der Kritiker und Pessimisten hier um 5 weitere Thesen vermehrt werden, Punkte, die besonders wichtig erscheinen:

Soziale Diffusion. Der erste Punkt betrifft die Auflösung traditioneller Sozialformen. Die Familie hat bereits den allseits diskutierten Funktionswandel vollzogen. Neue Sozialisationsformen wie Massenmedien, Gleichaltrigengruppen, Institutionen der Früherziehung usf. ergänzen die elterliche Erziehung. Der Filius mag auf dem Spielplatz noch voll unter der Kontrolle elterlicher Gewalt stehen, im Internet sind seine Aktionen nicht mehr nachvollziehbar.

Schwerwiegender noch erscheinen aber die neuen Kommunikationsformen. Zwar versprechen die Netze leichten Kontakt mit beliebig vielen Personen; »Diesen Kuss der ganzen Welt« – Dank Internet ist auch dies keine Utopie mehr, doch vermehrt sich mit der Vielfalt auch die Anonymität. Zumindest eine weitere Segmentierung sozialer Beziehungen ist in diesen Kommunikationsformen unaufhaltsam vorgegeben. Segmentierung heißt dabei, was früher in Form von Vereinen und Freizeit- oder Berufskontakten noch eine vielseitige Beziehung zuließ, wird künftig auf nur wenige Kontaktpunkte – eben Segmente – beschränkt. Bestes Beispiel sind die so genannten Foren der Online-Anbieter. Ich wähle mich ein, betrete einen virtuellen Raum, kann mir die Anwesenden, das heißt die ebenfalls im Moment dort Eingewählten benennen lassen und diskutiere per Texteingabe ein ganz eng eingeschränktes Thema, etwa Probleme in der Anwendung eines Computerprogramms. Die individuellen Sozialkontakte werden sich so weiter in punktuelle Begegnungen aufsplittern.

These 1: Sozialkontakte und Kommunikationsformen werden in Zukunft vielfältiger und weltumspannend. Sie werden aber auch zunehmend punktueller auf ein enges Spektrum der Themen und des Menschen in seiner Gesamtheit eingeschränkt. Die Poesie duftender Liebesbriefe wandelt sich im Takt der binären Informationsverschlüsselung zur elektronischen Post, zu einem mit persönlichem Bild oder Videostreifen verzierten: »Hallo du!«

Identitätsprobleme. Die Anonymität der o.g. Sozialkontakte lässt sich noch erschreckend fortsetzen. Das folgende Beispiel ließe sich leicht zum Skript eines kaum noch futuristischen Spielfilms ausweiten. Zwei Personen begegnen sich im Netz. Sie treffen sich dort häufig, tauschen Meinungen und Belanglosigkeiten aus, finden sich sympathisch bis – das Ende ließe sich auch interaktiv nach Wahl des Zuschauers gestalten – ja bis sich herausstellt, dass der männliche Part in Wirklichkeit weiblich, der weibliche Part der Beziehung männlich oder beide weiblich oder wie auch immer... sind. Die Anonymität verleitet zum Pseudonym. Die Identität lässt sich beliebig variieren. Von der Frage: Was bin ich? zur modernen Version: Wer will ich sein? ist in diesen Kommunikationsformen kein weiter Weg.

These 2: Die Identität lässt sich zunehmend konstruieren – die des elektronischen Gesprächspartners kann nicht mehr garantiert werden.

Was ist Öffentlichkeit? Öffentlichkeit mit freiem Meinungsaustausch galt bislang als Garant einer demokratischen Gesellschaft. Zur Einheitlichkeit der Gesellschaft leisten heute noch die Massenmedien einen wichtigen Beitrag. Sie garantieren zumindest noch teilweise eine kulturelle Identität und ein überschaubares Angebot an politischen Parteien. Öffentlichkeit der Zukunft zersplittert sich auf Tausende von Datenspeichern rund um unseren Globus. Die Auswirkungen dieser Internationalisierung, die Folgen auf die politische Öffentlichkeit sind noch nicht absehbar.

These 3: Die neuen Medien bieten die Chance ungehemmter Meinungsfreiheit, sie erfordern aber auch eine Neubestimmung unserer politischen Kultur.

Machtmissbrauch und Datenschutz. Die traditionelle Propaganda arbeitete nach dem Motto: »Ein Führer ein Volk ein Medium.« Diese Form der Manipulation gehört der Vergangenheit an. Die Medienlandschaft atomisiert sich und verhindert die einseitige Verbreitung einer Meinung. Sie entzieht sich aber auch zunehmend jeder Form positiver Kontrolle. Die Jugendschützer mussten diese schmerzliche Erfahrung bereits machen. International und anonym geistern die Botschaften um den Erdball, wie die Beispiele der Nazipropaganda und der Pornografie beweisen. Datenanhäufungen und ihre mögliche Verknüpfung erschweren aber auch den Schutz der Privatsphäre. Kanäle, durch die Privates publik wird, lassen sich kaum verschließen.

These 4: Die Verkehrsregeln auf dem Datenhighway erscheinen chaotisch – eine positive Kontrolle ist kaum noch möglich. Die Datenanhäufung gefährdet vor allem den Schutz der persönlichen Sphäre vor Datenmissbrauch.

Wissenskluft und Bildungsschere. Mit Wissenskluft ist eine Forschung umschrieben, die in der Vergangenheit bereits anschaulich darstellen konnte, dass mit der zunehmenden Verbreitung der Medien keine gleichzeitige Zunahme der Bildungschancen verbunden war. Ganz im Gegenteil! Nur denjenigen, die bereits über ein solides Bildungsfundament verfügten, gelang es ihren Wissensvorsprung mit den Medien auszubauen. Damit vergrößerten die Medien die Wissenskluft, die Bildungsschere öffnete sich noch weiter (vgl. Bonfadelli 1994). Diese Erkenntnis lässt sich unschwer auf die Medienentwicklung übertragen. Die neuesten Medien erfordern ein hohes Maß an Voraussetzungen. Und stöhnt heute schon so mancher über die Fernbedienung seines Heimkinos – der Umgang mit Datennetzen, Online-Diensten und virtueller Realitätstechnik wird noch viel mehr Kenntnisse voraussetzen, ganz zu schweigen von Fähigkeiten, die für einen sinnvollen Umgang mit dieser Technik als unabdingbare Voraussetzung angesehen werden müssen. Wer die nicht zu bringen im Stande ist, wird sich im Informationszeitalter kaum noch zurecht finden. Desorientierung breiter Kreise mit Folgen, die kaum noch sozialverträglich genannt werden dürfen, sind die möglichen Auswirkungen.

These 5: Trotz Datenvielfalt und Informationsflut muss mit einem weiteren Auseinanderdriften der Gesellschaft in die gut Informierten und die weniger Informierten gerechnet werden.

Eine Chance für die Zukunft – was ist zu tun?

Die Medienentwicklung erfordert eine neue Form der Mitbestimmung. Das große Regulativ der Medienentwicklung wird auch in Zukunft der Markt sein. Was sich verkaufen lässt, hat eine Chance. Alles andere wird wieder verschwinden. Aber dieser Markt handelt nicht mehr mit Äpfeln und Birnen, sondern mit entmaterialisierten Informationen, d.h. die Marktgesetze werden unübersichtlicher, komplexer, schwieriger. Dagegen fallen schon heute Entscheidungen von großem finanziellen Aufwand für eine keineswegs gesicherte Zukunft.

Derlei bedeutsame Entscheidungen müssen, wenn sie verträglich für Gesellschaft und Staat sein sollen, auch von einer Mehrheit der Bürger getragen werden. Die Abschätzung der technischen Folgen (Technikfolgenabschätzung) wird ein großes Thema der zukünftigen Mitbestimmung sein. Und es wird großer politischer Anstrengungen bedürfen, alle gesellschaftlich relevanten Gruppen in diese Entscheidungsprozesse einzubeziehen und zu befähigen.

Ein zweiter Gesichtspunkt lässt sich mit den Begriffen *Bildungsbedarf* und *Medienkompetenz* umschreiben. Betrachtet man die derzeitige Bildungslandschaft kritisch, so ist festzustellen: Bei aller Notwendigkeit der vorherrschenden Bildungsinhalte erziehen wir heute »Analphabeten« im Medienzeitalter, in einer Entwicklung, die noch in den Anfängen steckt.

Die Technik ist beherrschbar, es gibt keinen Grund diesen Optimismus anzuzweifeln. Sie wird es aber nur dann auch in der Zukunft sein, wenn wir unsere Bildungsanstrengungen in dieser Richtung deutlich verstärken. Gefordert werden muss die Ausbildung einer Medienkompetenz,

- die durch Kenntnis der Technik jedem den Zugang ermöglicht, damit dem gesellschaftlichen Spaltungsprozess in die »information rich« und die »information poor« (Korte/Steinle 1986, S. 36) entgegenwirkt und die Wissenskluft verringert wird,
- die einen kritischen Umgang mit den Inhalten dieser Medien sichert, deren Wahrheitsgehalt nicht mehr wie bei den Massenmedien einer gesellschaftlichen Kontrolle unterliegt, und welche die Fähigkeit zu einer humanen, selbstbestimmten und sozial verträglichen Anwendung dieser zukünftigen Techniken umfasst.

Fazit: Der technische Fortschritt scheint in vielen Bereichen unumkehrbar. Ein Zurück aus der Zukunft wird es nicht geben. Aber er kann in sozial verträgliche Bahnen gelenkt werden. Dies erfordert von weiten Teilen der Bevölkerung getragene Entscheidungsprozesse in Form neuer Mitbestimmungsmodelle.

Dies bedingt aber auch eine Bildungsoffensive, welche die Neubestimmung vieler Lernziele und Lerninhalte und somit die Umstrukturierung unseres gesamten Bildungswesens umfasst.

5.4 Schule online

»Schulen ans Netz« so könnte auch der Aufschrei zukunftslüsterner Bildungspolitiker lauten. Dahinter verbirgt sich jedoch ein Projekt des Bundesministeriums für Bildung, Wissenschaft, Forschung und Technologie (BMBF) und der Deutschen Telekom AG, sowie einer stattlichen Zahl von Sponsoren. Die grundlegenden Motive und Ziele dieser Initiative benennt eine Studie der Gesellschaft für Informatik e.V. (GI).

Ziele und Inhalte der Studie »Schulen ans Netz«

Die Initiative »Schulen ans Netz« nennt folgende Projektziele:

> *»Öffnung von Schulen durch Kommunizieren und Kooperieren mit anderen Institutionen (Schulen, Industriebetrieben, Behörden, Universitäten), – Förderung schulischen und außerschulischen Lernens in einer Informationsgesellschaft, – Förderung interkulturellen Lernens, – Qualifizierung von Lehrerinnen und Lehrern zur interdisziplinären Zusammenarbeit zwischen Schulen und anderen Bildungseinrichtungen.«*[1]

1 Aus der Studie: Schulen ans Netz der Gesellschaft für Informatik e.V. (GI) 1995, S. 17f. Internetadresse: http://www.educat.hu-berlin.de/

Einige Anwendungsbeispiele sollen die o.g. Zielsetzungen erläutern:

- In der schulischen Netzarbeit soll einmal die Vernetzung selbst Unterrichtsgegenstand sein. Außerdem umfasst eine praktische Anwendung die Recherche im weltweiten Informationsangebot, Kommunikationsformen wie E-Mail sowie gemeinsame, nationale Grenzen überschreitende Projekte in einzelnen Fächern.
- Eine zweite Zielsetzung betrifft das außerschulische Lernen. Schüler/innen bearbeiten Hausaufgaben mit Hilfe weltweiter Informationsangebote und gestalten sie in einem digitalen Heft. In Amerika wurden solche Projekte bereits vor Jahren erfolgreich realisiert. Ständig aktualisiert und verbessert bieten Lernprogramme online Chancen für fördernde und unterstützende Maßnahmen.
- Für Lehrer stellt das Netz bereits jetzt wichtige Hilfen für die Vorbereitung und Gestaltung des Unterrichts bereit. Neben der Recherche in Datenbanken, Bibliotheken, Zeitschriften und Archiven verweist die Studie auf die Kommunikationsmöglichkeiten mit Kollegen, Fachwissenschaftlern und Fachdidaktikern auf nationaler und internationaler Ebene. Vielleicht könnte hierin auch ein Beitrag zur Überwindung unserer provinziell strukturierten Bildungslandschaft liegen.
- Als weitere Kommunikationspartner nennt die Studie Schüler (elektronische Hausaufgabenbetreuung), Eltern (elektronische Einladung zum Elternabend), Behörden, Betriebe, die Schulverwaltung und die Öffentlichkeit durch Selbstdarstellung der Schule auf einer Homepage im Internet (Gesellschaft für Informatik a.a.O., S. 16ff.).

Eine Übersicht über laufende Projekte der Initiative »Schulen ans Netz« finden sich, aktueller als es dieses Medium Buch leisten kann, im Internet z.B. bei dem Verein »Schulen ans Netz« e.V. unter der Internetadresse: http://www.san-ev.de oder bei der Gesellschaft für Informatik.

5.5 Medienkompetenz im Netz

Es ist unschwer erkennbar, dass die Schüler/innen für den Umgang mit Online-Diensten bestimmte Qualifikationen erwerben müssen. Dieses Qualifikationsprofil umfasst nach dem hier entwickelten Stufenmodell für eine Medienkompetenz folgende Gesichtspunkte (s. Tabelle 34, S. 183).

Die *technische Kompetenz* beschränkt sich auf Grundkenntnisse über die Datenfernübertragung und die Frage: »Wie funktioniert das Internet?« Die Handhabung der Software wird erfahrungsgemäß keine großen Schwierigkeiten bereiten.

Tabelle 34 **Medienkompetenz für Online-Medien**

Kompetenzen	**Wissens- und Tätigkeitsprofile**
Technische Kompetenz	Grundlagen zum Aufbau von lokalen und internationalen Netzwerken sowie die Datenübertragung, Bedienung von Software für die Online-Kommunikation
Semantische Kompetenz	Auswahl und Bewertung von Informationen, Entwicklung geeigneter Suchstrategien für Recherchen, Gestaltung von elektronischer Post unter Berücksichtigung von geografischen und kulturellen Unterschieden
Pragmatische Kompetenz	Entwicklung onlinespezifischer Kommunikationsformen, adäquate Präsentation von Daten auf multimedialer Plattform, verantwortungsvoller Umgang mit eigenen und fremden Daten und Kommunikationsformen (Netiquette)

Ein wesentlicher unterrichtlicher Schwerpunkt dagegen liegt in der Vermittlung der *semantischen Kompetenz.* Inhalt und Bedeutung der angebotenen Informationen müssen ausgewählt, bewertet, auf ihren Wahrheitsgehalt überprüft und kritisch hinterfragt werden. Das Bild von der Nadel im Heuhaufen wird vom Internet durchaus überboten. Deshalb gilt es geeignete Suchstrategien zu entwickeln. Die Kommunikation im Netz erfolgt nach eigenen Gestaltungsprinzipien und ist mit herkömmlicher Post oder Telefon nicht vergleichbar.[1] Deshalb müssen für das Verständnis von Netzbotschaften diese Gestaltungskriterien erlernt werden. Bei einer weltweiten Kommunikation sind auch geografische und kulturelle Besonderheiten zu berücksichtigen. Das Internet bietet hier eine unvergleichliche Chance für interkulturelles Lernen.

Die *pragmatische Kompetenz* liegt in der Umsetzung dieser Gestaltungskriterien in onlinespezifische Kommunikationsformen. Darunter summieren sich multimediale Kommunikation: der Liebesbrief mit Film, Bild und Ton, aber auch die Gestaltung eigener Seiten im Internet. Das Netz bietet große Freiheiten für alle. Die Verbreitung von Nachrichten aller Art ist nicht mehr an Finanzen, Institutionen und Personen gebunden wie bislang bei den Massenmedien. Dies erfordert aber auch einen verantwortungsvollen Umgang mit eigenen und fremden Daten und Kommunikationsformen. Das Erlernen von Umgangsformen (Etikette) im Netz (Netiquette) stellt einen wichtigen erzieherischen Auftrag dar.

5.6 Suchen und finden. Adressen im Internet

Bereits jetzt bemühen sich bemerkenswerte Initiativen um eine Bildungsarbeit im Internet. Auf einige sei hier hingewiesen, wohl wissend, dass diese Informationen nur kurzfristige Aktualität besitzen:

1 Einen Einblick in die Internetkommunikation eingefleischter Net-Wizards bieten Herz 1996 und Stoll 1996.

- »*Der Deutsche Bildungsserver*« (DBS), ein Gemeinschaftswerk des Deutschen Forschungsnetzes (DFN) und der Humboldt-Universität Berlin, bietet ein Suchsystem für Internet-Projekte, technische Hilfen und Hinweise sowie Links zum Projekt »Schulen ans Netz«, zu Modellversuchen, zur Lehrerfortbildung und zu den Bildungsservern der Bundesländer. Auch eine Fülle von Unterrichtsmaterialien der DBS. Adresse: http://dbs.schule.de/
- »*Schulen ans Netz*« (SAN) wurde als Projekt bereits vorgestellt. 10 000 Schulen sollen Dank dieser Initiative mit der Unterstützung des Bundesbildungsministeriums, der Telekom AG und einigen Sponsoren den Weg zur weltweiten Telekommunikation finden. 3200 waren es bereits 1996! Unter dieser Adresse findet man Infos zum Projekt, Neues, Tagungen, Termine und Links zu weiteren Einrichtungen. Adresse: http://www.san-ev.de/
- Das »*Offene Deutsche Schulnetz*« (ODS) verbindet die Bildungsserver der 16 Bundesländer. Hier finden sich Adressen der am Projekt »Schulen ans Netz« beteiligten Schulen, Beratung in Sachen Schule und Computer, Software für den Schuleinsatz, Suchdienste im Internet. Adresse: http://www.be.schule.de/
- Das »*Schulweb*«liefert genauere Auskunft über bereits durchgeführte Projekte im Internet. Sehr umfangreich finden sich hier Adressen der Landesinstitute in der BRD, in Österreich und der Schweiz Adresse: http://www.schulweb.de/
- Als Ausgangspunkt für eine Netzsuche gut geeignet und mit vielen Links ausgestattet ist die *Zentralstelle für Computer im Unterricht*. Adresse: http://www.zs-augsburg.de/
- Eine Initiative von Lehrer/innen ist die Zentralstelle für Unterrichtsmedien im Internet »*ZUM*«. Sehr praxisorientiert und reichhaltig mit Informationen gefüllt, kann auch dieser Server empfohlen werden. Adresse: http://www.zum.de/

Weitere länderbezogene Adressen für schulische Aktivitäten finden sich im Anhang. Aus den zahllosen internationalen Internetangeboten zum Stichwort education hier noch einen zentralen Ausgangspunkt für weitere Suchen: http://www.att.com/learningnetwork/. Das AT&T Learning Network bietet Grundlagen zum Internet und viele weitere Adressen rund um die vernetzte Bildung.

6. Virtual Reality und Cyberspace

Das Internet ist bereits Realität, wenn auch seine letzten Konsequenzen noch nicht absehbar sind. Aber schon rauscht eine neue Technologie durch den Blätterwald unserer Presseorgane. *Virtual Reality* (VR) und *Cyberspace*[1] lauten die Schlagworte. Was sich dahinter verbirgt, soll abschließend zu diesem Kapitel kurz illustriert werden.

Auf dem Kopf einen Helm mit dicker Brille, die Hände bewehrt mit Handschuhen, am Körper einen elastischen Überzug mit Sensoren: das ganze erinnert an König Arthur im Taucheranzug. Dergestalt reiten die Ritter der Zukunft in den Labors der virtuellen Realität durch digitale Galaxien. Dabei ist VR oder auch Cyberspace bereits heute Realität. Was steckt dahinter? In der Verbindung von Mensch und Maschine bedeutet VR einen epochalen Durchbruch. Die Situation: Mensch vor dem Bildschirm, als Bedienelement die Computermaus, wird zum Menschen in der Maschine. Alle Bewegungen des Kopfes, der Hände, des Körpers werden erfasst und mit den unterschiedlichsten Rückmeldungen beantwortet. Ein Beispiel mag dies verdeutlichen. Der Mensch unter dem Datenhelm sieht durch seine Brille räumlich eine Verkehrssituation durch die Frontscheibe des Autos. Nach einer Kopfbewegung erscheint ihm die Ansicht aus dem jeweiligen Seitenfenster. Straßenlärm dringt stereofon in seine Ohren. Die behandschuhten Hände lassen ihn den Widerstand eines Lenkrades, die Datenpantoffeln an den Füßen den Eindruck von Brems-, Gas- und Kupplungspedal spüren. Ein Blick nach unten: Aha, dort ist der Schaltknüppel. Ein Griff: Er spürt die Kühle von Metall oder die Elastizität von Kunststoff. Der Schaltvorgang: In den Ohren ertönt der Schmerzensschrei des Getriebes. Die Datenpantoffeln haben das Kupplungspedal verfehlt. Zwischenzeitlich hat das unkontrollierte Fahrzeug eine Verkehrsampel erfasst. Das Martinshorn der Polizeistreife beendet die erste Fahrstunde des Führerscheinneulings. Alles nur geträumt? Ja und nein. Für einen Außenstehenden sitzt da ein Mensch im oben karikierten Datenkostüm auf einem Autositz. Kabel führen zu einer Computeranlage. Die Bewegungen des Probanden erinnern ein wenig an klein Fritzchen, der im Hochstuhl mit »brumm, brumm« Autofahren spielt. Mehr ist nicht. Trotzdem vermittelt das Equipment dem Fahrneuling realistisch den Eindruck: Ich bediene ein Auto. Der Widerstand des Lenkrades, der Pedale, des Schaltknüppels, alles erscheint ihm als Realität und dient dazu, die Fahrzeugbedienung ohne Verkehrsbelästigung oder gar Gefährdung zu lernen.

1 William Gibson prägte 1983 in seinem Roman »Neuromancer« den Begriff Cyberspace, der heute als Etikett allem anhaftet, was sich mit künstlichen Räumen verbindet.

Szenenwechsel: Der Chirurg im gleichen Aufzug. Sein Objekt: die deformierte Hüfte eines Patienten. Röntgen und tomografische Aufnahmen vermitteln einen exakten Eindruck von der Art und vom Umfang der Krankheit. In der Laborsituation der virtuellen Realität kann nun unser Arzt eine simulierte Operation durchführen, erkennt mögliche Komplikationen und kann sich so für den Ernstfall im OP rechtzeitig vorbereiten.

Um diese Entwicklung abschätzbar zu machen, muss die Diskussion ihre bislang beliebten Schwerpunkte verlagern. Die Trennung von Mensch und Maschine scheint in der VR aufgehoben. Man sitzt nicht mehr vor einem Display und steuert das Geschehen mit den üblichen Eingabegeräten wie Computermaus usw., sondern der Mensch begibt sich quasi in die Maschine hinein. Mediale Darstellungen erreichen damit die Qualität einer eigenen Realität. Damit scheint auch die Frage nach der Veränderung von Wirklichkeit durch ihre mediale Abbildung überflüssig: Die Virtual Reality ist eine Konstruktion aus der vorliegenden Datenmenge eines Rechners. Sie besitzt ihre eigene Qualität.

Fazit: Die Nachbildung der Wirklichkeit in Maschinen wird heute noch kaum nachvollziehbare Ausmaße annehmen. Headmounted Displays und Datenanzüge gehören dann zur Berufs- und Freizeitkleidung. Das Bildungspotenzial dieser Technik ist kaum abschätzbar. Die didaktische Fantasie schlägt Purzelbäume, denkt man daran, Fertigkeiten auf diese Weise zu trainieren oder auch Einsichten in komplexe Zusammenhänge zu vermitteln. Es bedarf aber auch der kritischen Distanz und eines wachen politischen Bewusstseins, will man mögliche Fehlentwicklungen nicht unterschätzen. Allein der breite Zugang zu solchen Bildungsformen scheint schon durch die noch immensen Kosten in Frage gestellt.

Zusammenfassung

Medien vermitteln Wirklichkeit aus zweiter Hand. Zu ihrer finstersten Seite gehört, dass sie diese Wirklichkeit verändern oder gar verfälschen und ihr Publikum manipulieren. Es besteht also zunächst kein Grund das zukünftige Medienzeitalter mit Hurrageschrei zu stürmen. Kritik erfasst aber nur eine Seite des Medienphänomens. Der Trend zur Globalisierung unserer Lebensbezüge, seien sie sozialer, kultureller, wirtschaftlicher oder politischer Art, machen Medien zum unverzichtbaren Element unserer Welt- und Lebensbewältigung. Ohne die Bereitstellung und den raschen Zugriff auf weltweite Informationen und die Möglichkeiten der Kommunikation ließen sich weder soziale, wirtschaftliche noch politische Prozesse in der Welt als »globalem Dorf« bewältigen.

Fokussiert man diese allgemeinen Eigenschaften auf die Schule, so ergeben sich zwei Konsequenzen:

- Medien unterstützen Lernprozesse:
  - mediale Informationen erreichen ein Höchstmaß an Aktualität,
  - durch ihren multisensorischen Charakter bieten sie ein großes Potenzial für Veranschaulichung und unterstützen so Lernprozesse,
  - eine aktive Medienverwendung erweitert das Repertoire schulischer Handlungsmöglichkeiten. Sie dient der Beobachtung, Informationsvermittlung, Dokumentation, Erkundung und Kommunikation,
  - besonders die Neuen Medien stellen ein noch wenig ausgeschöpftes Angebot für selbstbestimmtes Lernen bereit.
- Medien sind selbst als Gegenstand schulischen Lernens auszuweisen, um so die Schüler zu einem kompetenten Umgang mit den Medien zu befähigen. Dies kann nach dem hier beschriebenen Stufenschema der technischen, semantischen und pragmatischen Kompetenz erfolgen.

Die Chancen und die Notwendigkeit einer stärkeren schulischen Beachtung der Medien lässt sich aber nur im Schulterschluss der bislang weitgehend getrennt beachteten und wissenschaftlich getrennt beschriebenen Teildisziplinen: der Medienpädagogik und der Mediendidaktik, erreichen. Beide litten immer wieder unter dem Vorwurf der Einseitigkeit.

- Der Medienpädagogik selbst fehlte bislang eine unterrichtliche Einbindung. Als freischwebendes Angebot verblieb sie wie alle erzieherischen Forderungen in der Sphäre der Unverbindlichkeit. Ihr Gegenstand, die Alltagsmedien und das Freizeitverhalten der Schüler galt gegenüber den klassischen Kulturgütern als kaum beachtenswert.
- Die Mediendidaktik verfolgte der Technokratievorwurf mit der Unterstellung, nur am zweckrationalen Lernen und Optimieren von Lernprozessen Interesse zu zeigen, wesentliche erzieherische Gesichtspunkte, die sich am Gesamtbild des Menschen orientieren, dagegen zu vernachlässigen.

Für eine Integration von mediendidaktischen und medienpädagogischen Sicht- und Arbeitsweisen sprechen zwei wesentliche Gründe:

- Die Trennung von Schul- und Alltagsmedien verliert in letzter Zeit immer mehr an Kontur. Schüler/innen erwerben Wissen durch die Massenmedien wie Fernsehen und Rundfunk, Multimediaangebote und computergestützte Kommunikationsformen (Internet). Diese Alltagsmedien drängen aber ihrerseits in die Schulen und verdrängen die klassischen Unterrichtsmedien. Der Filmprojektor verstaubt zunehmend im Archiv, der Tageslichtprojektor kann bereits heute durch digitale Präsentationsformen ersetzt und in seinen Möglichkeiten erweitert werden.
- Was aber neben der technischen Entwicklung als noch wesentlicher erscheint ist die mediale Sozialisation unserer Schüler. Die Jugendzeit ist heute eine Medienzeit. Erwartungen und Gewohnheiten in der medial bestimmten Freizeit erworben, machen vor der Schultüre nicht Halt. So weckt der als Höhepunkt unterrichtlicher Gestaltung gedachte Filmeinsatz in der Konkurrenz zum freizeitlichen Nervenkitzel nur Gähnen und Langeweile und verstärkt so die Skepsis der Lehrer gegenüber dem Medieneinsatz. Das Dilemma kann nur überwunden werden, wenn man sich nicht auf die Medieninhalte beschränkt, sondern die Medien und ihre Nutzung selbst thematisiert und sie im unterrichtlichen Einsatz zur aktiven Gestaltung und Produktion verwendet.
  Lenkt einerseits die Medienpädagogik ihren Blick stärker auf medial gestützte Lernprozesse und erweitert die Mediendidaktik andererseits ihre Sichtweise und schließt das oben beschriebene mediale Umfeld in ihre Reflexionen ein, so erscheint das übergreifende Ziel, der Aufbau einer Medienkompetenz, bei den Schülern im Horizont des Machbaren.

Dieser kompetente Umgang mit den Medien bildet die Grundlage für erfolgreiches Lernen und verschafft die notwendige Kommunikations- und Handlungsfähigkeit in einer medial vermittelten Welt.

Schrittweise gilt es dabei, in die technischen Bedingungen der Medien einzuführen (technische Kompetenz), Verständnis für die Inhalte und ihre Gestaltung (semantische Kompetenz) zu gewinnen und schließlich zu einer aktiven Verwendung (pragmatische Kompetenz) zu führen. So lernen Schüler/innen Medien zu bedienen, zu verstehen und für ihre eigenen Bedürfnisse zu nutzen.

Diese Kompetenzbereiche werden noch einmal in schematischer Übersicht auf S. 190 zusammengefasst.

Medienpädagogik	**Kompetenz**	**Mediendidaktik**
Aufmerksamkeit als Voraussetzung für einen kritischen Konsum	**»Vertiefte Wahrnehmung«**	Verbesserung der Verarbeitungstiefe (mental effort)
Handhabung als Voraussetzung für eine selbstbestimmte Nutzung. Magie der Technik entzaubern. Bewusstsein des Produktcharakters der Medien verstärken	**Technische Kompetenz** Medien bedienen	Handhabung als Voraussetzung für den Umgang mit medialen Lernsystemen
Wirklichkeit aus zweiter Hand erkennen und einschätzen, Qualitätsbewusstsein und Kritikfähigkeit entwickeln	**Semantische Kompetenz** Medien verstehen	Medial vermittelte Informationen verstehen und Lernprozesse optimieren
Stärkung der Identität durch schöpferische Selbsterfahrung. Erweiterung der Kommunikations- und Handlungsfähigkeit	**Pragmatische Kompetenz** Medien aktiv verwenden	Medien aktiv für Lernprozesse nützen, d.h. sie zur Unterstützung: – der Wahrnehmung – der Verständigung – der Erkenntnis einzusetzen

Es liegt letztlich an der Innovationsfähigkeit unseres Schulsystems, die Chancen, welche die Medien bieten, zu ergreifen und den Bildungsbedarf, der sich aus der Medienentwicklung ableitet, anzuerkennen.

Anhang

Verwendete Literatur

Aicher, Otl: Analog und digital. Berlin 1990.

Aicher, Otl: Die Welt als Entwurf. Berlin 1991.

Anderson, John R.: Kognitive Psychologie. Heidelberg 1989.

Anfang, Günther/Bloech, Michael/Hültner, Robert: Vom Plot zur Premiere. Gestaltung und Technik für Videogruppen. München 1994.

Armbruster, Brigitte et al.: Allgemeine Mediendidaktik. Köln 1978.

Arnheim, Rudolf: Anschauliches Denken. Köln 1972, S. 24–59.

Arnheim, Rudolf: Kritiken und Aufsätze zum Film. Frankfurt a.M. 1979.

Ashauer, Günter (Hrsg.): Audiovisuelle Medien. Ein Handbuch für Schule und Weiterbildung. Bonn 1980.

Aufenanger, Stefan: Aktuelle Lernsoftware. Kriterien und Chancen in medienpädagogischer Beurteilung: In: Medien Praktisch, 2/95, S. 11–14.

Ausubel, David P.: The use of advanced organizers in the learning and retention of meaningful verbal material. 1960, Journal of Educational Psychology, 51, S. 267–272.

Baacke, Dieter: Medienpädagogik. Tübingen 1997.

Baacke, Dieter/Schäfer, Horst/Vollbrecht, Ralf: Treffpunkt Kino. Weinheim/München 1994.

Bachmair, Ben: Medienverwendung in der Schule. Analyse und Planungsbeispiele für den Unterricht mit audiovisuellen Medien. Berlin 1979.

Ballstaedt, Steffan-Peter: Wenn Hören und Sehen vergeht. Grenzen audiovisueller Integration. In: D. Meutsch/B. Freund 1990, S. 29–46.

Ballstaedt, Steffan-Peter/Molitor, Sylvie/Mandl, Heinz: Wissen aus Text und Bild. Forschungsbericht Nr. 40, Tübingen 1987, oder in: Jo Groebel, 1989.

Becker, Georg E.: Handlungsorientierte Didaktik. Weinheim 1991.

Beierwaltes, Andreas: Lust am Grauen. In: Medien Praktisch 2/93, S. 27–29.

Beller Hans: Aspekte der Filmmontage. In: H. Beller, 1993, S. 9–32.

Beller, Hans: Handbuch der Filmmontage. München 1993.

Bertelsmann Stiftung: Wissensvermittlung, Medien und Gesellschaft Bertelsmann, 1989.

Beuck, Christiane: Auf dem Weg zur freien Arbeit. Eine Annäherung an das Thema Gewalt im Fernsehen. In: Praxis Deutsch Heft 141, 1997, S. 51–54.

Bieler, Marianne: Text und Bild. Dokumentation eines Unterrichtsprojekts. Medienpädagogisches Zentrum, Päd. Hochschule Schwäbisch Gmünd, 1996.

Bonfadelli, Heinz et al.: Jugend und Medien. Media Perspektive Band 6, Frankfurt a.M. 1986.

Bonfadelli, Heinz: Die Wissenskluftperspektive. Konstanz 1994.

Bonfadelli, Heinz: Jugendliche, Medien und Sozialisation. In: M. Radde/U. Sander/R. Vollbrecht 1988, S. 167–189.

Brand, Horst W.: Wahrnehmung. In: H.J. Kagelmann/G. Wenninger (Hrsg.) 1982, S. 233–239.

Brecht, Bertolt: Der Rundfunk als Kommunikationsapparat. In: B. Brecht: Gesammelte Werke. Band 18, Frankfurt 1967.

Brenner-Rossi, Urs: Vom Daumenkino zum Videoclip. Kinder und Jugendliche experimentieren mit bewegten Bildern. Zürich 1992.

Bundeswirtschaftsministerium. Statistik: Informations-Infrastrukturen im internationalen Vergleich. Internetadresse: http://www.bmwi-info2000.de.

Bundeszentrale für politische Bildung, Informationsblatt: Computerspiele auf dem Prüfstand. Loseblattsammlung mit fortlaufender Ergänzung.

Bund-Länder-Kommission für Bildungsplanung und Forschungsförderung. Rahmenkonzept Informationstechnische Bildung in Schule und Ausbildung. Bonn 1984.

Bund-Länder-Kommission für Bildungsplanung und Forschungsförderung: Medienerziehung in der Schule. Heft 44, 1995.

Caselmann, Christian: Der Begriff der Anschauung in pädagogischer Sicht. In: R. Heiss/C. Caselmann/A.O. Schorb/P. Heimann (Hrsg.) 1963, S. 43–70.

Comenius: Orbis sensualium pictus. Original 1658 lateinisch und deutsch. Dortmund 1978.

Cube, Felix von: Definition und Aufgabe der Mediendidaktik. In: L.J. Issing/H. Knigge-Illner (Hrsg.) 1976, S. 62–65.

Dean, R.S. und Kulhavy, R.W.: Influence of spatial organization on prose learning. Journal of Educational Psychology 73, 1981, S. 57–64.

Dichanz, Horst/Kolb, Günter: Quellentexte zur Unterrichtstechnologie I u. II, Stuttgart 1976.

Doelker, Christian: Menschenbilder in den Medien. In: Medien Praktisch, 4/96, S. 16–18.

Döring, Klaus W.: Medien im Medienverbund und die Lehrer/Dozenten-Rolle. In: G. Ashauer (Hrsg.): Audiovisuelle Medien. Ein Handbuch für Schule und Weiterbildung. Bonn 1980, S. 132–141.

Dwyer, F.M.: Strategies for improving visual learning. Pennsylvania: learning services, 1978.

Eco, Umberto: Einführung in die Semiotik. München 1985.

Eimeren, Birgit von/Klingler, Walter: Elektronische Medien im Tagesablauf von Jugendlichen. In: Media Perspektiven 5/95, S. 210–219.

Euler, Dieter: Didaktik des computerunterstützten Lernens: praktische Gestaltung und theoretische Grundlagen. Nürnberg 1992.

Feibel, Thomas: Kindersoftware-Ratgeber 1997. Haar bei München 1996.

Feierabend, Sabine/Windgasse, Thomas: Was Kinder sehen. In: Media Perspektiven 4/96, S. 186–194.

Feierabend, Sabine/Windgasse, Thomas: Was Kinder sehen. In: Media Perspektiven 4/97, S. 186–197.

Flechsig, Karl-Heinz: Die technologische Wende in der Didaktik. In: L.J. Issing/H. Knigge-Illner (Hrsg.) 1976, S. 15–38.

Frahm, Eckart (Hrsg.): Medienpraktische Projekte in Baden-Württemberg. Villingen-Schwenningen 1996a.

Frahm, Eckart: Medien heißt immer Öffentlichkeit. Wie man Jugendlichen Appetit aufs Radio macht und ihnen dabei die Lust auf nachforschendes Lernen erhält. In: LfK Baden-Württemberg (Hrsg.) 1996b, S. 123–136.

Gagnier, Olivier: Praktische audiovisuelle Medien in Frankreich. In: Schorb, B. (Hrsg.) 1992, S. 68–71.

Gast, Wolfgang: Grundbuch. Einführung in Begriffe und Methoden der Filmanalyse. Frankfurt a.M. 1993.

Gebhardt, Hans J. /Schmitz, Jürgen: Auswirkungen einiger Variablen auf das Behalten von Lichtbildern. Reihe AV-Forschung Band 6, München: Institut für Film und Bild in Wissenschaft und Unterricht, FWU 1972.

Gesellschaft für Informatik e.V. (GI): Studie: Schulen ans Netz. 1995, Internetadresse: http://www.educat.hu-berlin.de/.

Gibson, William: Neuromancer. 1983.

Glogauer, Werner: Kriminalisierung von Kindern und Jugendlichen durch Medien. Wirkung gewalttätiger, sexueller, pornographischer und satanischer Darstellungen. Baden-Baden 1991.

Götz, Klaus/Häfner, Peter: Didaktische Organisation von Lehr- und Lernprozessen. Ein Lehrbuch für Schule und Erwachsenenbildung. Weinheim 1992.

Gottberg, Joachim von: Jugendschutz in den Medien, 1995. Freiwillige Selbstkontrolle Fernsehen e.V., Rauchstr. 18, 10787 Berlin, Tel: 030 230 836 0.

Grau, Rudolf/Stuke, Franz R./Zimmermann, Dietmar: Lernen mit Medien. Handbuch der Medienpraxis in der Schule. Braunschweig 1977.

Groebel, Jo: Kinder und Medien: Nutzung, Vorlieben, Wirkungen. In: Media Perspektiven 1/94, S. 21–27.

Groebel, Jo: Kinder und Medien: Nutzung, Vorlieben, Wirkungen. Zum Stand der internationalen Forschung. In: LfK Baden-Württemberg (Hrsg.) 1996, S. 3–19.

Habermas, Jürgen: Strukturwandel der Öffentlichkeit. Neuwied 1971.

Habermas, Jürgen: Theorie des kommunikativen Handelns. Band 1 u. 2, Frankfurt a.M. 1981.

Haase, Frank/Kutteroff, Albrecht (Hrsg.): Anschlüsse. Baden-Baden 1996.

Heidtmann, Horst: Fernsehzeit ist Serienzeit. Von der zunehmenden Notwendigkeit des Seriellen im Fernsehen. In: Praxis Deutsch 121/93, S. 18–25.

Heinrichs, Heribert: Audio-visuelle Praxis in Wort und Bild. München 1972.

Heiss, Robert/Caselmann, Christian/Schorb, Alfons Otto/Heimann, Paul (Hrsg.): Bild und Begriff. München 1963.

Herz, J.C.: Surfen auf dem Internet. Reinbek bei Hamburg 1996.

Hiegemann, Susanne/Swoboda, Wolfgang H.: Handbuch der Medienpädagogik. Opladen 1994.

Hoelscher, Gerald R.: Kind und Computer. Berlin u.a. 1994.

Hofstätter, Peter R.: Psychologie. Frankfurt a.M. 1957.

Issing, Ludwig J./Knigge-Illner, Helga (Hrsg.): Unterrichtstechnologie und Mediendidaktik, Weinheim, Basel 1976.

Issing, Ludwig J: Mediendidaktische Aspekte der Entwicklung und Implementierung von Lernsoftware. In: Zimmer, G. (Hrsg.) 1990, S. 103–110.

Issing, Ludwig J./Mikasch, Heidemarie D./Haack, Johannes: Blickbewegung und Bildverarbeitung. Frankfurt a.M. 1986.

Jaubert, Alain: Fotos, die lügen. Frankfurt 1989.

Jud-Krepper, Helga: Drehbuch, Drehen, Schneiden. In: Stipp-Hagmann, K. 1996, S. 103–105.

Jud-Krepper, Helga: Filmische Bewegung = Animation ohne Kamera. In: Stipp-Hagmann, K. 1996, S. 106–115.

Kabel, Rainer/Saur, Karl-Otto: Information, Unterhaltung, Bildung – öffentlich-rechtlich oder privat? Zur Rolle der Massenmedien in Staat und Gesellschaft der Bundesrepublik. Fernuniversität Hagen, Studienbrief Kurs Nr. 3096, 1988.

Kagelmann, Jürgen H./Wenninger, Gerd (Hrsg.): Medienpsychologie. Ein Handbuch in Schlüsselbegriffen. München 1982.

Kahrmann, Klaus-Ove/Reise, Niels (Hrsg.): Kamera läuft..., Frankfurt a.M.: Bundesverband Jugend und Film, 1993.

Keilhacker, Margarete et al.: Filmische Darstellungsformen im Erleben des Kindes. Untersuchung über psycho-physische Begleiterscheinungen und Auswirkungen des Filmerlebens. München/Basel 1967.

Ketzer, Günther/Krankenhagen, Gernot: Die Arbeitsprojektion im Unterricht. Stuttgart 1974.

Kinderkino Illustrierte. Bundesverband Jugend und Film, Kennedyallee 105a, 60596 Frankfurt gibt in regelmäßiger Folge Empfehlungen für Kinder und Jugendfilme heraus.

Kleiter, Ekkehard F.: Fördern Aggression und Gewalt in Filmen aggressiv-gewalttätiges Verhalten von Schülern? In: Kahrmann, K.-O./Reise, N. (Hrsg.) 1993, S. 68–151.

Klimsa, Paul: Neue Medien und Weiterbildung. Weinheim 1993.

Klingler, Walter/Groebel, Jo: Kinder und Medien. Media Perspektiven Band 13, Baden-Baden 1990.

Klingler, Walter/Heinemann, Gabi: Mediennutzung in der Bundesrepublik Mitte der 90er Jahre. In: Haase, F./Kutteroff, A. (Hrsg.) 1996, S. 144–147.

Klingler, Walter: Was Kinder hören. In: Media Perspektiven 1/94, S. 14–20.

Klinner, Jörg/Lange-Fuchs, Hauke: Als die Bilder laufen lernten. In: Kahrmann, K.-O./Reise, N. (Hrsg.) 1993, S. 152–180.
Koch, Friedrich: 100 Jahre Kino. 100 Jahre pädagogische Indolenz. In Pädagogik 12/95, S. 62–65.
Kolfhaus, Stephan: Anfänge des Jugendschutzes seit 1900 – Intentionen und Institutionen im »Schmutz und Schundkampf« vom Kaiserreich zur Weimarer Republik. In: Hiegemann, S./Swoboda, W.H. 1994, S. 139–148.
Korte Werner B./Steinle, Wolfgang J.: Kultur, Alltagskultur und neue Informations- und Kommunikationstechniken. In: Aus Politik und Zeitgeschichte. Bonn: Bundeszentrale für politische Bildung, Beilage zur Wochenzeitung: Das Parlament B3/1986, S. 26–38.
Kunczik, Michael: Gefährdete Problemgruppen. Expertenbefragung – ein empirischer Ansatz. In: LfK Baden-Württemberg (Hrsg.) 1996, S. 157–171.
Künne, Michael/Kwiran, Manfred: Impulse. Band 1, 2, 3. Braunschweig 1983ff.
Kwiran, Manfred: Fotos im Unterricht. Konkretisierung und Arbeitsvorschläge. In: medien praktisch 4/85, S. 48–51.
Landesanstalt für Kommunikation LfK Baden-Württemberg (Hrsg.: Fernseh- und Radiowelt für Kinder und Jugendliche. Band 3A, Villingen-Schwenningen 1996.
Langenbucher, Gerda/Schnoor, Detlef: Auf dem Weg zur Bildpädagogik. GMK Rundbrief Nr. 33, 1992, S. 31–35.
Lepper, M.R./Malone, T.W.: Intrinsic motivation and instructional effectiveness in computer-based education. In: R.E. Snow/M.J. Farr (Hrsg.): Aptidute, learning and instruction. Vol. 3, Hillsdale NJ 1987, S. 255–286.
Löffler, Martin (Hrsg.): Die öffentliche Meinung. München, Berlin 1962.
Maier, Wolfgang: Dich schlitz ich auf... Fernsehverhalten im Spiegel von Erzieherinnen und Lehrerinnen. Eine Umfrage. In: Grundschulmagazin 3/1990; S. 55.
Martinez, Romeo E. (Hrsg.): Bibliothek der Fotografie, Bd. 4, München, Luzern 1974.
Media Perspektiven. Basisdaten 1995. Arbeitsgemeinschaft der ARD-Werbegesellschaften (Hrsg.), Frankfurt a.M. 1995.
Media Perspektiven. Basisdaten 1996. Arbeitsgemeinschaft der ARD-Werbegesellschaften (Hrsg.), Frankfurt a.M. 1996.
Media Perspektiven. Hrsg.: Arbeitsgemeinschaft der ARD-Werbegesellschaften, Frankfurt, erscheint 12-mal jährlich.
Metz, Christian: Semiologie des Films. Frankfurt a.M. 1973.
Meutsch, Dietrich/Freund, Bärbel (Hrsg.): Fernsehjournalismus und die Wissenschaft. Opladen 1990.
Meyers Lexikon in drei Bänden, Mannheim 1996.
Meyn, Hermann: Massenmedien 1. Informationen zur politischen Bildung Heft 208, 1985.
Michael, Berthold: Darbieten und Veranschaulichen. Bad Heilbrunn 1983.
Mikasch, Heidemarie D./Haack, Johannes: Blickbewegungsforschung – Einführung in die physiologischen Grundlagen, Techniken und in die Problem- und Anwendungsbereiche. In: Issing, L.J./Mikasch, H.D./Haack, J. 1986, S. 11–36.
Mikunda, Christian: Kino spüren. München 1986.
Monaco, James: Film verstehen. Reinbek bei Hamburg 1980.
Morin, Edgar: Der Mensch und das Kino. Stuttgart 1958.
Müller, Susanne: Öffentlich-rechtlich – ein Qualitätsmerkmal? Öffentlich-rechtliches Kinderprogramm – eine Alternative? In: LfK Baden-Württemberg (Hrsg.) 1996, S. 219–231.
Müller-Neuhof, Klaus/Heuzeroth, Thomas: Video – Grenzen des Wachstums erreicht? In Media Perspektiven 8/93, S. 380–387.
Neurath, Otto: Gesammelte bildpädagogische Schriften. Wien 1991.
Noton, David/Stark, Lawrence: Eye Movement and Visual Perception. Scientific American 1971.

Opaschowski, Horst W.: Medienkonsum. Analysen und Prognosen vom B.A.T Freizeit-Forschungsinstitut. Hamburg 1995.
Ostertag, Hans-Peter/Spiering, Theo: Unterrichtsmedien. Ravensburg 1975.
Oswald, Hans/Kuhn, Hans-Peter: Fernsehhäufigkeit von Jugendlichen. In: Media Perspektiven 1/94, S. 35–41.
Pawek, Karl: Das optische Zeitalter. Grundzüge einer neuen Epoche. Freiburg 1963.
Perelman, Lewis J.: School's out. New York: Avon Books 1995.
Plickat, H.-H.: Medien als Partner. In: Unterrichtswissenschaft 4/74, S. 58–69.
Postman, Neil: Keine Götter mehr. Das Ende der Erziehung. Berlin 1995.
Praxis Grundschule: 101 Ideen zum Kinderfilm, Heft 4/91.
Praxis Grundschule: Materialien für den Unterricht. Bewegte Bilder – Schatten – Spiegelungen. Heft 2/83.
ProNet, !Frauen ins Internet. CD-ROM, Stuttgart 1996.
Pusch, Thorsten: »Internet«; das Einsteigerseminar. Korschenbroich 1996.
Radde, Martin/Sander, Uwe/Vollbrecht, Ralf: Jugendzeit – Medienzeit. Weinheim/München 1988.
Renckstorf, Karsten: Mediennutzung als soziales Handeln. In: Massenkommunikation. Zeitschrift für Soziologie und Sozialpsychologie, Sonderheft 30/1989, S. 314–336.
Rupprecht, Horst, et al.: Lehren und Lernen mit Tonband. München 1965.
Sacher Werner: Jugendgefährdung durch Video- und Computerspiele? In: Zeitung für Pädagogik, 39. Jg. 1993, Nr. 2, S. 313–333.
Sacher, Werner: Audiovisuelle Medien und Medienerziehung in der Schule. München 1994.
Salomon, Gavriel: Können wir kognitive Fertigkeiten durch visuelle Medien beeinflussen? Eine Hypothese und erste Befunde. In: Dichanz, H./Kolb, G. 1976, S. 44–67.
Salomon, Gavriel: Television watching and mental effort. A social psychological view. In: Bryant J./Anderson D.R. (Hrsg.): Childrens understanding of television. New York: Academic Press 1983, S. 181–198.
Salomon, Gavriel: Televison is easy and print is tough: The differential investment of mental effort in learning as a function of preceptions and attributions. In: Journal of Educational Psychology 76/1984, S. 647–658.
Saxer, Ulrich: Die Wissenskluftforschung. In: Schenk, M. 1987, S. 305–323.
Saxer, Ulrich: Soziologische Aspekte der Wissensvermittlung durch Medien. In: Bertelsmann Stiftung, 1989, S. 115–135.
Saxer, Ulrich: Zur Theorie der wachsenden Wissenskluft und ihrer Tragweite aus politischer und sozialer Sicht In: Media Perspektiven 5/88, S. 279–286.
Schäfer, Horst/Baacke, Dieter: Leben wie im Kino. Jugendkulturen und Film. Frankfurt a.M. 1994.
Schenk, Michael: Medienwirkungsforschung. Tübingen 1987.
Schill, Wolfgang: Ein Modell praktischer Audio-Arbeit – das »Schüler-Studio des SFB«. In: W. Schill et al. 1992, S. 253–271.
Schill, Wolfgang et al. (Hrsg.): Medienpädagogisches Handeln in der Schule. Opladen 1992.
Schindler, Werner: Computerspiele zwischen Faszination und Giftschrank. Jugendbildungsstätte Lidice-Haus (Hrsg.), Bremen 1992.
Schnoor, Detlef: Sehen lernen in der Fernsehgesellschaft, Opladen 1992.
Schorb, Bernd (Hrsg.): Medienerziehung in Europa. München 1992.
Schröder, Hartwig und Renate: Theorie und Praxis der AV-Medien im Unterricht. München 1990.
Schulmeister, Rolf: Grundlagen hypermedialer Lernsysteme. Theorie-Didaktik-Design. Bonn u.a. 1996.
Seibold, Wolfgang: Schüler machen Radio. In: Stipp-Hagmann, K. 1996, S. 143–169.
Setzen, Karl, M.: Die gesellschaftliche Funktion der Massenmedien. Heidenheim 1974.
Shepard, Roger. N.: Recognition memory for Words, Sentences, and Pictures. In: Journal of Verbal Learning and Verbal Behavior 6, 1967, S. 156–163.

Sieber, Markus: Videoclips – Ökonomie, Ästhetik und soziale Bedeutung. In: Medien und Erziehung (merz) 4/84.
Silbermann, Alphons: Handwörterbuch der Massenkommunikation und Medienforschung. Berlin 1982.
SODIS Datenbank für Unterrichtssoftware. Beratungsstelle für Neue Technologien (BfNT) im Landesinstitut für Schule und Weiterbildung (LSW), Paradieser Weg 67, 59494 Soest oder: http://www.labi.be.schule.de/bics/cif/cifheft/memo/.
Sontag, Susan: Über Fotografie. Frankfurt a.M. 1980.
Standing, L.: Learning 10.000 pictures. In: Quarterly Journal of Experimental Psychology 25, 1973, S. 207–222.
Stipp-Hagmann, Karin: Eye-Catcher. Werbung und Videoclips. In: Stipp-Hagmann, K. 1996, S. 49–64.
Stipp-Hagmann, Karin: Fernseh- und Radiowelt im Unterricht. Band 3B, Villingen-Schwenningen 1996.
Stoll, Clifford: Die Wüste Internet. Geisterfahrten auf der Datenautobahn. Frankfurt a.M. 1996.
Sturm, Hertha: Wahrnehmung und Fernsehen: Die fehlende Halbsekunde. In: Media Perspektiven 1/1984, S. 61ff.
Sturm, Hertha: Wissensvermittlung und Rezipient. Die Defizite des Fernsehens. Gütersloh: In: Bertelsmann Stiftung 1989, S. 47–76.
Südwestfunk (Hrsg.): SWF-Trend. Repräsentativerhebung in Baden-Württemberg und Rheinland-Pfalz von Januar bis März 1996.
Theunert, Helga et al.: Zwischen Vergnügen und Angst. Fernsehen im Alltag von Kindern. Berlin 1992.
Tichenor, Phillip J./Donohue, Georg. A./Olien, Clarice: Mass Media Flow and Differential Growth in Knowledge. In: Public Opinion Quarterly 34/1970.
Treumann, Klaus-Peter/Schnatmeyer, Dorothee/Volkmer, Ingrid: Mit den Ohren sehen. Die Tonkassette – ein verkanntes Medium. Gesellschaft für Medienpädagogik und Kommunikationskultur, Körnerstr. 3, 33602 Bielefeld 1995.
Tulodziecki, Gerhard, et al.: Handlungsorientierte Medienpädagogik in Beispielen. Bad Heilbrunn 1995.
Wagenschein, Martin: Verstehen lehren. Weinheim/Berlin 1968.
Wagner, Friedrich et al.: Der Arbeitsprojektor in der schulischen und betrieblichen Berufsausbildung. Stuttgart 1978.
Weidenmann, Bernd: Mediendidaktik. München/Wien/Baltimore 1982.
Weidenmann, Bernd: Lernen mit Bildmedien. Bd.1: Mit den Augen lernen. Weinheim/Basel 1991.
Weidenmann, Bernd: Mit Bildern informieren. In: Pädagogik 5/1993, S. 8–13.
Weidenmann, Bernd: Informative Bilder. Was sie können, wie man sie didaktisch nutzen und wie man sie nicht verwenden sollte. In: Pädagogik 9/89, S. 30–33.
Weidenmann, Bernd: Psychische Prozesse beim Verstehen von Bildern. Bern, Stuttgart, Toronto 1988a.
Weidenmann, Bernd: Psychologie des Lernens mit Medien. In: Weidenmann B. et. al. 1986, 495–554.
Weidenmann, Bernd: Der flüchtige Blick beim stehenden Bild: Zur oberflächlichen Verarbeitung von pädagogischen Illustrationen. In: Unterrichtswissenschaft 3/88b, S. 43–57.
Weidenmann, Bernd et al.: Pädagogische Psychologie. München, Weinheim 1986.
Weiler, Stefan: Computerkids und elektronische Medien. In: Media Perspektiven 5/95, S. 228–234.
Wember, Bernward: Wie informiert das Fernsehen. Ein Indizienbeweis. München 1976.
Wetzel, C. Douglas/Radtke, Paul H./Stern, Hervey W.: Instructional Effectiveness of Video Media. Hillsdale: Lawrence Erlbaum Associates 1994.
Wilke, Mo/Krumme, Raimund: Den Trick filmen. Teil 1 und 2. Berlin 1978.

Will, Hermann: Arbeitsprojektor und Folien. Weinheim und Basel 1991.
Will, Hermann: Kreativer Folieneinsatz. In: Pädagogik 10/94, S. 15–21.
Winn, Mary: Die Droge im Wohnzimmer. Reinbek bei Hamburg 1979.
Winterhoff-Spurk, Peter: Gewalt im Fernsehen. In: LfK Baden Württemberg 1996, S. 139–156.
Witte, A.: Handbuch zur Arbeitsprojektion. Schwäbisch Gmünd 1971.
Zillmann, Dolf: Erregungsarrangements in der Wissensvermittlung durch Fernsehen. In: Bertelsmann Stiftung 1989, S. 77–99.
Zillmann, Dolf: Mood Management. Using Entertainment to Full Advantage. In: Donohew, L./Sypher, H.E./Higgins E.T. (Hrsg.): Communication, Social Cognition, and Affect. Hillsdale: Erlbaum 1988, S. 147–172.
Zimmer, Gerhard (Hrsg.): Interaktive Medien in der Aus- und Weiterbildung. Nürnberg 1990.

Ergänzende Literatur nach Sachgebieten

Medien im Unterricht – Mediendidaktik

Drewniak, Ute: Lernen mit Bildern in Texten. Untersuchung zur Optimierung des Lernerfolgs bei Benutzung computerpräsentierter Texte und Bilder. Münster, New York 1992.

Landesmedienzentrum Rheinland-Pfalz (Hrsg.): Media Creativ. Mit Medien aktiv lehren und lernen. Dokumentation und Perspektiven 5. Schulmedientage Rheinland-Pfalz. Koblenz: Landesmedienzentrum Rheinland-Pfalz, 1994.

Schulen ans Netz. Themenheft der Zeitschrift Pädagogik, Heft 3/März 1997.

Woerrlein, Hartmut/Neumann, Gregor: Perfekt präsentieren. Wie Sie mit dem Computer aus Zahlen, Fakten und Ideen überzeugende Charts und Diagramme erstellen. Haar bei München 1993.

Will, Hermann: Mit den Augen Lernen. Medien in der Aus- und Weiterbildung. 5 Bände. Weinheim und Basel 21994. Band 1: Bernd Weidenmann: Lernen mit Bildmedien. Band 2: Steffen-Peter Ballstaedt: Lerntexte und Teilnehmerunterlagen. Band 3: Traute Langner-Geißler/Ulrich Lipp: Pinwand, Flipchart und Tafel. Band 4: Hermann Will: Arbeitsprojektor und Folien. Band 5: Rainer Kittelberger/Immo Freisleben: Lernen mit Video und Film.

Einzelne Medien, Kinder und Jugendliche

Aufenanger, Stefan et al.: Gutes Fernsehen – Schlechtes Fernsehen!? Denkanstöße, Fakten und Tips für Eltern und ErzieherInnen zum Thema Kinder und Fernsehen. München 1996.

Baacke, Dieter/Lenssen, Margrit/Röllecke, Renate: Von Mäusen und Monstern – Kinderfernsehen unter der Lupe. Beschreibungen, Analysen, Hintergründe, Praxismodelle. Gesellschaft für Medienpädagogik und Kommunikationskultur, GMK, Körnerstr. 3, 33602 Bielefeld 1997.

Bundeszentrale für politische Bildung: Computerspiele. Bunte Welt im grauen Alltag. Bonn, 1993.

Charlton, Michael et al.: Fernsehwerbung und Kinder. Das Werbeangebot in der Bundesrepublik Deutschland und seine Verarbeitung durch Kinder. Band 1: Das Werbeangebot für Kinder im Fernsehen. Band 2: Rezeptionsanalyse und rechtliche Rahmenbedingungen. Opladen 1995.

Ebert, Birgit/Lilienfein, Klaus-Peter: Schöne neue Welt. Multimedia – ein Thema für Jugendschutz und Pädagogik. Aktion Jugendschutz ajs, Landesarbeitsstelle Baden-Württemberg, Stuttgart 1996.

Gottberg, Joachim von/Mikos, Lothar/Wiedemann, Dieter (Hrsg.): Kinder an die Fernbedienung. Konzepte und Kontroversen zum Kinderfilm und Kinderfernsehen. Berlin 1997.

Landesanstalt für Rundfunk LfR, Nordrhein-Westfalen: Nie war sie so wertvoll wie heute. Kinder als Zielgruppe der Fernsehwerbung. Dokumentation der 4. Medienpädagogischen Fachtagung Juni 1995. Adresse: LfR, Willi-Becker-Allee 10, 40227 Düsseldorf 1995.

Leu, Hans Rudolf: Wie Kinder mit Computern umgehen. Studie zur Entzauberung einer neuen Technologie in der Familie. Weinheim und München 1993.

Rogge, Jan-Uwe: Umgang mit dem Fernsehen. Ein Arbeitsbuch für Erzieherinnen, Lehrer und Eltern. Neuwied, Berlin 1996.

Schell, Fred/Schorb, Bernd/Palme, Hans-Jürgen: Jugend auf der Datenautobahn. Sozial-, gesellschafts- und bildungspolitische Aspekte von Multimedia. München 1995.

SPoKK (Hrsg.): Kursbuch Jugendkultur. Stile, Szenen und Identitäten vor der Jahrhundertwende. Mannheim 1997.

Theunert, Helga/Lenssen, Margrit/Schorb, Bernd: »Wir sehen besser fern als ihr!« Fernsehen für Kinder. München 1995.

Theunert, Helga/Schorb, Bernd (Hrsg.): Begleiter der Kindheit. Zeichentrick und die Rezeption durch Kinder. München: Bayerische Landeszentrale für neue Medien (BLM) 1996.

Vitouch, Peter: Fernsehen und Angstbewältigung: Opladen 1993.

Allgemeiner Überblick zur Medienpädagogik

Bertelsmann Stiftung (Hrsg.): Medienkompetenz als Herausforderung an Schule und Bildung. Ein deutsch-amerikanischer Dialog. Gütersloh 1992.

Hiegemann, Susanne/Swoboda, Wolfgang H.: Handbuch der Medienpädagogik. Opladen 1994.

Informationssystem Medienpädagogik (ISM). Literaturdokumentation. Bonn: Bundeszentrale für politische Bildung (Vertrieb) 1995.

Moser, Heinz: Einführung in die Medienpädagogik. Aufwachsen im Medienzeitalter. Opladen 1995.

Schorb, Bernd: Medienerziehung in Europa. München 1992.

Tulodziecki, Gerhard: Medienerziehung in Schule und Unterricht. Bad Heilbrunn 1990.

Medienpädagogik praktisch

Ajami, Renat/Rieger, Sophie: Praxisheft Medienpädagogik. Kinder im Multimedia-Dschungel. München 1997.

Aktion Jugendschutz, Landesarbeitsstelle Bayern e.V. (Hrsg.): Materialmappe Kino und Video. Fasaneriestr. 17, 80636 München 1993.

Aktion Jugendschutz, Landesarbeitsstelle Bayern e.V. (Hrsg.): »Alles auf Empfang?« – Familie und Fernsehen. »Wie fange ich an?« Einstieg zur medienpädagogischen Elternarbeit. München 1996.

Aufenanger, Stefan/Lauffer, Jürgen/Thiele, Günter: Mit Multimedia in die Zukunft? Multimediale Möglichkeiten in der kulturellen Kinder- und Jugendbildung. Schriften zur Medienpädagogik Band 19, Gesellschaft für Medienpädagogik und Kommunikationskultur, Körnerstr. 3, 33602 Bielefeld 1996.

Bachmair, Ben/Neuß, Norbert/Tilemann, Friederike (Hrsg.): Fernsehen zum Thema machen. München 1996. Hinweis: praktische Elternarbeit.

BKJ Projektbank Jugendkulturarbeit. Sammlung 1 u. 2 je 50 Projektbeispiele. Bundesvereinigung Kulturelle Jugendarbeit, Küppelstein 34, 42857 Remscheid 1991.

Bundeszentrale für politisch Bildung: Computerspiele auf dem Prüfstand. Die Loseblattsammlung wird 2–3-mal jährlich ergänzt. Bezug: diess. Postfach 2325, 53013 Bonn.

Bundeszentrale für politische Bildung: Handbuch Medienarbeit. Medienanalyse, Medieneinordnung, Medienwirkung. Opladen 1991.

Deutsches Filmmuseum (Hrsg.) Bastelmappen: Wundertrommel, Lebensrad, Camera Obscura, Thaumatrop. Deutsches Filmmuseum, Schaumainkai 41, 60596 Frankfurt.

Faulstich, Werner/Lippert Gerhard (Hrsg.): Medien in der Schule. Anregungen und Projekte für die Unterrichtspraxis. Paderborn 1996.

Flimm: Die Broschüre berät aktuell über die Eignung von Fernsehsendungen für Kinder. Erhältlich bei: Programmberatung für Eltern e.V. c./o. Bayerische Landeszentrale für neue Medien, BLM, Fritz-Erler-Straße 30, 81737 München, Tel. 089 638 08 288, Fax. 089 638 08 188, Internetadresse: http://w3.flimm.de/.

Hainz, Irmgard: »Alles auf Empfang?« – Familie und Fernsehen. Elternbroschüre. München: Aktion Jugendschutz, Landesarbeitsstelle Bayern e.V., Fasaneriestr. 17, 80636 München 1995.

Harpley, Avril: Tolle Ideen. Medienerziehung. Mülheim a.d.R.: Verlag an der Ruhr.

Holte, Andreas: Video pur – ein Video-Atelier für Kinder (Broschüre und VHS-Kassette). Niedersächsisches Landesinstitut für Fortbildung und Weiterbildung im Schulwesen und Medienpädagogik, Stiftstr. 13–15, 3001 Hannover 1994.

Institut Jugend Film Fernsehen (Hrsg.): »Baukasten Gewalt.« (4 Broschüren, 1 Videokassette mit unterrichtspraktischen Hinweisen). München 1995.

Kinderkino München/Kinder- und Jugendfilmzentrum in Deutschland (Hrsg.): Inspiration Kinderfilm. Modelle der medienpädagogischen Vor- und Nachbereitung. Bezug: Kinderkino München e.V., Werner-Friedmann-Bogen 18, 80993 München 1996.

Kinder- und Jugendfilmzentrum in Deutschland (Hrsg.): TOP Videos für Kinder und Jugendliche: Videoempfehlungslisten. Kinder- und Jugendfilmzentrum, KJF, Küppelstein 34, 42857 Remscheid.

Knister: Mikromaus mit Mikrofon. Spiele mit dem Kassettenrecorder. Würzburg 1988.

Knodt, Dorothea: »Alles auf Empfang?« – Familie und Fernsehen. Zusammenarbeit mit Eltern – Ein Leitfaden für die medienpädagogische Arbeit in Kindergarten und Grundschule zum Thema Fernsehen. Aktion Jugendschutz, Landesarbeitsstelle Bayern, Fasaneriestr. 17, 80636 München 1995.

Loos, Iris/Ehmann, Jochen: Das Trickfilm-Handbuch. Bundesverband Jugend und Film e.V., Kennedyallee 105a, 60596 Frankfurt a.M. 1995.

Maier, Rebecca/Mikat, Claudia/Zeitter, Ernst: Medienerziehung in Kindergarten und Grundschule. 490 Anregungen für die praktische Arbeit. München: KoPäd. 1997. Hinweis: Ausführliche Literaturempfehlungen und Adressenliste.

Mitzlaff, Hartmut (Hrsg.): Handbuch Grundschule und Computer. Vom Tabu zur Alltagspraxis. Weinheim 1996.

Niedersächsisches Ministerium für Wissenschaft und Kultur (Hrsg.): Medien und Kommunikationserziehung in der Grundschule. Wahrnehmung – Mitteilen – Verständigen. Unterrichtsideen. Hannover 1994.

Noack, Karl-Adolf/Kollehn, Karlheinz/Schill, Wolfgang: Thema Fernsehen. Unterrichtsmaterialien für die Grundschule (1.–4. Klasse). Bundeszentrale für gesundheitliche Aufklärung, Ostmerheimer Str. 200, 51109 Köln, 1992.

Pöttinger, Ida: Lernziel Medienkompetenz. Theoretische Grundlagen und praktische Evaluation anhand eines Hörspielprojekts. München 1997.

Schill, Wolfgang/Baacke, Dieter (Hrsg.): Kinder und Radio. Zur medienpädagogischen Theorie und Praxis der auditiven Medien. Frankfurt a.M. 1996.

Schnoor, Detlev et al.: Medienprojekte für die Grundschule. Wie Kinder technische Bilder »erzeugen« und »lesen« lernen. Braunschweig 1993.

Six, Ulrike/Institut für Kommunikationspsychologie – Medienpädagogik Universität Koblenz-Landau: Konzepte für medienpädagogische Elternarbeit. Kiel: Unabhängige Landesanstalt für das Rundfunkwesen, Schloßstraße 19, 24103 Kiel, 1995.

Abbildungsverzeichnis

Verzeichnis der Tabellen

Verzeichnis der Schulserver in den Bundesländern

Bundesland	**Organisation**	**Internet und Adresse**
Baden-Württemberg	Landesinstitut für Erziehung und Unterricht	http://www.bw.schule.de
	Landesbildstelle Baden	http://lbb.bw.schule.de
	Landesbildstelle Württemberg	http: //www.lbw.bwue.de
	Überblick	http://dbs.schule.de/landbw.html#start
Bayern	Zentralstelle für Computer im Unterricht	http://www.zs-augsburg.de
	Überblick	http://dbs.schule.de/landby.html#start
Berlin	ODS Berlin	http://www.be.schule.de
	Landesbildstelle Berlin	http://www.labi.be.schule.de
	Beratungsstelle für Informationstechnische Bildung und Computereinsatz in Schulen	http://www.be.schule.de/bics/start/html
	Überblick	http://dbs.schule.de/landbe.html#start
Brandenburg	Medienpädagogisches Zentrum Brandenburg	http://www.brandenburg.de/schulen
	Überblick	http://dbs.schule.de/landbr.html#start
Bremen	Bremer Schulserver	http://www.schule.bremen.de
	Wissenschaftliches Institut für Schulpraxis	http://www.wis.uni-bremen. de
	Überblick	http://dbs.schule.de/landhb.html#start
Hamburg	ODS Hamburg	http:www.hh.schule.de
	Hamburger Bildungsserver	http://www.hamburg.de.hbs
	Überblick	http://dbs.schule.de/landhh.html#start
Hessen	ODS-Server Hessen	http://www.he.schule.de
	Überblick	http://dbs.schule.de/landhe.html#start
Mecklenburg-Vorpommern	Überblick	http://dbs.schule.de/landmvp.html#start
Niedersachsen	Schule im Netz – Niedersachsen	http://www.ni.schule.de
	Niedersächsischer Bildungsserver	http://www.uni-hildesheim.de/nli
	Überblick	http://dbs.sch ule.de/landns.html#start

Nordrhein-Westfalen	Learn-line Überblick	http://www.learn-line.nrw.de http://dbs.schule.de/landnrw. html#start
Rheinland-Pfalz	ODS Rheinland-Pfalz Überblick	http://www.rp.schule.de http://dbs.schule.de/landrp.html#s tart
Saarland	Überblick	http://dbs.schule.de/landsr.html#start
Sachsen	ODS Sachsen Überblick	http://www.sn.schule.de http://dbs.schule.de/landsahtml#start
Sachsen-Anhalt	ODS Sachsen-Anhalt Überblick	http://olsnrv.cs.uni-magdeburg.de http://dbs.schule.de/landsah.html#start
Schleswig-Holstein	ODS Schleswig-Holstein IPTS-Landesbildstelle Institut für die Pädagogik der Naturwissenschaften (IPN) Überblick	http://www.sh.schule.de http://ipts.de http://www.ipn.uni-kiel.de http://www.ipts.netuse.de http://dbs.schule.de/landsh.html#start
Thüringen	Thüringer Bildungsserver	http://www.th.schule.de

Sachregister